Tom Doyle
Greg Webster

Im Sturm
der Verfolgung

*Sie erleben Gottes Kraft –
Christen im Nahen Osten*

Brunnen Verlag / Open Doors

Tom Doyle arbeitete 20 Jahre als Pastor in den USA, bevor er für 11 Jahre in den Nahen Osten und nach Zentralasien ging. Er ist häufiger Referent zu Israel, dem Nahostkonflikt und den Herausforderungen durch den Islam. **Greg Webster** ist Theologe, Journalist und Koautor mehrerer Bücher sowie Mitgründer der Agentur New Vantage Publishing Partners.

Die amerikanische Originalausgabe erschien unter dem Titel „Standing in the Fire" bei W Publishing Group in Nashville/Tennessee. W Publishing und Thomas Nelson sind Imprints von HarperCollins Christian Publishing, Inc. Alle Rechte vorbehalten. Die Lizenzausgabe wurde veröffentlicht auf Grundlage einer Vereinbarung mit Thomas Nelson in der Verlagsgruppe HarperCollins Christian Publishing, Inc. © 2017 by Tom Doyle

Deutsch von Dr. Friedemann Lux

4. Auflage 2025

© der deutschen Ausgabe 2017 Brunnen Verlag GmbH
Gottlieb-Daimler-Str. 22, 35398 Gießen
www.brunnen-verlag.de; info@brunnen-verlag.de
Umschlagfoto: shutterstock
Umschlaggestaltung: Jonathan Maul
Satz: Uhl + Massopust, Aalen
Druck: CPI Books GmbH, Leck
ISBN Buch 978-3-7655-4316-6
ISBN E-Book 978-3-7655-7489-4

Für meinen Vater.
Du bist mein Held. Von dir habe ich gelernt, was es heißt,
voller Mut, ja Freude in der ersten Reihe zu kämpfen.
In deinen über dreißig Jahren als FBI-Agent und als
Spezialist für die Bekämpfung des organisierten
Verbrechens hast du nie vor der Mafia gekuscht. Deine
Kollegen bewunderten dich und sagten zu mir:
„Jim Doyle kriegt immer seinen Mann."
Ich bete um eine Generation von Christen mit dem
gleichen Mut, den nur Christus schenken kann – in dem
gefährlichen geistlichen Kampf, in dem wir heute stehen.

Inhalt

Einleitung

Zeit für einen Richtungswechsel

Terrorismus. Ein Wort, das Angst auslöst – Angst, die die Gedanken lähmt und das Herz stillstehen lässt. Was könnte schlimmer sein, als einem Menschen gegenüberzustehen, der darauf aus ist, Menschenleben auszulöschen – Männer, Frauen, Kinder, egal. Jeder kann zum Ziel des Terrors werden.

Die Stimmen, die uns beeinflussen – ob Reporter, Politiker oder Kommentatoren –, machen uns eher noch mehr Angst vor den gewalttätigen Mächten in einer Welt, die anscheinend mit jedem Tag etwas mehr zerfällt. Wenn wir nicht aufpassen, werden wir in der heutigen Welt leicht ein Opfer der Angst. Und das Problem bei einem Leben in Angst ist nicht nur, dass es den über zweihundert Aufforderungen in der Bibel widerspricht, keine Angst zu haben. Es kann uns auch dazu verleiten, genau das zu tun, was wir besser *nicht* tun sollten. Lassen Sie mich das erklären.

Flucht kommt vor dem Fall

Mein Freund Dan Hansen liebt Jesus und er liebt Afrika. Er hat sein Leben dem Dienst an den Menschen auf dem zweitgrößten Kontinent der Erde gewidmet. Er liebt auch das afrikanische Hinterland und erzählte mir einmal eine faszinierende Geschichte über Löwen und ihr Brüllen. Und über die *Angst.*

Löwen haben eine besonders trickreiche Art zu jagen. Sie verstehen es offenbar, den Beutetieren eine solche Angst einzuflößen, dass diese genau das tun, was sie besser vermeiden sollten, um nicht gefressen zu werden.

Die Jagd beginnt, wenn das Löwenrudel ein Tier (zum Beispiel ein Zebra) ausmacht, das sich von der Herde entfernt hat, krank ist oder sich ganz am Ende der Herde befindet. Löwen verstehen etwas von Arbeitsteilung. Die männlichen Löwen gehen auf der einen Seite des Beutetieres in Position, die Löwinnen auf der anderen. Und dann beginnt das Brüllen.

Kein anderes Tier kann so laut und schaurig brüllen wie der männliche Löwe. Das völlig verschreckte Zebra beginnt, panisch in die andere Richtung zu rennen – genau in die Pranken der Löwinnen, die wahre Experten im Töten sind. Das verwirrte Opfer läuft in den sicheren Tod. Hätte es die Situation nur richtig erfasst, es hätte seinen Impuls, vor dem Gebrüll zu fliehen, niedergekämpft und wäre auf die Löwenmännchen zugerannt, die zwar wie der leibhaftige Tod klingen, aber weder den Instinkt noch die Energie haben, der nächsten Mahlzeit des Rudels den Hals durchzubeißen. Die einzige Hoffnung für das Zebra besteht darin, nicht panisch zu fliehen, sondern gerade zum Gebrüll *hinzulaufen*.

Ich denke, hier gibt es für uns etwas zu lernen.

Vorwärtsverteidigung

Könnte es sein, dass heute die Wahrnehmung vieler stärker von den säkularen Medien geprägt wird als von den Worten von Jesus? Vor allem wir Christen im Westen scheinen die Verheißung unseres Herrn vergessen zu haben: „In der Welt habt ihr Angst; aber seid getrost, ich habe die Welt überwunden" (Johannes 16,33). Wir lassen uns von der Angst in die falsche Richtung jagen.

Aber es gibt auch Christen – viele Christen –, die anders leben. Sie haben begriffen, wer da brüllt.

Der Apostel Petrus sagt es so: „Seid nüchtern und wacht; denn euer Widersacher, der Teufel, geht umher wie ein brüllender Löwe und sucht, wen er verschlinge. Dem widersteht, fest im Glauben, und wisst, dass ebendieselben Leiden über eure Brüder und Schwestern in der Welt kommen" (1. Petrus 5,8-9). Es ist der Satan, der uns aus den Schlagzeilen und von den Fronten dieser Welt anbrüllt. Aber er ist eigentlich schwach und muss unterliegen, wenn die Christen ihm in der Macht Christi, des Siegers, gegenübertreten.

Die Christen, denen Sie in diesem Buch begegnen, haben die Strategie des Teufels durchschaut und fallen nicht auf sie herein. Sie wissen aus eigener Erfahrung, wozu seine Helfershelfer fähig sind, aber sie laufen nicht weg, egal wie heiß es wird. Der Glaubensmut, den sie in ihrer für uns schier unvorstellbaren Konfrontation mit dem radikalen Islam zeigen, ist begeisternd.

Dieses Buch erzählt von authentischen Erfahrungen mutiger Christen. Sie treten den Feinden entgegen, die heute in den Medien Schlagzeilen machen. Wie schon in meinen beiden ersten Büchern – *Träume und Visionen* und *Im Angesicht des Todes* – sind Namen, Orte und andere Details geändert, um diese modernen Glaubenshelden zu schützen. Doch ihre Geschichten sind echt.

Jesus hat vorhergesagt, wie die Welt sich entwickeln wird. Deshalb muss uns das Chaos, in dem sie sich heute befindet, nicht überraschen. Niemals zuvor sind so viele Christen verfolgt worden. Aber vielleicht geht es Ihnen auch so wie mir und Sie sind immer wieder neu schockiert.

Als junger Christ – ich war noch auf der Highschool – verliebte ich mich geradezu in Jesus und fing an, sein Wort zu verschlingen. Mit das Erste, was ich in der Bibel las, war die Apostelgeschichte. Ich stellte mir vor, dass ich selbst einer der Jünger war und das Evangelium in der damals bekannten Welt verbreitete, und ich weiß noch gut, wie ich dachte: *Wie gut, dass es das Römische Reich nicht mehr gibt und wir heute in einer zivilisierteren Welt leben. Danke, Gott, dass all diese Verfolgungen vorbei sind.*

Heute kommen mir meine Gedanken von damals naiv vor. Jesus hat seinen Jüngern eindeutig vorhergesagt, dass man sie verfolgen wird. Inzwischen berichten selbst säkulare Medien immer wieder über die wachsende Unterdrückung von Christen in aller Welt.

Aber als Jünger und Jüngerinnen von Jesus haben wir eine Botschaft der Liebe anvertraut bekommen, die sich nicht mit Angst und Entmutigung verträgt. Sobald wir der Angst nachgeben, stehen wir nicht mehr fest, sondern laufen weg.

Ich glaube, *es ist Zeit, dass die Menschen, die Jesus nachfolgen, feststehen und nicht wegrennen.* Es ist unser Feind, der will, dass wir weglaufen. Während der Babylonischen Gefangenschaft boten Schadrach, Meschach und Abed-Nego dem mächtigen König Nebukadnezar die Stirn. Sie weigerten sich, seinen Gott anzubeten, obwohl er ihnen mit einem grausamen Tod drohte. Es gab keine Garantie, dass Gott sie retten würde, aber die brauchten sie auch nicht; ihnen reichte die Gewissheit: „Unser Gott, den wir verehren, kann uns erretten aus dem glühenden Feuerofen" (Daniel 3,17).

Dass sie ihr Vertrauen ganz auf den Gott Israels setzten und Babylons großem Herrscher furchtlos die Stirn boten, war für Nebukadnezar zu viel. Der tobende König ließ die drei jungen Hebräer gefesselt und in voller Kleidung in einen

10

glühenden Ofen werfen. Der Ofen war so heiß, dass die Soldaten, die die drei ins Feuer warfen, von den Flammen getötet wurden.

Und dann sah der entsetzte König, dass *die drei Männer nicht allein waren.*

Auch die Menschen, die Jesus im Feuerofen des islamischen Terrorismus im Nahen Osten nachfolgen, sind nicht allein. Jesus ist bei ihnen und er gibt ihnen den Grund – und den Mut –, standhaft zu sein. Sie haben im Feuer gelernt und sie haben uns viel zu sagen. Durch Jesus können wir den gleichen Mut bekommen, unsere Ängste zu besiegen.

Wir leben heute in einer Welt der Gewalt. Sie kämpft gegen Menschen, die Jesus nachfolgen. Solange wir leben, wird sich das nicht ändern. Aber wir wissen, wie die Geschichte ausgehen wird. Und wenn wir mit ganzem Einsatz für Gott leben wollen, müssen wir uns von der Angst verabschieden und mit Hoffnung in die Zukunft schauen. Jesus kommt wieder! Aber wie soll er uns vorfinden, wenn er kommt? Wie Espenlaub zitternd oder stark in ihm, komme, was da will?

In meinem Buch *Im Angesicht des Todes* habe ich Sie mit Farid bekannt gemacht, der in Syrien lebt, auf Tuchfühlung mit dem IS, der am meisten gefürchteten Tötungsmaschinerie der Welt. Wenn Sie ihm heute begegnen könnten, wären Sie geschockt, denn er wirkt weniger gestresst als Sie und ich im gemütlichen Amerika oder Europa. In seinem Herzen herrscht völliger Frieden. Trotz der ungeheuren Schwierigkeiten, die er durchmacht, strahlt ständig ein ansteckendes Lächeln in seinem Gesicht, das man nie mehr vergisst.

Farid vegetiert in Syrien nicht dahin, er *lebt* im vollen Sinne des Wortes. Eigentlich müsste er längst tot sein. Aber er ist nicht allein und er berichtet, wie er die Gegenwart von Christus nie deutlicher spürte als in den Stunden, als er nicht wusste, ob er den Tag überleben würde. Der IS und andere islamistische Terrorgruppen heizen heute den Glutofen der Christenverfolgung vielleicht so heiß ein wie noch nie in der Geschichte des Nahen Ostens. Gruppen wie der IS, aber auch das Regime im Iran glauben fest an ein „Endzeit-Szenario", zu dem unter anderem die Vernichtung der USA und Israels gehört. Die Christen haben entweder zum Islam zu konvertieren oder sie müssen sterben.

Vor Kurzem berichtete Farid mir von nicht weniger als dreißig Todesdrohungen, die Terroristen an die Außenwand seiner Wohnung gesprüht hatten. Sie wollten sichergehen, dass er ihre Botschaft begriff. Er begriff sie – und blieb. Und erstaunlich viele andere Christen tun dasselbe. Einen von ihnen werden Sie in unserer ersten Geschichte kennenlernen. Er ist ein Freund von Farid, und was er durchmachte, gleicht wirklich einem Feuerofen.

Aber mitten in allen Angriffen ist Jesus da und das ist der Grund, warum die christlichen Glaubenshelden im heutigen Nahen Osten nicht vor Angst aus ihrer Heimat verschwinden. Sie bleiben, und das ganz bewusst. Sie dienen Gott, egal was es kostet.

Die Flammen der Verfolgung lodern. Aber diese Männer und Frauen geben der Angst nicht nach und sie fliehen nicht. Ihre Geschichten wollen Ihnen neue Hoffnung machen und Ihnen zeigen, wie Sie Ihre eigenen Ängste besiegen können.

Die mutigen Christen, denen Sie auf den folgenden Seiten begegnen werden, haben im Sturm ihrer Not und Prüfungen wertvolle Dinge gelernt. Aber vor allem haben sie wieder und wieder erlebt, dass sie nicht allein sind, ja dass sie nie allein sein werden, denn mitten im Sturm und im Feuer steht Jesus neben ihnen.

„Da entsetzte sich der König Nebukadnezar, fuhr auf und

sprach zu seinen Räten: Haben wir nicht drei Männer gebunden in das Feuer werfen lassen? Sie antworteten und sprachen zum König: Ja, König. Er antwortete und sprach: Ich sehe aber vier Männer frei im Feuer umhergehen und sie sind unversehrt; und der vierte sieht aus, als wäre er ein Sohn der Götter" (Daniel 3,24-25).

1

Das syrische Exekutionskommando

Osama kannte die Exekutionsposition gut – der Todeskandidat kniet, den Kopf leicht vornübergebeugt, die Hände hinter dem Rücken. Er hatte selbst immer wieder Geiseln und Gefangene auf die sandige Kuppe geführt, acht Kilometer östlich der von Rebellen gehaltenen Stadt Idlib in Nordsyrien. Aber diesmal rang er selbst unter einer schwarzen Kapuze nach Luft, die sie ihm trotz der unbarmherzigen Wüstensonne fest über den Kopf gezogen hatten.

Kommandeur Mahmoud Ramadan, der hinter dem dreiköpfigen Exekutionskommando stand, verlas mit dröhnender Stimme die Liste der Verbrechen, die Osama al-Dschihadi gegen den Islam begangen habe. Jeden der Punkte kommentierte er mit gehässigem Lachen. Hohn und Spott waren üblich bei der Hinrichtung eines „Abtrünnigen". Mahmoud sprach so laut, dass Osamas Cousins auf der anderen Seite der Stadt es noch hören konnten. So kam es Osama jedenfalls vor. Noch vor einem Jahr hätte er sich nicht im Traum vorstellen können, dass er eines Tages selbst als Hinrichtungskandidat im Sand knien würde.

Der Monolog des Kommandeurs endete abrupt. Ein Schuss ertönte und Osama sank zu Boden. Dann ein Stakkato aus einem halben Dutzend weiterer Schüsse, und einmal mehr tränkte Blut die sandige Kuppe.

Aber es war nicht Osamas Blut.

Drei Uhr in einer Nacht des Jahres 2015, im Keller eines geräumigen Wohnhauses in einem Vorort, nicht weit von dem

Bluthügel. Dort hatte ein junger Mann in den Zwanzigern, der vor einer Gruppe gleichaltriger Männer stand, die Hand gehoben. Alle Augen richteten sich auf ihn.

„Wenn Baschar al-Assad tot ist, werden wir die Alawiten vernichten und alle Christen abschlachten!" Der junge Mann klang entschlossen und siegesgewiss.

Dschabhat al-Nusra[1] (bisher die syrische Version von al-Kaida) hatte sich zu einem gefürchteten Gegner des Assad-Regimes entwickelt, das noch vor ein paar Monaten als unbesiegbar gegolten hatte. Doch noch agierte die Gruppe im Untergrund und plante ihre Aktionen sichere siebzig Kilometer von ihrem Hauptziel – einer der ältesten Städte der Welt – entfernt. Seit etwa 4000 Jahren ständig bewohnt, hat Aleppo mehr Einwohner als die Hauptstadt Damaskus.

„Amerika wird uns helfen, diesen Teufel zu stürzen! Sie hassen Assad. Aber *wir* sind diejenigen, die eine Rechnung mit ihm und seinem Vater offen haben, für das, was sie unseren Familien in Hama angetan haben. Ich werde nicht aufhören, für die Befreiung Syriens von diesem Ungläubigen zu kämpfen. Ich werde sterben in diesem Kampf, denn dafür – das weiß ich genau – hat Allah mich erschaffen!"

Seine Zuhörer nickten. Er nickte mit. Alle in dem Raum hassten Assad. Der große Tyrann der Levante hatte sie zu lange niedergehalten mit seinem riesigen Militär- und Sicherheitsapparat und seinen widerlichen Bündnissen mit Russland und dem Iran. Je mehr er seine Machtmuskeln spielen ließ, umso mehr hassten sie ihn.

---

[1] Seit dem 28. Juli 2016 mit der Trennung von al-Kaida nennt sich die al-Nusra-Front Dschabhat Fatah asch-Scham. Wir bleiben hier trotzdem wegen der Bekanntheit des früheren Namens bei al-Nusra-Front bzw. der arabischen Form Dschabhat al-Nusra.

Es ließ sich gut leben in Syrien – nun ja, wenn man zum Clan von Baschar al-Assad gehörte. Die Ehefrau des Präsidenten sah aus, als wäre sie direkt von einer Modenschau in Paris in den Palast gekommen. Die Assads liebten das Luxusleben in Damaskus. Der Präsident erfreute sich eines gesunden Schlafs. Bis der Bürgerkrieg losbrach.

„Und jetzt wird der zu euch reden, der den Plan zum Sturz der Regierung gemacht hat." Der junge Mann lächelte und wies mit einer großen Geste des rechten Armes zum Seiteneingang des Kellergeschosses hin. „Das ist eine Überraschung, nicht? Das hättet ihr nicht gedacht, dass heute Abend unser geistlicher Führer zu uns spricht, oder?"

Fünfzig junge Männer sprangen auf die Füße, als Osama al-Dschihadi durch die Seitentür hereinkam. Hochaufgerichtet stand er da, die kräftigen Schultern hin und her drehend. Eine halbe Minute musterte er schweigend die Versammlung, dann begann er zu sprechen.

„Ihr seid also meine Kämpfer?" Die Spur eines Lächelns spielte um Osamas Gesicht. „Es gefällt mir, was ich heute sehe – nicht nur in diesem Raum, sondern in Syriens Zukunft. Wir werden uns das nehmen, was uns als sunnitischen Muslimen von Rechts wegen gehört. Wir sind fast fünfzig Mal so viele wie Assad und seine Alawitenschweine.

Könnt ihr mir sagen, warum wir uns so lange von diesem alawitischen Geschwür haben krank machen lassen? Wie konnte er es fertigbringen, dass wir in unserem eigenen Land als Fremde leben?" Osama funkelte die jungen Männer an.

„Ich werd's euch sagen: Weil wir uns von Feiglingen haben führen lassen! Aber damit ist es jetzt vorbei. Viele von uns hier werden in diesem heiligen Krieg sterben. Aber, so wahr Allah lebt, *auch Baschar al-Assad wird sterben!* Wir werden dafür sorgen, dass er kriegt, was er verdient hat."

Reglos wie ein Fels stand Osama al-Dschihadi da. Sein Blick wanderte von einem Gesicht im Raum zum nächsten, bis er fast jeden persönlich angeschaut hatte. Dann nickte er zu dem jungen Mann hin, der ihn der Versammlung vorgestellt hatte, und das Treffen war zu Ende.

Einer der Männer, die da langsam durch die Tür in die Nacht hinausgingen, war Jamal al-Dschihadi. Einen kurzen Augenblick lang traf sich sein Blick mit dem seines älteren Cousins Osama. Er lächelte und nickte zu seinem Führer, dem starken Mann der al-Nusra, hin. Der ahnte nicht, dass sein junger Cousin jedes Mal, wenn er ihn so angrinste, für ihn betete.

„Jamal, du musst fliehen! Meine Schwester im Libanon erwartet uns." Jamals temperamentvolle Frau Safa schlug mit beiden Händen auf die Tischplatte, ihr Blick so flehend wie ihre Worte. „Es ist mir egal, dass Osama dein Cousin ist. Du spielst mit dem Feuer. Der schöpft bestimmt schon Verdacht! Osama hat dich in seine Gruppe geholt, um dich zu einem ‚Freiheitskämpfer' zu machen, aber was sind seine Leute denn? Eiskalte Terroristen! Wie kannst du es mit deinem Gewissen vereinbaren, in diese Versammlungen zu gehen? Du glaubst doch an Jesus!"

Jamal al-Dschihadi schloss nachdenklich die Augen. Die Angst seiner geliebten Frau und Mutter seiner drei kleinen Kinder war ihm nicht egal. Die zierliche, gerade einmal 1,50 Meter große Safa war nicht nur voller Energie, sondern auch die mit Abstand beste Köchin in der ganzen Verwandtschaft. Mit ihrer libanesischen Kochkunst gab sie jedem Familientreffen genau die richtige Würze, im wörtlichen wie im übertragenen Sinne.

Safas flammende Rede hatte in dem Augenblick begonnen, als der von der Kellerversammlung übernächtigte Jamal in die Küche gekommen war. Jamal hörte vor allem zu; nach zehn Minuten hatte er das Gefühl, als ob seine Frau schon seit Stunden auf ihn einredete.

Er nahm sich einen Teller vom Tisch und kratzte den Rest Favabohnen auf ein Stück Pitabrot. Er musterte die blassgrünen Bohnen, lächelte und hob eine Hand, wie ein braver Schuljunge, der sich im Unterricht in der Koranschule meldete. „Ich möchte etwas sagen."

Safa legte mit einer theatralischen Geste die rechte Hand auf ihren Mund.

„Meine liebe Safa, als Jesus in mein Leben kam, wusste ich, dass ich zuallererst sein Bote in unserer wunderbaren Familie sein sollte. Aber mein Herz brennt auch für meine Verwandten bei den al-Dschihadis. Manche Menschen sind dazu berufen, anderen Ländern Jesus zu bringen, aber ich soll hierbleiben, das weiß ich. Das ist meine Berufung und sie beginnt hier in meinem eigenen Haus, aber ich bin bereit, auch allen anderen von Jesus zu erzählen."

„Das weiß ich doch, Jamal, und ich finde es toll, dass du so ein mutiger Mann bist. Aber du bist als Muslim groß geworden, wie ich auch, und viele in deiner Familie sind als *Terroristen* aktiv. Glaubst du im Ernst, die merken nicht, dass du anders geworden bist? Der Heilige Geist steht dir doch geradezu ins Gesicht geschrieben! Bitte lass jemand anderes sich um Osama kümmern; das ist nichts für dich!

Wir können noch so unschuldig tun, die wissen, was mit dir los ist, ich sag's dir, die *wissen* das! Und die Scharia ist so grausam, ich halte das nicht mehr aus! Können wir nicht in den Libanon gehen? Bitte!"

„Liebes ..." Jamal schüttelte fast unmerklich den Kopf. „Du kannst mir glauben ... Die ahnen nichts. Noch nicht mal Osama. Seit wir fünf Jahre alt waren, ist er mein bester Freund. Ich liebe ihn wie einen Bruder. Ich weiß alles über ihn. Und er über mich – bis auf das Allerwichtigste, aber das kommt noch. Bald.

Osama als Christ – das wird ein zweiter Paulus werden. Es wird noch Gutes aus Syrien kommen. Wenn Osama sich zu unserem Herrn bekehrt, wird er die ganze Welt verändern, das weiß ich in meinem Herzen."

Jamal schob seinen Stuhl zurück und schlug die Beine übereinander. „Was machen die Kinder?"

Safa funkelte ihn an. „*Habibi,* Schatz, du bist ein Meister darin, das Thema zu wechseln, wenn ich dich in die Ecke gedrängt habe. Das brauchst du mir nicht noch extra zu zeigen!"

„Natürlich nicht, Liebes. Lass uns unser Gespräch so beenden, wie es sich gehört." Er lächelte seine zierliche Frau an. „Das war ein wunderbares Frühstück."

Jamal ließ den schwarzen Schlauch der Wasserpfeife langsam auf den Fußboden gleiten, zwischen ihn und seinen Cousin. Osama stellte seine Tasse mit dem pechschwarzen arabischen Kaffee auf sein rechtes Knie, während er mit der linken Hand nach dem Mundstück der Pfeife langte, das Jamal gerade losgelassen hatte. Die Cousins waren fast fertig mit ihrer dritten Tasse Kaffee; den ganzen Abend waren sie in ihr Gespräch vertieft gewesen. Jamal musste daran denken, was Safa ihm am Morgen gesagt hatte. Sie war ja berechtigt, die Angst seiner Frau, aber nein, die Angst würde ihn nicht davon abhalten zu tun, was er konnte, um seinen Cousin ins Licht Gottes zu führen.

Jamal umfasste seine Tasse mit beiden Händen. Sein Blick wanderte zu seinem Gegenüber. „Osama, du bist ein großer

Führer. Aber mal ehrlich: Machst du dir nicht manchmal Sorgen um die Zukunft? Um deine Familie?"

Osama sah ihn an, als ob er die Frage nicht ganz verstanden hätte.

„Osama, wenn Assad weg ist, was kommt dann?"

Sein älterer Cousin nickte, seine Augen glänzten auf. „Israel natürlich." Er lächelte. „Und nein, ich mache mir keine Sorgen. Weil wir siegen werden. Wir *müssen* diesen Krieg gewinnen, egal wie lange es dauert. Es kann nur so ausgehen, Jamal. Kann sein, dass es noch zehn Jahre dauert, aber Verlieren, das ist keine Option. Wenn wir verlieren, werden unsere Familien abgeschlachtet."

Osama hielt inne. Er schien zu überlegen, wie er fortfahren sollte. „Gut, ich schätze mal, dass ich mir schon manchmal Sorgen mache um meine Kinder. Vor allem um meine Söhne. Unser teuflischer Präsident wird zweifellos versuchen, sie alle umzubringen. Ja … manchmal macht mir das schon Sorgen."

Osamas Gesicht sah plötzlich blasser aus, seine Augen richteten sich ausdruckslos auf seinen Freund und Cousin. „Darum kämpfen wir ja, Jamal. Nicht nur für Syrien, sondern auch für unsere Familien, die das beste Leben haben werden, was man sich vorstellen kann, wenn wir dieses widerliche Assad-Regime für immer beseitigt haben. Und wir werden dafür sorgen, dass Assad keinen Nachfolger hat, der je gegen uns aufstehen kann. Syrien wird wieder ein sunnitisches Land sein, und wenn wir uns mit dem Irak verbündet haben, werden wir stark genug sein, um Israel auszulöschen. Meine Familie – *unsere* Familie – hat so gerne Urlaub auf den Golanhöhen gemacht, und jetzt sind diese Drecksjuden dort, schon viel zu lange. Das muss aufhören!"

Osama unterbrach sich und nahm einen Schluck von seinem Kaffee. „Jamal, einer der großen Wünsche in meinem

Leben ist mitzuerleben, wie die Assads schön langsam krepieren. Wird das nicht die reine Freude für uns sein? Assad wird so sterben wie Gaddafi – kannst du dir das vorstellen? Es *wird* Gerechtigkeit geben!"

Jamal sah seinen Cousin schweigend an, mehrere Sekunden lang. „Ehrlich gesagt, Osama: Nein, das kann ich mir *nicht* vorstellen." Jamal musterte den Kaffee in seiner Tasse.

Osama schaute zu, wie er den Kaffee austrank. Er sagte nichts mehr, bis er Jamal zur Haustür brachte und sich verabschiedete. Bevor Jamal durch das Hoftor von Osamas Haus auf die Straße trat, schaute er mehrere Male prüfend die Straße entlang und zu den Hausdächern hoch. Vor einem Monat hatte die al-Nusra das Viertel eingenommen, aber immer wieder sickerten Soldaten der Regierungsarmee ein, was bedeutete, dass man jederzeit von einem Scharfschützen erledigt werden konnte.

Es war schon deutlich nach Mitternacht, als Jamal durch die Hintertür in die Küche seiner Wohnung trat. Da das Licht noch an war, hatte er gehofft, dass Safa noch auf war und vielleicht kochte, aber sie lag im Bett und schlief. Jamal zog sich aus, schlüpfte in ein T-Shirt und legte sich neben seine Frau. Er legte den rechten Arm um Safas Taille. Sie wurde wach und setzte sich auf. Ihre Augen fanden Jamals Silhouette in dem fast dunklen Zimmer.

„Ist alles okay, Jamal? Wie geht's Osama? Hat er wieder wegen Assad oder Israel herumgebrüllt?"

Jamal tastete nach ihrer Hand. „Vielleicht hast du doch recht, Safa. Es ist so viel Hass in seinem Herzen. Als er damit anfing, wie schön es wäre mitzuerleben, wie Assad vor unseren Augen langsam stirbt, wurden seine Augen so böse, dass es mir Angst machte. Er war wie besessen. Ich habe das schon öfter gesehen – während seiner Reden an die jungen al-Nusra-

Kämpfer. Wenn er mein Geheimnis entdeckte, würde dieses Böse mich augenblicklich auffressen. Der Mann ist ein Sklave des Hasses." Jamal zögerte, dann fuhr er flüsternd mehr zu sich selbst fort: „Wie lange kann ich dieses Spiel noch spielen? Gott, wir brauchen ein Wunder …"

Safa schob sich näher an ihren Mann und legte ihren Kopf sachte auf seine Brust. Die beiden Christen schliefen ein, einer in den Armen des anderen.

Die Druckwelle warf Jamal fast auf den Fußboden. Er war sofort wach und rappelte sich hastig hoch. Er hörte, wie Safa neben ihm aufkeuchte. Die Explosion schien nicht mehr als einen Häuserblock entfernt zu sein.

War bei den Kindern alles okay? Sein Gehirn ging rasend schnell die Möglichkeiten durch. *War das gerade die syrische Armee? Oder die Amerikaner? Die Russen?*

Die drei Kinder kamen ins elterliche Schlafzimmer gerannt und schlüpften unter die Bettdecken. Jetzt kam ein anderes, leiseres Geräusch. Jamals Mobiltelefon. Eine Sekunde später klingelte auch das von Safa. Die schaltete die Nachttischlampe an, während Jamal sein Handy aus der Tasche der Hose zog, die er auf dem Fußboden liegen gelassen hatte.

Er meldete sich. Eine bekannte Stimme – sie gehörte einem der al-Nusra-Männer – stieß hervor: „Es ist was passiert! Osama!"

„Osama? Ist er tot?"

Safa erstarrte. Sie hörte auf, nach ihrem Handy zu suchen, und sah Jamal an.

„Okay. Wie schwer ist er verletzt?" Jamals Augen wanderten leer durch das Zimmer. „Wo hat das Ding eingeschlagen? Sind Amal und die Kinder in Sicherheit?" Er brach ab, während der Anrufer antwortete. „Okay, ich komme!"

Jamal linste an den roten Blinklichtern vorbei. Vor vier Stunden war er durch eben dieses Hoftor gegangen, um den Weg nach Hause anzutreten. Mit jedem der roten Blitze sah er den Eingangsbereich von Osamas Haus. Oder das, was davon übrig war. Er rannte zu dem weißen Krankenwagen hin, zu dessen geöffneter Hecktür gerade zwei Sanitäter eine Trage hochhoben.

„Wo bringt ihr ihn hin?" Jamal schrie es fast. Er hatte sich beherrscht. Bis jetzt, da er seinen Cousin und besten Freund unter dem blutgetränkten Tuch erblickte.

„Ins al-Watani", erwiderte der Chefsanitäter, während er in den Wagen sprang, um die Trage ganz hineinzuziehen.

Jamal mustert Osamas Gesicht. Es war schmerzverzerrt, die Augen fast geschlossen. Jamal zwang sich zu lächeln. Innerlich betete er: *Herr, ist es so weit für Osama?*

Die Tür des Krankenwagens knallte zu und Jamal fragte sich, ob er seinen Cousin und besten Freund noch einmal lebend wiedersehen würde.

Die Ärzte mussten Granatsplitter aus Osamas Körper entfernen und mehrere innere Blutungen stoppen. Zwei Stunden sollte die Operation dauern, aber nach vier Stunden saß die Familie al-Dschihadi immer noch im Warteraum des al-Watani-Krankenhauses, ohne etwas über Osamas Zustand gehört zu haben. Jamal hatte ein flaues Gefühl im Bauch.

In einem Kreis von zehn schwarz gekleideten Frauen saß auch Osamas Frau Amal. Die Tränen liefen ihr den Gesichtsschleier hinunter. Jamal stand etwas außerhalb des Kreises und hörte zu, wie Amal ihre Angst herausschluchzte. „Ich habe geträumt, dass Osama bald stirbt. Fast jede Nacht wache ich auf und muss weinen. Ich glaube, er ist unter einem Fluch."

Die beiden Frauen, die ihr am nächsten saßen (ihre Schwestern), legten die Hände auf ihre zitternden Schultern.

Im gleichen Augenblick rief eine männliche Stimme vom anderen Ende des Raumes: „Sind Sie die Frau von Osama al-Dschihadi?"

Amal erhob sich umständlich, an beiden Seiten von ihren Schwestern gestützt und auf das Schlimmste gefasst. Sie drehte sich in die Richtung der Stimme. In der Tür des Warteraums stand ein Mann in OP-Kleidung.

„Osama hat die Operation überstanden und ist jetzt auf der Intensivstation. Es gab mehr innere Verletzungen, als es nach den Röntgenbildern aussah. Dazu kommt noch eine Infektion. Wenn es eine Blutvergiftung gibt, wird's kritisch. Und auch wenn er die nächsten paar Tage übersteht, muss er auf jeden Fall mehrere Wochen hier bleiben, vielleicht einen ganzen Monat." Der Mann in Grün zuckte die Achseln. „Oder auch länger. Es tut mir leid. Wir hatten die besten Ärzte der Region, und selbst für sie war es ein schwieriger Fall. Zurzeit befindet Ihr Mann sich in einem künstlichen Koma, um ihn zu stabilisieren. Wir können Allah danken, dass er lebt."

Amal schluchzte auf, ihr Körper kippte zu ihren Schwestern hin. Die ließen die Ohnmächtige erst verdutzt durch ihre Arme gleiten, dann reagierten sie und fingen sie halbwegs ab, sodass sie nicht zu hart auf dem Boden landete.

Als Amal wieder zu sich gekommen war, blieb sie für den Rest der Nacht sowie die nächsten zwei Tage am Bett ihres Mannes. Dann löste Jamal sie ab. Er saß allein neben Osamas Bett. Krankenschwestern kamen und gingen, ohne von Jamal Notiz zu nehmen. Fast eine Stunde sagte Jamal nichts. Dann beugte er sich ganz nah zum Ohr seines Freundes und fing leise an zu sprechen.

„Osama, ich könnte mich in den Hintern treten, dass ich dir nie was gesagt habe. Hier liegst du im Koma und keiner weiß, ob du es schaffen wirst. Dein Haus ist zerstört, aber

Amal und deine Kinder sind in Sicherheit, bei mir. Safa kocht den ganzen Tag und es ist richtig was los und ziemlich laut. Schade, dass du das nicht sehen kannst."

Jamal hielt inne und schlug die Hände vors Gesicht, dann fuhr er fort: „Ich weiß, dass du mich nicht hören kannst, aber trotzdem, es muss sein." Er legte seinen linken Unterarm auf das Bett, neben die bewusstlose Gestalt.

„Osama, letztes Jahr habe ich angefangen, Jesus nachzufolgen. Ich bin an eine Bibel gekommen – wo und wie, weiß ich nicht mehr –, und als ich anfing, sie zu lesen, konnte ich sie nicht mehr weglegen. Eigentlich wollte ich nur herausfinden, wo sie verfälscht worden ist. Jede Nacht las ich sie unter der Bettdecke, mit meinem Handylicht. Ich wartete, bis Safa eingeschlafen war. Manchmal schlief ich selbst überhaupt nicht, aber das war mir egal. Dieser Jesus faszinierte mich total, Osama. Ich meine, er *liebte* die Leidenden – kleine Kinder, die Hilflosen, die Ausgestoßenen, die Armen. Er ging auf die Menschen zu – *am meisten auf die Sünder.* Die Schlimmsten, die Kaputtesten zog es zu ihm hin und er wies keinen ab. Wusstest du schon, dass Jesus so bekannt wurde, dass man selbst in *Syrien* davon hörte, was er in Israel tat?" Jamal hielt inne. War das nicht verrückt, dass er solche Gespräche mit jemandem führte, der halb tot im Koma lag? Egal. Weiter.

„Diese Liebe, die ich da in Jesus sah, zwang mich dazu, mich dem Hass in den Tiefen meines Herzens zu stellen. Ich erkannte, dass dieser Hass wie eine Säure war, die meine Seele zerfraß. Und dann las ich die Stelle, wo Jesus sagt: ‚Liebt eure Feinde.' Das verstand ich überhaupt nicht. Ich fragte mich glatt, ob Jesus verrückt war. So denkt man einfach nicht im Nahen Osten!

Aber diese Botschaft der Liebe, ich konnte sie nicht abschütteln. Selbst Sündern begegnete Jesus mit Liebe, und die einzigen Menschen, die er verurteilte, waren die Gesetzeslehrer seiner Zeit, die anderen Vorschriften machten, die sie selbst nicht einhielten. Die Pharisäer kamen mir wie verkleidete Imame vor, sie waren so ähnlich!

Tja, Osama, ich habe also eine Bibel, und ab heute werde ich dir jedes Mal, wenn ich dich besuche, daraus vorlesen. Ich fange am besten gleich jetzt an: ‚Ich bin gekommen, um ihnen das Leben zu bringen …‘"

„Leben in Fülle."

Die Stimme ließ Jamal hastig den Kopf zur Tür hin drehen.

„Entschuldigung, ich wollte Sie nicht erschrecken. Sie erinnern sich vielleicht – ich bin Dr. Ahmad. Ich wusste gar nicht, dass Sie Christ sind, Jamal. Seit wann ist das so?"

Jamal erhob sich. „Und ob ich mich an Sie erinnere! Als mein Vater hier in diesem Krankenhaus starb, waren Sie so gütig zu ihm. Und zu uns. Um Ihre Frage zu beantworten: Ich hab's meiner Familie noch nicht gesagt … nur meiner Frau."

Der Arzt nickte lächelnd. „Willkommen im Klub. Mit dieser Botschaft durch Syrien zu reisen, ist heutzutage nicht gerade das Sicherste, oder? Aber wir können immer beten. Und den Menschen geduldig zeigen, dass sie Jesus brauchen. Die Menschen sind innerlich so leer, sie gehen wie seelenlose Roboter durch die Straßen."

Eine große Erleichterung erfüllte Jamal plötzlich. Endlich ein Mensch, bei dem sein Geheimnis sicher war. Er hörte aufmerksam zu, wie Dr. Ahmad mit wachsender Leidenschaft in der Stimme fortfuhr:

„Wann wird dieses Töten und Morden endlich aufhören? Die Religion ist eine einzige Sackgasse. Man rackert sich ab, um alle Regeln einzuhalten, und wofür?" Der Arzt schüttelte den Kopf. „Ich habe die Pilgerfahrt nach Mekka gemacht, aber hat mich das Gott näher gebracht? Nein! Mein ganzes Leben lang wohne ich schon hier, aber nie hatte ich den inneren Frieden, den ich in dem Augenblick geschenkt bekam, als ich mich Jesus anvertraute. Meine Familie ist bald denselben Weg gegangen, aber das dürfen wir natürlich niemand laut sagen. Wir sind zwei Männer, die ein Geheimnis für sich behalten können, Jamal, nicht wahr?" Der Arzt zögerte, er schien nach den richtigen Worten zu suchen. „Kann ich Sie etwas fragen, Jamal?"

Jamal nickte. „Gerne."

„Ihr Cousin ist einer der gefürchtetsten Männer in dieser Gegend. Die Dschabhat al-Nusra hat Dörfer dem Erdboden gleichgemacht und die Scharia eingeführt. Finden Sie es nicht bemerkenswert, dass Jesus *Sie* dazu berufen hat, ihn zu erreichen? Auf wen wird er hören, wenn nicht auf Sie, seinen besten Freund und Verwandten? Glauben Sie, dass er für Jesus offen ist?"

Jamal schaute auf den Fußboden. „Das weiß ich nicht. Ich hatte gehofft …" Die Stimme wollte ihm versagen. „Ich wollte ihm sagen …"

Dr. Ahmad legte seine Hand auf Jamals Schulter, dem die Tränen die Wangen hinunterliefen.

„Jamal, wenn Osama am Leben bleibt, werden wir beide ihm das sagen. Wir wohnen in Syrien, schön, aber es ist Zeit, dass wir den Mund aufmachen. Stimmt's oder hab ich recht?"

Jamal fuhr sich mit der rechten Hand über die Wange und schaute seinen Bruder in Christus an.

Dr. Ahmad fuhr bekräftigend fort: „Jawohl! Zusammen schaffen wir es. Einverstanden?"

„Einverstanden! Aber jetzt sollten wir beten. Vielleicht haben Sie es ja gehört, als Sie hereingekommen sind: Ich möchte jedes Mal, wenn ich hier bin, Osama aus dem Neuen Testament vorlesen."

In den folgenden zweieinhalb Wochen besuchte Jamal Osama täglich und las seinem Cousin einen Großteil des Neuen Testaments vor.

„Safa!" Jamal, sein Handy am Ohr, schaute zu seiner Frau hin, die neben ihm auf dem Beifahrersitz saß. Er rief es fast: „Das ist Dr. Ahmad!"

Er lauschte wieder auf die Stimme aus dem Telefon.

„Jamal, er ist aufgewacht! Ich habe Amal im Warteraum gefunden, sie aß gerade mit den Kindern zu Mittag, aber jetzt ist sie bei Osama. Er ist voll da, stellt Fragen und ist richtig aufgeregt. Können Sie kommen, jetzt sofort?"

„Ich bin gerade schon unterwegs zum Krankenhaus und Safa sitzt neben mir."

Die syrische Artillerie hatte an diesem Vormittag den Beschuss von Idlib wieder aufgenommen und Jamal raste durch die Straßen. Rechts und links schlugen Granaten ein; es war allein Gottes Gnade, dass keine das Auto traf. Als er und Safa endlich in Osamas Krankenzimmer ankamen, verschlugen die ersten Worte des Mannes auf dem Bett Jamal fast den Atem: „Jamal! Mein wunderbarer Cousin! Danke, dass du mich so oft besucht hast!"

Jamal trat langsam an das Bett. „Woher weißt du das denn, Osama? Hat Amal dir das gesagt?"

„Nein und das war auch gar nicht nötig. Ich habe dich ja so oft gehört. Du hast für mich gebetet, und was du da vorgelesen hast, so was habe ich in meinem ganzen Leben noch nicht gehört. Davon will ich mehr erfahren." Osama grinste seinen jüngeren Cousin an.

Am Abend dieses Tages knieten Jamal und Safa in ihrem

Wohnzimmer, so weit vornübergebeugt, dass ihr Gesicht den Fußboden berührte, und beteten für Osama. Nach vielleicht einer halben Stunde richtete sich Jamal plötzlich auf und öffnete die Augen. Safa, die merkte, dass ihr Mann nicht mehr kniete, hob das Gesicht und schaute zu ihm hoch. Was ging in ihm vor?

Jamal lächelte. „Es ist Zeit, unseren Gesprächspartner anzusehen, Schätzchen. So ähnlich, wie wenn wir jemand persönlich sprechen wollen und nicht nur am Telefon oder im Internet, nur dass es ernster ist. Ich glaube, das machen Gottes Leute schon seit Jahrhunderten so, wenn sie eine ganz besondere Bitte an den Herrscher des Himmels haben."

Und Jamal hob seine Augen und Arme zur Zimmerdecke. „Herr, wir rufen deinen Namen an, für Osama!"

Am folgenden Tag besuchte Jamal Osama wieder im Krankenhaus. Jetzt, wo er nicht mehr auf der Intensivstation lag, hatte Osama mehr Ruhe vor all den Schwestern und Ärzten. Es drängte ihn, von seinem Cousin unter vier Augen mehr darüber zu hören, was er in seinem Koma mitbekommen hatte.

„Die Worte, die ich dir vorgelesen habe, waren aus dem Neuen Testament, Osama. Die Bibel ist das wahre Wort Gottes; darum hab ich sie dir vorgelesen." Jamal beobachtete seinen Cousin. Würde er zusammenzucken bei dieser Erklärung? „Gottes Worte sind Leben. Als *ich* sie das erste Mal las, verspürte ich einen tiefen inneren Frieden – *zum ersten Mal in meinem Leben.*" Jamal zögerte. Dann sprach er weiter: „Du weißt doch genau wie ich auch, dass in der Religion, in der wir beide aufgewachsen sind, die Bibel als ein heiliges Buch gilt."

Osama schaute fragend zu Jamal hoch. „Wie meinst du das –, die Religion, in der wir beide aufgewachsen sind'?"

Jamal erwiderte Osamas Blick und holte tief Luft. „Osama, das mit der Religion … damit habe ich Schluss gemacht, vor einer Weile schon. Ich folge jetzt Jesus nach." So, jetzt hatte er es gesagt und es gab kein Zurück mehr. „Je mehr ich den Islam studierte – damals, als ich ein Imam werden wollte –, desto mehr Fragen hatte ich. Unsere Geistlichen haben mir keine Antworten gegeben. Sie haben mich ausgelacht, manchmal sogar geschlagen, weil ich solche Fragen stellte.

Aber Jesus hat gesagt: ‚Bittet, so wird euch gegeben; suchet, so werdet ihr finden; klopfet an, so wird euch aufgetan.' Er *freut sich* über unsere Fragen und seine Antworten sind … tja, erstaunlich.

Osama, dieses Buch – die Bibel – wird dein Leben komplett umdrehen. Ich weiß, du könntest mich dafür umbringen lassen, dass ich so zu dir rede, aber, lieber Cousin, ich möchte dich bitten, dir selbst ein Urteil zu bilden und die Bibel zu lesen! Sie wird dich verändern."

Osamas Gesicht wurde einen Augenblick hart. „Ich will aber nicht verändert werden, ich fühle mich wohl, so wie ich bin."

„Wie meinst du das?"

Osama tat, als habe er die Frage nicht gehört. „Jamal, hier im Krankenhaus die Bibel lesen, das kommt nicht infrage. Was, wenn mich einer sieht?"

Jamal musste grinsen. „Hast du etwa *Angst*, Osama? Dass du bei irgendjemandem aneckst? Oder dass ich recht habe? Das ist ja was ganz Neues …"

„Nein!", unterbrach ihn Osama. „Ich habe *keine* Angst! Was ich tue, das entscheide ich selber." Seine Augen wurden schmaler, er wurde wieder leiser. „Ich werde die Bibel lesen, wenn ich allein bin."

Jamal nickte und sagte nichts weiter. Er hatte erreicht,

was er wollte. Die beiden Männer saßen mehrere Minuten schweigend da, dann stand Jamal abrupt auf, küsste seinen Cousin auf beide Wangen und verließ das Krankenzimmer.

Am Abend aßen Jamal und Safa etwas früher als sonst mit den Kindern zu Abend und brachten sie ins Bett. Dann beteten sie mehrere Stunden lang für Osama und sein Bibellesen. Sie beschlossen auch, für den al-Nusra-Offizier zu fasten.

Die nächsten zehn Tage blieb Osama in seinem Krankenhausbett und verbrachte seine Zeit damit, die Bibel zu lesen, die Jamal ihm dagelassen hatte. Allmählich bekam er Besuch von al-Nusra-Kämpfern, dann schob er jedes Mal die Bibel unter das Kopfkissen.

Gut eine Woche, nachdem er angefangen hatte, die Bibel zu lesen, kehrte Osama zu den Evangelien zurück. *Was hilft es dem Menschen, die ganze Welt zu gewinnen und Schaden zu nehmen an seiner Seele?* Dieses Mal drangen ihm die Worte aus Markus 8 so ins Herz, dass er nicht weiterlesen konnte.

Er legte die Bibel aufgeschlagen, mit den Seiten nach unten, auf die Brust, schloss die Augen und sagte leise: „Ich will nicht Schaden an meiner Seele nehmen. Was bedeuten diese Worte? Sie lassen mich nicht los. Jesus, gib mir ein Zeichen, wenn du wirklich da bist."

Eine Stimme riss ihn aus seinem Gebet. „Guten Morgen, Osama. Ich muss sagen, Sie haben echt große Fortschritte gemacht in der letzten Woche."

Der Patient schlug die Augen auf. „*Marhaba*, willkommen, Dr. Ahmad!"

Der Arzt trat an das Bett. „Osama, Sie haben einen langen Weg hinter sich, aber jetzt ist es bald so weit, dass Sie nach Hause können." Er schaute auf den Fußboden, dann seinem Patienten fest in die Augen. „Sie haben Ihr Leben wiederbekommen; das ist eine einmalige Chance. Als Sie nach dem Bombenangriff hier ankamen, hatten wir Angst, dass Sie es nicht schaffen würden. Aber *Er* hat einen Weg für Sie. Suchen Sie ihn und Sie werden ihn finden.

Sie werden sicher bald wieder in diesen furchtbaren Krieg hineingezogen werden. Die al-Nusra wartet auf Sie, aber ich frage mich, wie lange diese Stadt noch zu halten ist, mit all den ausländischen Mächten, die in den Krieg eingetreten sind.

Und jetzt mein Rezept für Sie, damit Sie vollständig gesund werden. Es ist ein Rezept für die langfristige Therapie, Osama. Ich frage Sie: *Was hilft es dem Menschen, die ganze Welt zu gewinnen und Schaden zu nehmen an seiner Seele?"*

Der Arzt konnte den schockierten Ausdruck auf dem Gesicht seines Patienten nicht deuten, aber er spürte, dass er genug gesagt hatte. Er berührte kurz Osamas rechten Arm, dann drehte er sich um und ging aus dem Zimmer. Osama starrte ihm hinterher, wie gelähmt durch seinen letzten Satz. Fünf Worte nahmen in seinem Gehirn Gestalt an: *Ich muss mit Jamal reden.*

Drei Monate später war Osama wieder bei einem Treffen der Dschabhat al-Nusra, umgeben von lauter bekannten Gesichtern. Es war der dritte Tag nacheinander, dass die Gruppe zusammenkam, aber Osama stand nicht mehr vorne; er war nicht der Leiter des Treffens.

Er hing auf einem Stuhl, um ihn herum zwölf Männer, darunter der junge Mann, der ihn damals so voller Stolz zu seinem Überraschungsbesuch begrüßt hatte. Halb tot nach fast drei Tagen Schlägen, betete Osama jetzt stumm zum neuen Herrn seines Lebens, ein Ende zu machen und ihn zu sich zu holen.

Jesus, bitte beschütze meine geliebte Amal und die Kinder im Libanon. Gibt, dass die al-Nusra-Killer sie nicht finden. Und danke für Jamal und Safa und wie du sie gebraucht hast, um mich zu retten. Ich werde dich nicht verleugnen, Jesus, das verspreche ich dir.

Ein Befehl, den Rahman al-Awani, der neue Chef der Gruppe, bellte, unterbrach Osamas Gedanken. Zwei Männer rissen Osama von seinem Stuhl und schleiften ihn einen muffigen Flur entlang. Vor der Tür eines Büros ließen sie ihn, mit dem Gesicht nach unten, auf den Boden fallen.

Der Kommandeur trat heran und beugte sich über den Gefangenen. „Wir können das heute beenden, Osama", zischte er. „Nein, ich meine nicht deinen Tod. Sag mir, wer dir die Bibel gegeben hat, und hör auf mit deiner dämlichen, verräterischen Bekehrungsgeschichte. Sage die *Schahada*[2] auf und du bist wieder ein freier Mann.

Und überlege mal, was du damit anderen Gutes tust! Du willst doch sicher nicht, dass deiner Familie etwas passiert, in dem Drusendorf im Libanon, wo sie untergetaucht ist? Raschaya ist nicht sehr weit von hier. Was möchtest du lieber: Dass du sie besuchen kannst oder dass *wir* das machen?"

Osama öffnete sein linkes Auge und hob den Kopf, in die Richtung von Rahmans Stimme. Er flüsterte seine Antwort. „Ich nehme euer Angebot nicht an. Ihr könnt mich töten, aber ich werde Jesus nicht verleugnen."

Eine Stunde später kam Osama wieder zu sich. Er war ohnmächtig geworden, nachdem sie ihn in einer Gefängniszelle auf den Fußboden geschmissen hatten. Jetzt hörte

---

[2] Die Schahada ist das islamische Glaubensbekenntnis, zu Deutsch: „Es gibt keinen Gott als nur Allah und Mohammed ist sein Prophet."

er eine andere Stimme – eine, die er nicht kannte. Es roch nach Zigarettenrauch; der Geruch zeigte Osama, aus welcher Richtung die Stimme kam. Draußen auf dem Gang vor der Zelle war irgendjemand, der rauchte und mit ihm sprach. Es klang so, als ob er dem Gefangenen irgendein Angebot machen wollte.

Mahmoud Ramadan stand mit dem Rücken an die Wand gelehnt, knapp außerhalb von Osamas Gesichtsfeld. „Ich muss sagen, dein Glaube beeindruckt mich. Ich habe von dir gelernt und manchmal frag ich mich, ob du dabei bist, mich rumzukriegen." Die Stimme brach ab, für den nächsten Zug an der Zigarette. „Du hattest eine große Zukunft bei al-Nusra und dann hast du das alles weggeworfen – für *Ihn*. Warum musstest du es den anderen auf die Nase binden, dass du den Islam verlassen hast?

Ich muss gestehen, so viel Entschlossenheit wie bei dir habe ich noch bei keinem gesehen. Wer so zusammengeschlagen worden ist wie du, bekennt sonst alles, was wir von ihm verlangen. Und wir *brauchen* dich, Osama! Jetzt, wo Russland in den Krieg eingetreten ist, brauchen wir jeden Befehlshaber, den wir kriegen können, vor allem jemanden mit deinen Fähigkeiten und deinem Einfluss.

Alles, was du tun musst, ist, diesen Spruch aufzusagen. Du brauchst ihn ja gar nicht zu glauben, sag ihn einfach. Erkläre, dass du zum Islam zurückgekehrt bist. Ich werde es dann den anderen sagen. Merkst du nicht, dass ich dir helfen will? Das kann mich den Kopf kosten, das weißt du. Aber ich sehe etwas in dir, das ich bewundere. Bitte, Osama, sag die Worte, sag sie einfach."

Die Stimme schwieg. Offenbar wartete der Mann darauf, dass Osama antwortete.

„Mein Erlöser hat sich nicht von mir losgesagt, und ich

werde mich nicht von ihm lossagen – nicht in meinem Herzen und nicht mit meinen Lippen."

Der Mann auf dem Gang ließ etliche Sekunden verstreichen, bevor er wieder sprach. „Osama, weißt du überhaupt, wer ich bin? Ich bin der Befehlshaber des Exekutionskommandos, das dich morgen erschießen wird. Deine Hinrichtung ist auf acht Uhr morgens angesetzt. Es ist vorbei für dich. Aber …" Die Stimme machte eine Pause, der nächste Rauch drang in Osamas Zelle. „Es wird folgendermaßen laufen: Morgen früh wird man dich in einem Wagen zum Hinrichtungsplatz draußen vor Idlib fahren. Den kennst du ja, oder?"

Osama nickte und antwortete: „Ja, doch, da war ich schon." Er sah die Stelle vor seinem inneren Auge. Wie viele Hinrichtungen hatte er selbst dort geleitet?

„Wenn du die Todesposition eingenommen hast, werde ich ein paar Worte sagen. Wenn du den ersten Schuss hörst – er wird dich verfehlen –, lass dich fallen, wie ein Toter. *Bewege dich nicht.* Bewege keinen einzigen Muskel und atme so flach wie möglich.

Wenn du hörst, wie der Wagen wieder wegfährt, nimm deine Kapuze ab, steh auf und geh Richtung Osten. Nach ein paar Meilen wirst du die syrische Armee erreichen. Hebe deine Hände hoch, in Richtung auf den Beobachtungsposten, und ergib dich. Sie werden dich nicht töten."

Was sagte der da? „Warum bist du …", sagte Osama. „Wie kannst du das machen?"

Keine Antwort. Die Stimme war weg.

Am folgenden Morgen um 7.35 Uhr stand Rahman al-Awani in der Tür zu Osamas Zelle. Er ließ sich die Gelegenheit, ihn ein letztes Mal zu verhöhnen, nicht entgehen. „Du bist ein Narr! Und deine arme Familie …"

Osama sah ihn an. Die Worte rauschten an ihm vorbei. Die Fragen kreisten ihm durch den Kopf: *Wer ist dieser Chef des Exekutionskommandos? Warum macht er das für mich? Wird er das wirklich machen?*

Er hörte Rahmans letzte Worte, ein knappes: „Führt ihn ab."

Als er aus dem Transporter hinausstolperte und mit der schwarzen Kapuze über dem Kopf zur Kuppe des Hügels ging, konnte er nichts sehen, aber der Gestank von Tod und geronnenem Blut zeigte ihm an, wo er war. Dann kam die Stimme vom Abend, aber jetzt viel lauter. Sie verlas mit diabolischem Lachen die Anklagen gegen „den Christen". Osama fragte sich immer noch, ob Mahmoud Ramadan sein Wort halten würde. Die Show, die er abzog (wenn es denn eine war), klang überzeugend.

Christus ist mein Leben, dachte Osama, *und Sterben ist …*

Ein einzelner Schuss aus einer AK-47 riss ihn aus seiner stummen Proklamation. Er ließ sich auf den Boden fallen, wie der Mann im Gang vor der Zelle es ihm geraten hatte.

Eine Botschaft von Osama

Ich habe das Gesicht von Mahmoud Ramadan nie gesehen, weil sein Plan exakt so lief, wie er gesagt hatte. Nach dem ersten Schuss hörte ich noch mehrere andere. Ich blieb still liegen, bis ich hörte, wie der Transporter wegfuhr. Dann stand ich auf, blickte um mich und sah, dass die anderen Mitglieder des Exekutionskommandos tot auf dem Boden lagen. Ich hatte nicht geahnt, dass er vorgehabt hatte, sie zu töten, damit ich entkommen konnte. Er hatte alles riskiert, um mich zu retten, und mir bricht das Herz für die armen Männer, die er erschoss, damit ich leben konnte. Sie hatten Familien und führten einfach die Befehle aus, die sie erhalten hatten.

Ich verließ den Hinrichtungshügel und ergab mich dem ein paar Meilen entfernten syrischen Armeeposten. Nach zwei Tagen Verhör durfte ich als freier Mann wieder gehen! Ich staune heute noch darüber und kann es mir nur so erklären, dass Gott ein Wunder tat. Und es war nur eines von vielen in meinem Leben. Dass ich den Bombenangriff auf mein Haus und die Operation im Krankenhaus überlebt hatte, meine Bekehrung zu Jesus, die Schläge und das Exekutionskommando – es sind so viele Zeichen, dass Gott mich gebraucht. Seine Wunder halten mich am Leben, so lange, bis mein Auftrag hier (was dieser auch sein mag) beendet ist.

Im Augenblick bin ich in einem Kloster in Syrien in Sicherheit. Ich verbringe meine Tage damit, Verse und ganze Kapitel des Neuen Testaments auswendig zu lernen und für meine Familie zu beten, die weiter im Libanon lebt – unversehrt. Inzwischen wissen sie, dass ich in Sicherheit bin, aber mehrere Tage lang glaubten sie, dass man mich hingerichtet hatte; es waren furchtbare Tage.

Als ich im Kloster ankam, rief ich als Erstes Amal an. Als sie meine Stimme hörte, brachte sie kein Wort heraus. Aber Jamal und Safa waren bei ihr und Jamal nahm ihr das Telefon ab.

Ich sagte nur: „Lieber Cousin, ich bin am Leben."

Wahrscheinlich glaubte er einen Augenblick lang, dass er träumte, aber dann hörte ich aus dem Hintergrund die Jubelschreie, die laut genug waren, um das ganze Dorf aufzuwecken. Schon vor meiner „Hinrichtung" hatten sie gewusst, dass ich Probleme hatte.

Als ich angefangen hatte, Jesus nachzufolgen, kam die al-Nusra zu mir. Ich war nicht mehr zu den Treffen erschienen und sie nahmen an, dass ich ein Verräter war. Sie nahmen mich gefangen, aber nicht bevor ich Amal und meine Kinder von der Liebe von Jesus überzeugt hatte.

Meine Familie hatte sich wochenlang bemüht, die Verwandlung in meinem Leben zu begreifen. Meine Liebe zu ihr war anders geworden, das merkten sie alle. Ich bat Amal um Vergebung dafür, dass ich sie nicht wie eine Ehefrau, sondern eher wie ein Dienstmädchen behandelt hatte. Ich fing an, sie mit der Liebe zu lieben, die Jesus mir erwiesen hatte, und – Dank sei ihm! – das konnte sie nicht abweisen.

Ich sehne mich natürlich danach, sie, meine Kinder und auch Jamal und Safa wiederzusehen, aber vorerst ist es zu gefährlich für mich, in Syrien zu reisen, geschweige denn zu versuchen, in den Libanon zu kommen. Als andere Leute der al-Nusra zu dem Hinrichtungshügel kamen und die Leichen des Exekutionskommandos sahen, begannen sie sofort, nach mir zu fahnden, weil sie annahmen, dass ich der Täter gewesen war.

Aber es gibt noch einen anderen Grund, warum ich noch nicht bereit bin, Syrien zu verlassen. Ich habe hier noch etwas zu erledigen. Ich muss mit diesem Mann sprechen, den ich nie gesehen habe. Bevor ich woanders hingehe, muss ich Mahmoud Ramadan finden.

Ein paar Worte über Osama

Durch Osama hat Jesus Christen in Syrien neue Hoffnung gegeben. Seine Verwandlung demonstriert, wie sehr Jesus uns liebt und dass er uns nicht vergessen hat.

Osama war bereit zu sterben, obwohl er erst wenige Monate vor seiner Verhaftung begonnen hatte, Jesus nachzufolgen. Sein Leben ist eine Frage an uns, die ich mir täglich stelle und die jeder Christ sich stellen sollte: „Bin ich bereit, für Jesus zu sterben?" Er versuchte noch nicht einmal, sich vor der Dschabhat al-Nusra zu verstecken, deren Befolgung der Scharia genauso teuflisch ist wie beim IS. Er wusste genau, dass seine ehemaligen al-Nusra-Kameraden von seiner Bekehrung hören und ihn holen würden. Es ist keine Übertreibung zu sagen, dass die Mitglieder dieser Terrorgruppe sich die Zeit am liebsten damit vertreiben, Suren aus dem Koran zu rezitieren, während sie ihre Opfer foltern. Aber in Jesus, der in Osama wohnt, haben sie ihren Meister gefunden.

Mein neuer Glaubensheld heißt Osama al-Dschihadi.

2

Homs bleibt Homs

Zwei Männer gingen gemessenen Schrittes die Krone der fünfzehn Meter hohen inneren Mauer der Zitadelle *Krak des Chevaliers* entlang. Alle paar Minuten unterbrachen sie ihre Gebete, um den Blick über die grünen Hänge schweifen zu lassen, die zum westlichen Ufer des Orontes in 600 Meter Tiefe abfielen. Die von den Kreuzrittern erbaute Burg, deren Steine 900 Jahre unter der syrischen Wüstensonne hellgrau ausgebleicht waren, leuchtete im Nachmittagslicht. Die Präzision, mit der ihre Erbauer die mächtigen Kalksteinquader zusammengefügt hatten, war den Archäologen selbst im 21. Jahrhundert noch ein Rätsel.

Farid Assad[3] musterte seinen langjährigen Freund, Gebetspartner und Pastorenkollegen, der ins Homs-Gap-Tal hinunterschaute. Dieses Tal war fast immer in der Geschichte des Nahen Ostens von großer strategischer Bedeutung gewesen. Einst strömten 20 000 Soldaten des Königs Hadad-Eser von Zoba (dem antiken Homs) hier durch, um gegen König David zu ziehen. Doch der hebräische König besiegte die Angreifer gründlich und verleibte ganz Syrien seinem Herrschaftsbereich ein (vgl. in der Bibel 2. Samuel 10).

Wir könnten gerade einen zweiten König David brauchen. Farids Begleiter, der allgemein als „Pastor Joseph" bekannt war, musste über den Gedanken lächeln. Er wandte den

---

[3] Über Farid Assad haben wir bereits in unserem früheren Buch *Im Angesicht des Todes* berichtet, in dem Kapitel „Der einzige leere Friedhof in Syrien".

Blick von dem Felshang ab, an dessen Fuß die alte Seiden-straße entlanggeführt hatte, um seinen Freund anzuschauen. Die beiden genossen diese Atempause vor der Weiterfahrt ins Chaos des etwa vierzig Kilometer westlich gelegenen Homs. Fast zwei Stunden dauerte ihr Gebetsspaziergang jetzt schon. Den beiden Männern schwante, dass die letzten achtundvier-zig Stunden ihrer fast drei Wochen dauernden Rundreise zu den syrischen Hausgemeinden die schwierigsten sein würden.

„Als mein Vater die Baptistengemeinde betreute, waren wir immer in Gefahr, aber jetzt frage ich mich, ob es in Homs überhaupt noch Christen gibt." Der frische Wind trug Farids Stimme in die Luft um den Berg.

Er fuhr fort: „Ich fürchte, es gibt keine mehr. Die Kirche meines Vaters steht nicht mehr; sie ist ein Trümmerhaufen. Das Restaurant Julia, wo wir immer unsere Familiengeburts-tage gefeiert haben, ist weg. Auf dem alten Glockenturmplatz habe ich meiner Rima den Heiratsantrag gemacht; der Turm steht noch, aber die Glocke ist weg." Er zog die Augenbrauen hoch. „Wie symbolträchtig! Die Stadt ist von den Israeliten, Alexander dem Großen, den Römern und den Kreuzrittern er-obert worden und hat immer überlebt, aber jetzt … frage ich mich, ob nicht das letzte Stündlein für Homs gekommen ist."

Farid schüttelte den Kopf. „Die Straße, in der ich gewohnt habe, ist auch weg. Joseph, hast du dieses Drohnenvideo über Homs auf YouTube gesehen? Ich habe geheult, als ich es sah. Drei Viertel der Stadt sind ein Schutthaufen. Ich fürchte, ich werde wieder weinen, wenn ich dort bin und es selbst sehe. Vielleicht wird dies das letzte Mal sein, dass wir durch die Straßen unserer geliebten Stadt gehen."

Er zeigte hinunter ins Tal. „Aber jetzt sollten wir allmäh-lich aufbrechen. Der Waffenstillstand wird nicht lange halten. Bist du bereit?"

Joseph schaute zur äußeren Mauer der Burg hinunter, ein Dutzend Meter unter ihnen, und nickte feierlich.

Der Parkplatz unter der Zitadelle war leer, bis auf Pastor Josephs Mercedes, Baujahr 1970. Er wusste schon nicht mehr, wie oft das Auto repariert worden war. Mittlerweile glänzten Türen, Motorhaube, Dach und Kofferraumdeckel in verschiedenen Farben. Farid und Joseph stiegen in die betagte Limousine. Da meldete sich Farids Handy.

Joseph startete den Wagen und seufzte. „Du kriegst mehr Todesdrohungen als andere Leute Post. War das gerade die nächste?"

Die wöchentliche E-Mail-Flut kam immer am Freitagnachmittag zum Höhepunkt, nach dem Mittagsgebet in den Moscheen. Dann erreichte der Hass der Fanatiker vor Ort regelmäßig seinen Siedepunkt. Doch keiner von Farids Widersachern konnte es an Hartnäckigkeit und Gehässigkeit mit Raschid Abbas aufnehmen. Als entschlossener Wiederholungstäter bedrohte er Farid jetzt schon seit fünf Jahren. Diese SMS war seine neueste Warnung. Farid verzog das Gesicht und legte sein betagtes Mobiltelefon mit der Vorderseite nach unten auf die Mittelkonsole des Wagens.

Joseph beäugte die Kratzer auf dem Rücken des Handys und lachte. „Farid! Du brauchst dringend ein neues Telefon! Als jemand, der sein ganzes Leben in Syrien verbracht hat, habe ich eine Schwäche für Antiquitäten, aber nicht solche, mit denen ich andere Leute anrufe."

Farids Gesicht entspannte sich. Er nahm das Handy wieder in die Hand, klappte es auf und sah Joseph an.

Der Pastor runzelte die Stirn. „Hast du etwa Raschid Abbas' Kontaktdaten gespeichert? Der Mann will dich umbringen! Warum kümmerst du dich überhaupt um ihn?"

„Wenn er anruft", sagte Farid, „erinnert mich das daran, dass ich für ihn beten muss. Ich bin wohl der Einzige, der das macht, und so ist er der Terrorist Nr. 1 auf meiner Gebetsliste. Ich verstehe nur nicht, warum er mich nicht einfach umlegt. Gelegenheiten dazu hatte er mehr als genug."

Joseph kratzte sich am Kopf und nickte. „So oft wie er dich anruft, wird sicher viel für ihn gebetet."

„Da könntest du recht haben."

Die Landstraße bog nach Südwesten ab. Farid schaute angestrengt durch das Seitenfenster über die Felder. Wo war die Grenze zum Libanon? Mehrere Minuten lang schwiegen die beiden, dann fragte Farid: „Joseph, erinnerst du dich noch an die ganzen Homs-Witze? Die Stadt hatte ihren Ruf weg. Ich habe sogar ein paar Homs-Witze gehört, als ich im Libanon und in Jordanien war. Unsere amerikanische Freundin Julia hat gesagt, dass sie sie an die Blondinenwitze in den USA erinnern."

Er lehnte den Kopf ans Seitenfenster. „Aber in Homs lebten auch einige der gastfreundlichsten Menschen im ganzen Land! Was wohl aus denen geworden ist?"

Dreißig Minuten später bog der bunte Mercedes im Kreisverkehr im Stadtzentrum Richtung Osten ab, auf die Hamidiyah-Street. Mehrere Häuserblocks weiter parkte Joseph vor den über die Straße verstreuten Trümmern der Fassade eines dreistöckigen Wohnhauses. Die beiden Pastoren setzten ihren Weg zu Fuß fort, quer durch den Schutt von dem, was einmal ein Wohnviertel gewesen war. Dutzende ehemaliger Bewohner des Viertels stolperten wie in Trance die Straßen entlang, auf der Suche nach etwas Essbarem oder sonst Brauchbarem inmitten der Trümmer. Die Altstadt sah aus, als ob eine Atombombe eingeschlagen hätte.

An der Kreuzung der Alquzon-Street bogen Joseph und Farid nach links ab. Farid kletterte über einen hohen Schutthaufen und blieb abrupt stehen. Er linste ungläubig in die Schatten des späten Nachmittags hinein. Dann beugte er sich wortlos nach vorne und begann zu schluchzen.

Joseph starrte stumm auf die Szene der Verwüstung, während Farid, ohne den Kopf zu heben, die Straße entlangzeigte. „Der Ziegelhaufen dort …" Er flüsterte es nur. „Das war unsere Kirche, Joseph. Da sind wir Jesus begegnet. Erinnerst du dich noch an den Tag, als wir zusammen getauft wurden? Du warst zwölf und ich zehn."

Joseph hockte sich neben Farid. Er legte den Arm um ihn und sagte langsam: „Wie könnte ich diesen Tag je vergessen? Die Leute in der Kirche sahen das Feuer, das in uns für Jesus brannte, obwohl wir noch so jung waren. Ich mochte es, wenn sie uns Jakobus und Johannes nannten – ‚die Donnersöhne'. Die meisten Jungen in Syrien wollten damals für Barcelona Fußball spielen, wenn sie groß wären." Er strich über Farids Schulter. „Wir wollten Apostel werden."

Das „Christenviertel" von Homs war zerstört. Eine Viertelstunde lang gingen Farid und Joseph wie benommen durch die Trümmer; immer wieder blieben sie stehen, vor der nächsten Kirchenruine.

„Farid, wer hätte je gedacht, dass unsere Stadt einmal so aussehen würde? Ich habe Bilder von Dresden gesehen, kurz nach dem Zweiten Weltkrieg, aber das hier – es ist fast noch schlimmer. Diese Häuser – oder das, was davon übrig ist – sind nur Ziegel und Mörtel, aber denke mal an die Tausende zerstörter Menschenleben, für die sie stehen. Homs war die drittgrößte Stadt in Syrien …" Joseph verstummte.

Dann hob er beide Hände hoch. „Homs – das stand bei uns für Sicherheit, für Stabilität. Für uns und für die vielleicht 750 000 anderen, die hier wohnten. Jetzt sollen es keine 200 000 mehr sein. Wenn man sich das anguckt, denkt man glatt, dass hier ein unglaubliches Erdbeben gewütet hat." Joseph lachte bitter. „Ein sechs Jahre dauerndes Erdbeben."

Farid hörte stumm zu, damit beschäftigt, seine Tränen zurückzuhalten.

„Die Verwerfungslinie verläuft quer durch Homs und jetzt sind die Schafe zerstreut."

Es hatte damit begonnen, dass die Christen ins Kreuzfeuer zwischen den Regierungstruppen und den sunnitischen Aufständischen gerieten. Der eigentliche Terror begann, als der IS die Führung der Sunniten übernahm und das, was als einfacher Protest gegen Präsident Assad begonnen hatte, zu einer politischen und menschlichen Katastrophe wurde.

„Kein Wunder, dass die Christen geflüchtet sind", flüsterte Farid. „Hast du auch die Bilder gesehen, wie der IS die Männer vor den Augen ihrer Familien in einer langen Reihe aufstellte und hinrichtete? War das nicht sogar in dieser Straße hier? Und dann die fünf Männer in den orangefarbenen Overalls, die einer nach dem anderen am Stadtrand von Homs getötet wurden, wie bei dem ägyptischen Massaker an diesem Strand in Libyen … Joseph." Farid sah seinen Pastorenkollegen nachdenklich an. „Ich bin so dankbar, dass wir uns unseren Begräbnisplatz schon gekauft haben. Vielleicht brauchen wir ihn ja. Aber andererseits: Die Leute, die die Stirn haben zu bezweifeln, dass es Gott gibt, sollen mir mal erklären, warum wir beiden noch leben! Zwei Pastoren wie wir, die dafür leben, den Syrern von Jesus zu erzählen, und *unser Friedhof ist immer noch leer!* So etwas kann nur Jesus."

Farid verschränkte die Arme. „Der IS, die Dschabhat al-Nusra, die Führer der Drusen – alle wollen uns ans Leben. Und seit der Krieg begonnen hat, sind noch die Alawiten dazugekommen. Jetzt wollen auch sie uns umbringen – wie unser Freund Raschid." Farid nickte zu Joseph hin. „Aber Jesus hält uns fest in seiner Hand."

„Ja. Uns und die 23 übrigen Männer, die diesen Friedhof gekauft haben", sagte Joseph. „Sie alle leben noch, obwohl sie bereit sind, für Jesus in Syrien zu sterben, wenn es denn sein muss."

Farids Handy klingelte. Schon wieder Raschid Abbas.

„Gehst du dran?"

Farid schaute vom Telefon hoch und die Straße entlang. Er richtete sich auf. „Nein … Nein, ich nehme jetzt nicht ab. Ich werde ihn persönlich besuchen, er wohnt gleich hier um die Ecke." Farid sah Joseph fest an. „Wie wär's – kommst du mit, auf eine Tasse Tee?"

Joseph erwiderte seinen Blick. „Du willst den Mann besuchen, der dich töten will?"

„Ja." Farid stieg um einen großen Zementblock herum und fing an, in die Seitenstraße hineinzugehen. Er rief über die Schulter: „Ich habe sogar ein Geschenk für ihn dabei!"

Der meint das ernst … Ein verdutzter Joseph folgte Farid um die Ecke.

„Vielen Dank, Umm Walid. Die Plätzchen sind köstlich. Der Tee hat uns wirklich gutgetan. Wir wissen deine Gastfreundschaft sehr zu schätzen." Farid nickte zu Raschids Frau hin.

„Farid und Joseph."

Die beiden Pastoren drehten sich zu der Stimme hin.

„Ihr seid jederzeit willkommen in meinem bescheidenen Heim." Raschid Abbas trat in den Raum und schüttelte den beiden Christen kräftig die Hand. „Was kann ich für euch tun?"

Joseph richtete sich auf dem Sofa auf und räusperte sich,

nach den richtigen Worten suchend. „Raschid, was hat mein Freund dir Böses getan? Deine Anrufe und SMS machen einem ja angst und bange. Er hat mir gesagt, du behauptest, dass die Christen der Grund für den Bürgerkrieg sind. Glaubst du im Ernst, dass die Christen diesen Konflikt angefangen haben?"

Farid beobachtete genau, wie Raschid auf Josephs Frage reagierte. Er versuchte aber, sich sein Interesse nicht anmerken zu lassen. Farid fragte sich schon lange, ob Raschid die Drohungen offen zugeben oder sie hinter typisch arabischer Gastfreundschaft verstecken würde, bis er und Joseph wieder gingen – um sie anschließend zu verdoppeln.

Raschid wirkte unbefangen, als er Joseph ansah. „Ich glaube schon, dass die Christen ihre Pläne für Syrien haben, aber für Farid habe ich nichts als Hochachtung. Vor allem, weil ich seine Familie hier in Homs schon so viele Jahre kenne." Er sah Farid an. „Ab jetzt ist Schluss mit den Anrufen und SMS-Botschaften. Aus und Schluss. Ich heiße dich als Freund willkommen."

Raschid breitete beide Arme aus in Richtung der beiden Männer, die da auf seinem Wohnzimmersofa saßen. „Wir Alawiten ehren Jesus. Wir glauben, dass er ein großer Mann war, einer der Größten aller Zeiten! Ihn ehren heißt den Prinzipien unseres alawitischen Glaubens folgen." Raschid beendete seine Erklärung mit einem Nicken, das Farid eine Spur zu begeistert vorkam.

„Wir haben viel gemeinsam, oder?", fuhr Raschid fort. „Und du hast ja, wie du mir selber gesagt hast, den Wunsch, Jesus zu folgen, stimmt's?"

„Da hast du völlig recht!" Farid strahlte ihn an. „Und deswegen habe ich dir und deiner Familie ein Geschenk mitgebracht." Er griff in seine Gesäßtasche und zog etwas

Rechteckiges hervor. „Dies ist ein kleines Neues Testament. Vielleicht wirst du ja eines Tages den Wunsch haben, Jesus kennenzulernen, und dann ist er da und wartet auf diesen Seiten auf dich."

Mit eingezogenen Lippen streckte Raschid die Hand aus und nahm das kleine Buch mit Daumen und Zeigefinger entgegen. Er hob es kurz vor die Augen und musterte es, wie um zu prüfen, ob es nicht vergiftet war. Dann legte er es mit einer verächtlichen Geste auf ein Bücherregal, ohne ein Wort zu sagen.

Joseph und Farid sahen sich an und erhoben sich langsam vom Sofa.

Farid presste ein Lächeln hervor. „Wir sind ja so dankbar, dass euer Haus unbeschädigt geblieben ist, Raschid. Das ist in Homs ein richtiges Wunder, findest du nicht auch?" Er sah Umm Walid an. „Vielen, vielen Dank für deine Gastfreundschaft."

Die Frau warf ihrem Mann einen nervösen Blick zu und ging rasch zur Haustür.

Joseph sagte einfach: „Guten Abend, Raschid."

Raschid sagte kein Wort, als die Pastoren seiner Frau zur Haustür folgten und zurück auf die Straße traten. Die beiden gingen auf kürzestem Weg durch das zerstörte Viertel Al-Hamidiyah zurück zu dem Mercedes.

Auf halbem Wege blieben sie jedoch abrupt stehen, als sie plötzlich Schüsse hörten. Sie versuchten abzuschätzen, aus welcher Richtung das Feuer kam. Offenbar nicht zwischen ihnen und dem Mercedes. Gut. Sie gingen weiter.

Ein paar Minuten und sie konnten das Auto sehen. Joseph stellte die Frage, die ihm seit ihrem Besuch in Raschids Haus durch den Kopf ging. „Farid, glaubst du, der meint das ernst, dass mit seinen Drohungen Schluss ist?"

Farid schüttelte den Kopf. „Nicht die Bohne. Der war mir zu aalglatt; der hat gelogen wie gedruckt."

Er ging zur Beifahrertür des Mercedes und öffnete sie. Bevor er einstieg, schaute er über das Dach des Autos Joseph an und grinste. „Aber auf alle Fälle hat er jetzt ein Neues Testament."

Irgendwo in der Nähe ratterte ein Schnellfeuergewehr los.

Farid schaute rasch in beiden Richtungen die Hamidiyah-Street entlang. „Aber jetzt sollten wir hier verschwinden. Die Sonne geht bald unter, und es wird eine lange Nacht werden in unserer alten Heimatstadt."

Kurz hinter dem Stadtring bogen Farid und Joseph auf den Highway 42 ein und danach auf die 3, die sie nach Osten in Richtung Deir ez-Zor führte. Als sie Homs hinter sich gelassen hatten, begann Farid eine kleine Geschichtsstunde.

„Die neuen Gläubigen in Deir ez-Zor brauchen Ermutigung. Ihre Stadt hat Furchtbares durchgemacht. Ich fürchte, die Geschichte wiederholt sich hier. Ich weiß nicht, wie viele Christen noch da sind, aber wir wissen von mindestens sieben bekehrten Exmuslimen. Sie treffen sich heimlich nachts, und bis jetzt hat der IS nichts davon mitbekommen.

Joseph, ich habe den Eindruck, dass Mächte des Bösen die Stadt im Griff haben. Und dabei ist Deir ez-Zor ursprünglich als Zufluchtsort für Christen gebaut worden, die in den ersten drei Jahrhunderten verfolgt wurden. Wusstest du schon, dass deshalb damals das Kloster Mar Elian gegründet wurde? Aber heute ist die Stadt die reinste Folterkammer.

Der Völkermord an den Armeniern wird für immer mit dem Namen Deir ez-Zor verbunden sein. Als die Osmanen Anfang des 20. Jahrhunderts die Armenier so blutig verfolgten, hat ein Teil der Flüchtlinge sich in einem sechzigtägigen Fußmarsch nach Deir ez-Zor gerettet. Es nützte ihnen nichts;

50

alle, die die Strapazen überstanden hatten, wurden kurz nach der Ankunft ermordet.

Ich staune immer wieder, wie wenige Christen wissen, dass Armenien das erste Land war, das offiziell zum Christentum übertrat. Das geschah im Jahr 301, also über ein Jahrzehnt, bevor Konstantin den christlichen Glauben im Römischen Reich anerkannte. Als also 1600 Jahre später drei Viertel der Armenier umgebracht wurden, hatte das System, meine ich: die Auslöschung eines christlichen Volkes durch ein muslimisches Regime.

Ich habe gehört, dass der IS das als Grund dafür genannt hat, dass er ausgerechnet Deir ez-Zor für den Beginn seiner Kreuzigungskampagne wählte. 1915 waren es die Türken und die Armenier, heute sind es der IS und die heutigen Christen. In dieser Stadt gibt es seit Generationen Bastionen des Bösen und ich glaube, diesen Kreislauf des Bösen kann man nur durch Beten und Fasten durchbrechen."

Joseph ließ den Kopf so tief hängen, dass er gerade noch die Straße sehen konnte. „Ja. Ich habe die Bilder dieser sechzehn christlichen Mädchen aus Armenien gesehen, die sie in dem Jahr gekreuzigt haben. Bestimmt haben die Muslime sie vorher noch sexuell missbraucht."

„Ja." Farid wollte die Stimme versagen; er spürte, wie er wütend wurde. „Vergewaltigung ist eine typische Waffe bei Völkermord. Und halt die Kreuzigung, besonders wenn es gegen Christen geht." Er hielt nachdenklich inne. „Für die Armenier ist Deir ez-Zor so etwas wie ein Auschwitz für Christen."

Die Stadt war für ihr 1500 Jahre altes Kloster berühmt gewesen, das der IS im August 2015 zerstört hatte. Als Joseph um 4 Uhr morgens in die Bosarayah-Street einbog, lag sie still da. Er parkte den Mercedes in einer Seitenstraße und die

Männer huschten hinter eine Häuserzeile in der Nähe der Al-Arfi-Moschee. Vor einem Haus in der Nähe des städtischen Friedhofs blieben sie stehen. Farid klopfte vier Mal an die Hintertür. Die Tür wurde abrupt geöffnet, eine Hand winkte sie hinein.

Der Kellerraum, in den sie traten, war nicht vollständig verdunkelt; eine Handvoll Kerzen warf ein trübes, flackerndes Licht. Farids Blick glitt durch den Raum; er zählte zwölf Personen, die inbrünstig beteten, aber so, dass ihre Lippen sich kaum bewegten. Niemand begrüßte die beiden Gäste, die sich dem stillen Gebet anschlossen.

Nach eineinhalb Stunden endete die Gebetszeit und ein Mann, der sich als Samir Malouf vorstellte, berichtete, was sich am vergangenen Tag ereignet hatte. Zwei Teenagermädchen hatten sich geweigert, Christus zu verleugnen und zum Islam zurückzukehren. Daraufhin hatte man ihnen die Hände auf den Rücken gebunden und sie so, vor den Augen ihrer Verwandten, vom Dach eines fünfstöckigen Hauses geworfen.

Fast wie ein Nachrichtensprecher ging Malouf rasch zur nächsten Neuigkeit über. „Weiter hat der IS angekündigt, dass unsere Stadt in Zukunft nicht mehr Deir ez-Zor heißen wird, weil ‚Deir‘ ‚Kloster‘ bedeutet und das an unsere christlichen Wurzeln erinnert. Wir befinden uns ab jetzt in Wilayat ul-Khayr. Ha! Das ist Arabisch für ‚Zustand der Güte‘." Malouf seufzte. Er klang plötzlich gar nicht mehr wie ein Reporter und fuhr fort: „Aber in dieser Stadt ist nichts Gutes; man sollte sie ‚Zustand des Bösen‘ nennen!"

Farid meldete sich. „Samir! Jesus hat Deir ez-Zor nicht vergessen; dafür bist du selber der beste Beweis." Er zog ein kleines Neue Testament aus seiner Hosentasche, ähnlich wie das, das er Raschid gegeben hatte, schlug den 2. Korintherbrief auf und las:

„Denn wir wollen euch, Brüder und Schwestern, nicht verschweigen die Bedrängnis, die uns in der Provinz Asia widerfahren ist, da wir über die Maßen beschwert waren und über unsere Kraft, sodass wir auch am Leben verzagten; und wir dachten bei uns selbst, zum Tode verurteilt zu sein. Das geschah aber, damit wir unser Vertrauen nicht auf uns selbst setzten, sondern auf Gott, der die Toten auferweckt, der uns aus solcher Todesnot errettet hat und erretten wird. Auf ihn hoffen wir, er werde uns auch hinfort erretten" (2. Korinther 1,8-10).

Er fuhr fort: „Brüder und Schwestern, nicht weit von hier sahen Christen einer anderen Generation ebenfalls dem Tod ins Gesicht."

Die zwölf neuen Christen schauten von ihren Bibeln hoch. Farid musterte die Gesichter im Kerzenlicht und sah eine Entschlossenheit, die ihn mit Hoffnung erfüllte.

„Ihr – nein, *wir* sind einander Brüder und Schwestern, die neue Familie. Und wir sind nicht die Ersten, die diesen Weg gehen. Paulus erinnert uns daran, dass Gläubige aus einer anderen Generation gar nicht weit von hier ebenfalls in Todesnot waren." Aus übervollem Herzen begann Farid der kleinen Gemeinde darzulegen, wie die Liebe von Jesus jeden von ihnen bewahren und alle Angst überwinden würde.

Er hatte wohl eine halbe Stunde gesprochen, als plötzlich die Augen eines der Zuhörer größer wurden und er zur Wand hinter Farid hin nickte. Farid drehte sich um, gerade noch rechtzeitig, um im Kellerfenster ein grimmiges weibliches Augenpaar zu sehen, das durch den Schlitz eines schwarzen Niqab die geheime Versammlung betrachtete. Die Elitepolizei des IS, die ganz aus Frauen bestand, die gefürchtete al-Khansa-Brigade, machte ihre Runde durch das Viertel, auf der Suche nach jungen Mädchen, die der IS entführen

konnte – und nach jedem, der sich verdächtig nicht muslimisch verhielt. Joseph schaute von seiner Bibel hoch und sah
die Schattenfrau ebenfalls. Er drehte sich rasch zu Farid hin,
dann wieder zurück zu dem Fenster, das schon wieder leer
war.

„Samir, Farid, wir müssen hier weg – jetzt sofort!" Joseph
stand auf und zeigte auf das Fenster. „Das war eine IS-Frau,
ich hab die Schrift auf ihrem Schleier gesehen. Es ist schon
fast Morgen; wir haben nicht mehr viel Zeit zu gehen, ohne
dass uns einer sieht."

Ein Dutzend Bibeln klappten zu und die Versammelten
verließen rasch den Raum durch die Tür, durch die Farid und
Joseph zwei Stunden zuvor hereingekommen waren. Einer
nach dem anderen huschten sie in die enge Gasse, deren
Konturen jetzt im frühen Morgenlicht sichtbar wurden. Ein
paar Minuten später standen Farid und Joseph wieder auf der
Bosarayah-Street vor ihrem Auto.

„Farid, was sollen wir machen – uns verstecken bis zum
Abend oder gleich jetzt losfahren, bevor es hier von IS-Kämpfern wimmelt?"

„In Homs waren die Alawiten hinter uns her und jetzt ist es
der IS. So ähnlich muss der Apostel Paulus sich manchmal gefühlt haben." Farid unterbrach sich und tippte auf seine Hosentasche mit dem Smartphone. „Übrigens, Raschid kann's
nicht lassen. Seine SMS lassen einem die Haare zu Berge stehen. *Fünf* hat er mir geschickt seit unserem Besuch! Der muss
die ganze Nacht auf gewesen sein." Er verstummte und beobachtete in dem langsam heller werdenden Licht die Straße.
Noch war sie leer.

„Ja, *Habibi*, Lieber, fahren wir."

Die beiden Männer sprangen in den Mercedes. Joseph
steckte den Schlüssel in die Zündung und drehte ihn. Nichts.

Die beiden sahen sich schweigend an. Der Wagen wollte nicht anspringen. Es war nicht das erste Mal.

„Komm schon!" Joseph versuchte es wieder. Nichts.

Farid stieg aus, ging nach vorne und öffnete die Motorhaube. Er zog und schob an den Batteriekabeln und winkte Joseph zu, es noch einmal zu versuchen. Nichts. Er musterte den Motor. Jetzt kam von hinten ein Geräusch. Er spürte, wie seine Arme eine Gänsehaut überlief. Farid linste über seine linke Schulter. Ein halbes Dutzend Häuserblocks entfernt kam ein weißer Kleinlaster in Sicht, mit der Flagge des IS. Er kam auf sie zu.

Farid drehte die Hand, zum Zeichen, dass Joseph es weiter versuchen sollte. Beim vierten Mal wurde der Motor endlich lebendig. Farid knallte die Motorhaube zu, sauste zur Beifahrertür, die Augen auf den näher kommenden IS-Wagen geheftet, und sprang in den Mercedes.

Joseph hatte den weißen Wagen ebenfalls gesehen. Im gleichen Augenblick, als sein Freund auf dem Beifahrersitz landete, legte er den Rückwärtsgang ein. Das alte Getriebe ächzte hörbar. „Der Rückwärtsgang macht in der letzten Zeit Probleme", murmelte er.

„Mach dir nichts draus, Bruder, in einer Minute wird dein Auto sowieso ein Sieb sein. Kannst du den IS-Kasten abhängen?"

„Aber natürlich, Farid! Dies ist ein Mercedes!" Joseph wendete den Wagen mit quietschenden Reifen und brauste in südlicher Richtung los.

Er schaute mehr in den Rückspiegel als auf die Straße. „Könnte knapp werden", murmelte er.

Farid öffnete sein Handy, stumm betend. Sollte er Rima anrufen? Er schaute über seine Schulter. Der weiße Wagen kam schnell näher. Farid tippte die Kurzwahl seiner Frau ein.

„Rima, mein Schatz! Wir sind in Deir ez-Zor und haben Probleme. Ein IS-Wagen verfolgt uns und ich weiß nicht, ob wir's diesmal schaffen." Er hörte, wie seine Frau aufkeuchte. „Dass du's weißt: Ich liebe dich. Küss unseren Sohn von mir, und falls sie uns kriegen, bleib, wo du bist, und versuch nicht, meine Leiche zu holen. Die brauche ich nicht mehr, ich werde dann ja im Himmel sein." Er holte tief Luft. „Bete für uns, du Liebe meines Lebens!"

Rima fiel auf die Knie, das Gesicht auf dem Fußboden. Das Handy noch in der Hand, streckte sie beide Arme aus und ließ ihre Tränen auf den Teppich fließen. Farid sagte Auf Wiedersehen, dann kamen Schüsse, dann nichts mehr.

„Nach rechts oder links, Farid? Rechts oder links?" Sie waren nur mit Standlicht in die Stadt hineingefahren und Joseph erinnerte sich nicht, wie man aus der Innenstadt zurück auf die Hauptstraße kam.

„Rechts! Links geht's zum Euphrat. Du musst auf die 4. Kurz nach dem Friedhof nach rechts, Richtung Palmyra."

Der mit IS-Kämpfern vollgestopfte Toyota-Kleinlaster raste hinter dem Mercedes um die Ecke. Die erste Ladung Kugeln aus den Gewehren der Verfolger war weit danebengegangen, aber jetzt, wo es wieder geradeaus ging, fing der Toyota sich wieder. Farid drehte sich um und sah, wie die Männer in den schwarzen Kapuzen wieder zu zielen begannen. Joseph drückte das Gaspedal durch. Als sie an den Abzweig nach Palmyra kamen, war der weiße Wagen mit den Killern, die den betagten Mercedes bestimmt für leichte Beute gehalten hatten, nicht mehr zu sehen.

Farid sah seinen Freund an, die Augen groß. „Joseph, so schnell ist unser Auto doch gar nicht! Das hätten wir im Leben nicht geschafft. Das war Gott! Hat er seine Engel zwischen uns und die anderen gestellt oder was?"

Die nächste Stunde schwiegen die beiden besten Freund, ganz benommen von der Verfolgungsjagd und der wunderbaren Rettung; sie sparten sich die Worte für die Anrufe bei ihren Frauen.

Die Gemeinde, die Farid und Joseph in Farids und Rimas Wohnung gegründet hatten, feierte gerade das Abendmahl, als die beiden Pastoren am Spätnachmittag in Tartus eintrafen. Rima umarmte Farid mehrere Minuten lang, leise weinend. Josephs Frau Tagreed küsste und küsste ihren Mann, während die beiden Kleinen seine Arme umklammert hielten. Die Beinahe-Katastrophe, in der ihre Reise am Morgen fast geendet hätte, ließ die drei Wochen, die sie fort gewesen waren, wie eine Ewigkeit erscheinen.

Endlich ließ Rima ihren Mann wieder los. „Farid, jetzt schickt Raschid Abbas richtige Briefe. Ich wollte es dir nicht sagen, solange du noch unterwegs warst. Ich hab sie weggeworfen, aber sie haben mir Angst gemacht. Woher weiß der, wo wir wohnen? Er schreibt, dass er nach Tartus kommen und dich umbringen wird, wenn du weiter Alawiten von Jesus erzählst."

Sie presste den Kopf an Farids Brust. „Ich habe diese Drohungen so satt! Sie machen mich fertig. Der Mann ist besessen, in seiner Seele ist nichts als Böses!"

Farid legte die Hand sachte auf den Kopf seiner jungen Frau. „Manchmal mag ich auch nicht mehr, Rima. Die ganzen Verhöre bei der Geheimpolizei in den letzten Jahren haben uns beiden zugesetzt." Er lächelte. „Weißt du noch, wie einer von denen mich den besten Kunden der Geheimpolizei nannte? Wie oft sind wir dem Tod schon von der Schippe gesprungen? Ich glaube, wir können's gar nicht mehr zählen. Und die dreißig Todesdrohungen, die jemand an die Wand vor unserer Wohnung gesprüht hat, das war wirklich was Neues. Die waren bestimmt auch von Raschid Abbas.

Aber, Rima, in all dem spüre ich immer wieder Gottes Frieden. Die Feinde Christi haben uns keine Ruhe gelassen, sodass ich manchmal darum kämpfen musste, meine Gedanken auf Jesus zu konzentrieren. Manchmal fühle ich mich wie die berühmte Olive in der Presse, aber ich habe wertvolle Dinge gelernt, die ich für den Rest meines Lebens nicht vergessen werde – wie lang oder kurz es auch sein mag."

Rima schaute zu ihrem Mann hoch. Der fuhr fort: „Schätzchen, unser Herr hat mir drei Dinge gezeigt: Wir sind Sieger und nicht Opfer. Das Evangelium tritt nie den Rückzug an. Passivität und Angst führen zur Kapitulation.

Eigentlich tut Raschid mir vor allem leid. Sein Hass muss ihn so zerfressen, dass er nachts nicht mehr schlafen kann."

Farid löste sich aus der Umarmung seiner Frau und schaute die kleine Gemeinde in seinem Wohnzimmer an. Ihm war gerade eine Idee gekommen. „Brüder und Schwestern, lasst uns doch gemeinsam für Raschid Abbas beten."

Die nächste halbe Stunde betete die Hauskirche von Farid und Rima für den Alawiten, der ihren Pastor so hasste. Diese Zusammenkunft von Exalawiten stand für alles, was Raschid an Farid und seiner Arbeit ablehnte. Für ihn wäre diese Szene ein Beweis mehr dafür gewesen, dass Farid den Tod verdiente; dass „diese verdammten Christen" Alawiten bekehren wollten, war das nicht der Grund für den ganzen Bürgerkrieg in Syrien?

Am Ende der Zusammenkunft umarmten die Mitglieder der jungen Gemeinde einander. Viele hatten Tränen in den Augen, als sie die Wohnung verließen. Als die Tür sich hinter dem Letzten geschlossen hatte, legte Farid den Arm um Rima und führte sie zum Sofa. Dort saßen die beiden schweigend nebeneinander, tranken von dem starken Kaffee, der übrig geblieben war, und schauten durch das Fenster im sechsten Stock zum Mittelmeer hinunter. Das Meer lag glatt wie ein Spiegel vor ihnen. Sie spürten, wie Frieden auch in ihr Herz zog.

Nach ein paar Minuten küsste Farid Rima, die ihren Kopf an seine Schulter gelehnt hatte, aufs Haar. „Rima, das ist alles nicht leicht, aber Gottes Werk breitet sich aus. Es ist kaum zu glauben, wie viele Menschen erkennen, dass Jesus die einzige Antwort ist auf den Krieg und den Hass in Syrien und auf das Elend, das sie bringen. Nur Jesus kann Feinde so zusammenführen."

Er breitete die Arme aus. „Diese Gottesdienste – sie sind fantastisch! Wie kommt es, dass ehemalige Alawiten und Sunniten so bald nach ihrer Bekehrung genau wissen, wie man Jesus von Herzen anbetet? Das ist so wie Pfingsten, nur noch schöner. Joseph hat mir erzählt, dass es unter den Leitern der alawitischen Hausgemeinden Männer gibt, die er und ich noch nie gesehen haben. Christen der vierten Generation als Gemeindeleiter!"

Er ließ den Kopf an die Lehne des Sofas sinken. „Sunniten und Alawiten suchen etwas in diesem Krieg. Hier ist mehr als Hass und Bürgerkrieg. Menschen aus beiden Glaubensrichtungen haben eine große Leere im Herzen, die nur Jesus füllen kann. Und wenn er das tut, dann wird die Welt anders! Rima, das ist der Grund, warum wir *beide* Parteien in diesem Krieg erreichen müssen!

So viele von ihnen verlassen das Land als Flüchtlinge. Vielleicht sind wir gerade dabei, eine ganze Welle von Missionaren *in den Westen* zu schicken. Ich weiß genau: Wenn wir diese Menschen *nicht* erreichen, dann kommen sie als Terroristen nach Europa." Er löste sich vorsichtig aus der Umarmung seiner Frau.

„Apropos Terroristen: Wenn ich Raschid das nächste Mal besuche, möchte ich, dass du mitkommst. Ich will ihn zur Rede stellen wegen seiner neuen Drohungen, und ich glaube, du wirst seine Frau mögen. Es kann nicht lustig für sie sein, einen Mann zu haben, der so von Hass besessen ist. Vielleicht kannst du ihr helfen."

„Und wann willst du das machen?", fragte Rima ängstlich.

Farid schüttelte aufseufzend den Kopf. „Heute sicher nicht mehr. Wir brauchen alle ein bisschen Zeit."

Zwei Wochen später stiegen Joseph, Farid und Rima in den betagten Mercedes, für die eineinhalbstündige Fahrt nach Homs.

„Entschuldigt bitte die Verspätung." Joseph drehte sich kurz zu seinen Mitfahrern um. „Eigentlich wollte ich ausnahmsweise pünktlich sein, aber als ich losfahren wollte und mit meiner Familie zur Haustür hinausging, sahen wir, dass Raschid jetzt auch meine Adresse hat. Die ganze Tür war voller angehefteter Drohbriefe."

Joseph fuhr auf die M 1, Richtung Süden. „Farid, du scheinst ja gar keine Angst zu haben, deine Frau zu dem Mann mitzunehmen, der dich umbringen will." Er sah im Rückspiegel, wie die beiden Händchen haltend nebeneinander saßen.

Farid schaute nach oben, in eine unsichtbare Ferne über dem Autodach. „Ich danke unserem himmlischen Vater, dass er mein Herz ruhig gemacht hat. Ich fühle mich kein bisschen nervös. Gott will, dass Rima und ich diesen Besuch machen! Und danke, Joseph, dass du fährst." Er zeigte nach hinten, Richtung Heckscheibe. „Ich mag die neue Farbe da hinten. Dein Regenbogen wird immer bunter."

„Na ja, lieber bunt als die Einschusslöcher. Deir ez-Zor,

das war knapp. Sehr knapp." Joseph zwang sich zu lächeln. „Wenn ich das Heck so gelassen hätte wie eine frisch durchlöcherte Zielscheibe, hätte das unseren Freunden vom IS nur das Vergnügen verschafft zu wissen, dass sie uns um ein Haar gekriegt hätten. Ich möchte, dass Gott verherrlicht wird und nicht die Feinde des Kreuzes, und da versuche ich, die Spuren des Satans immer so schnell wie möglich zu löschen. Ich habe dieses Jahr etwas Wichtiges gelernt: Wir haben keine Angst und wir lassen uns nicht unterkriegen."

Joseph schaute kurz zu einem Pkw hin, der gerade auf die Autobahn auffuhr. „Farid, wir erleben in Syrien täglich Wunder. Aber das größte Wunder ist für mich, wie Gott im Leben der neu zum Glauben Gekommenen arbeitet. Diese Brüder und Schwestern machen mir Hoffnung, wo ich sie am dringendsten brauche. Wenn ich nur an all die Drohungen denke, die wir bekommen haben ..."

Er musste schlucken. „Ich denke gerade an einen ganz bestimmten neuen Christen. Die Drohgraffitis an der Wand deiner Wohnung haben den meisten Neuen ganz schön Angst gemacht. Dass dir jemand nach dem Leben trachtet, nur weil du Christ bist, hat sie richtig durchgeschüttelt.

Aber dann kam Hamdi, der erste alawitische Konvertit in über hundert Jahren. Er fuhr die ganze Nacht hindurch vom Alawitengebirge durch die gefährlichsten Kontrollpunkte bis hierher zu deiner Wohnung – die bestimmt observiert wurde – und übermalte sämtliche Drohungen, sodass die Wand anschließend aussah, als hätte nie ein Wort darauf gestanden. Das war eine Demonstration!"

Joseph schaute wieder in den Rückspiegel und Farid sah die Tränen in seinen Augen. „Jetzt wussten die religiösen Oberen der Alawiten, dass sie verloren hatten. Nach Hamdi juckten ihre Drohungen, uns zu verfolgen und zu töten, niemanden mehr. Er hat erzählt, dass er mit den Farbkanistern auf dem Beifahrersitz durch die Kontrollpunkte gebraust ist, als ob die Wächter nicht da wären. Vielleicht haben sie ihn tatsächlich nicht gesehen!"

Joseph hob die rechte Hand, der Zeigefinger zeigte zum Himmel hoch. „Hamdi signalisierte den religiösen Oberen: ‚Ihr könnt uns nicht einschüchtern. Wenn ihr Farid und die anderen alawitischen Christen umbringen wollt, dürft ihr gerne bei mir anfangen, denn ich war der Erste!' Als er mit dem Überstreichen fertig war, rief er als Erstes mich an und sagte: ‚Joseph, wir dürfen den Satan nicht gewinnen lassen! Ich habe gerade diese Drohungen übermalt.'

Nach dem, was Hamdi getan hatte, spürte ich, wie die Kraft Gottes auf mich kam und meinen Glauben erneuerte. Seitdem ist eine neue Entschlossenheit in mir. Ich habe absolut keine Angst mehr. Jesus ist mit uns in diesem Feuer!"

Joseph verstummte. Farid und Rima sahen einander an, in ihren Augen glitzerte es feucht. Sie dachten beide an das „Leben seit Hamdi". Inzwischen waren über 400 Alawiten Christen geworden.

Farid schluckte den Kloß in der Kehle herunter. „Aber heute Abend, Joseph, begeben wir uns wieder in das Feuer hinein. Wir besuchen den Mann, der es die ganze Zeit schürt!"

Die Hamidiyah-Street hatte sich nicht verändert in den beiden Wochen, seit Joseph und Farid das erste Mal die zerstörte Stadt besucht hatten. Auf dem Weg in die Innenstadt verfolgten sie in der rasch zunehmenden Dämmerung das Zickzackmuster der orangefarbenen Leuchtmunition. Das Gewehrfeuer in der Stadt schien in keine feste Richtung zu gehen.

Seit einer halben Meile vor dem großen Kreisverkehr hatten sie keine anderen Autos gesehen, außer den ausgebrannten Wracks am Straßenrand. Die Häuserzeile, vor der sie vor zwei Wochen geparkt hatten, kam in Sicht. Joseph kurbelte sein Fenster herunter, um nach draußen zu lauschen. Der Wagen kroch jetzt nur noch, die Scheinwerfer gelöscht. Alles, was Joseph hörte, war der Lautsprecher eines fernen Minaretts, der sein triumphalistisches „Allahu akhbar" („Gott ist größer") hinausdröhnte. Der IS war wieder aktiv.

Joseph rollte an dem Schutthaufen vorbei, vor dem sie das letzte Mal geparkt hatten, und bog im Schritttempo in die Al-Hadhara-Street ein, mit den Augen nach links und rechts sichernd. Die Straße war dunkel. Vor dem bekannten Haus hielt er an, stellte den Motor ab und drehte sich nach hinten, sodass er zusammen mit Farid und Rima ein Segensgebet für ihren Besuch bei Raschid sprechen konnte.

Die vielleicht sechs Meter vom Bordstein zur Haustür kamen Farid wie das Niemandsland zwischen den Fronten in einem Krieg vor. Zu seiner Überraschung öffnete sich die Tür, noch bevor er mit Rima und Joseph das Haus erreicht hatte.

In der Tür stand eine lächelnde Umm Walid. „Was für eine Freude und Überraschung, dass ihr uns besucht, und dann in so einer gefährlichen Nacht!" Sie schaute von den beiden Männern zu Rima hin. „Farid, was für eine wunderschöne Frau du hast!"

Sie führte die drei ins Wohnzimmer. Farid sah, dass Raschid nicht im Raum war. Er sah auch, dass das Neue Testament, das er Raschid dagelassen hatte, nicht mehr auf dem Regal lag. Hatte er es vielleicht weggeworfen?

Man tauschte die üblichen Höflichkeiten aus. Umm Walid bat ihre Gäste in die Küche, damit sie ihnen einen Tee kochen konnte. Als Farid in die Küche trat, stand ihm der Mund offen. Da lag das Neue Testament – auf dem Küchentisch!

Was, da Umm Walid das Buch niemals gegen den Willen ihres Mannes angefasst hätte, nur eines bedeuten konnte: Raschid hatte es dort liegen gelassen.

Eine halbe Stunde später saßen Raschids Frau und seine Gäste im Wohnzimmer und schlürften ihren Tee. Sie fuhren alle zusammen, als plötzlich Raschid hereingestürzt kam. Er sah Farid an und schrie fast: „Ich habe auf dich gewartet! Geht dein Telefon nicht? Du hast nicht auf meine Anrufe und SMS geantwortet. Hast du sie nicht gekriegt?"

Farid suchte nach den richtigen Worten. „Doch, Raschid, aber ... Tja, ich habe zu tun gehabt in den Wochen, seit wir uns das letzte Mal gesehen haben." Er hielt inne, die Stirn gerunzelt.

„Ich habe einfach keine Zeit mehr für deine Drohungen." Farid stand auf und stellte sich vor Raschid. „Ich habe es satt, dauernd deine Todesdrohungen zu lesen. Das muss aufhören, und deshalb komme ich heute Abend im Namen von Jesus zu dir! Wenn du mich unbedingt töten willst, dann ist jetzt deine Chance!"

Rima wurde aschfahl. Sie packte den Arm ihres Mannes. „Farid, nein!"

Farid machte sich los und trat in die Mitte des Wohnzimmers, wo er sich langsam niederkniete, in Hinrichtungsposition. Er neigte den Kopf und fuhr fort: „Also, Raschid, hol dein Messer – das, mit dem du mich umbringen willst. Ich bin bereit, für Jesus zu sterben."

Raschid stand reglos da und starrte auf die Szene in seinem Wohnzimmer. Die drei, die noch saßen, starrten ihrerseits Raschid an, zu schockiert, um ein Wort herauszubekommen. Raschids Blick wanderte wie in Zeitlupe von dem knienden Farid zu den anderen, dann wieder zurück zu Farid. Rima keuchte leise auf und schlug die Hand vor den

Mund, als Raschid zögernd zu Farid ging, bis er genau über ihm stand. Eine Träne rollte Rimas Wange hinunter auf den Teppich.

Raschid legte seine rechte Hand fest auf Farids Schulter und kniete sich langsam neben ihm hin. Er beugte sich so nach vorne, dass er Farid in die Augen sehen konnte.

„Willst du, dass ich dich töte?" Raschid schaute lächelnd von Farid zu den anderen, dann wieder zu Farid hin. „Wie sollte ich das machen – mit einem Bruder in Christus?"

Von Rima hörte Farid einen leisen Aufschrei, dann begann sie zu schluchzen.

Fast zehn Sekunden bewegte Farid keinen Muskel, während er versuchte, die Worte, die er da gerade gehört hatte, zu verdauen. *Doch,* dachte er. *Raschid hat das Neue Testament wirklich gelesen.* Er fiel nach vorne auf den Boden, jetzt schluchzte auch er. Raschid legte seinem alten Feind die Hand auf die Schulter und beugte sich über ihn. Tränen strömten ihm über die Wangen.

Er konnte die Worte nur flüstern. „Bitte vergib mir, mein Bruder."

Mehrere Minuten lang sagte niemand etwas. Die fünf saßen da und weinten. Raschid war der Erste, der sich wieder fasste. Er stand auf und zog Farid auf die Füße. Dann zog er aus seiner Gesäßtasche ein zusammengefaltetes Blatt Papier.

„Farid, das ist für dich." Der neue Jesusjünger reichte dem Pastor einen Brief.

„Die Hand von Raschid Abbas schreibt diesen Brief.

Im Namen des Herrn Jesus Christus, für den ich jetzt lebe, erkläre ich alle meine Drohungen gegen Farid Assad für ungültig. Ich nehme sie zurück und lege sie vor dem Kreuz nieder. Mein Hass auf Farid kannte keine Grenzen, weil ich ihn für eine direkte Bedrohung der alawitischen Religion und meiner Familie hielt. Ich war fest entschlossen, ihm das Leben zu nehmen.

Aber jedes Mal, wenn ich eine Gelegenheit hatte, meinen bösen Plan auszuführen, hielt mich etwas zurück. Heute weiß ich, dass es der Heilige Geist war.

Farid und die vielen Alawiten, die jetzt Jesus nachfolgen: Ich bitte euch, mir zu vergeben. Ich bitte Jesus darum, dass ihr mich mit der Zeit als euren Bruder im Glauben annehmt. Jesus hat mich frei gemacht – wirklich frei. Ich bitte alle unter euch, denen meine Todesdrohungen Angst gemacht haben, um Vergebung. Ihr seid nicht geflüchtet und ihr habt für mich gebetet. Dafür bin ich ewig dankbar. Jesus hat eure Angst überwunden. Und meine.

Eines Abends war mein Herz ganz friedelos und zerrissen. Der Kampf um Homs tobte mit voller Härte. Ich war dabei, im Koran zu lesen, und so unruhig. Schließlich legte ich ihn beiseite und sagte zu ihm: „Es tut mir leid, aber du hast mich im Stich gelassen und deine Worte sind leer."

Als ich den Koran fortgelegt hatte, nahm ich die Bibel in die Hand, die der liebe Farid mir gegeben hatte. Es war 19 Uhr abends. Als ich wieder auf die Uhr schaute, ging draußen die Sonne über Homs auf; es war 6 Uhr morgens und ich war dabei, Jesus lieb zu gewinnen. Die nächsten Tage badete ich im Wort Gottes. Ich ging kaum nach draußen und jede Nacht während dieser heiligen Zeit kam Jesus im Traum zu mir. Jetzt folge ich Jesus nach. Ich habe ihn auch gebeten, mir zu vergeben.

Ich erkläre hiermit, dass ich Jesus liebe und entschlossen bin, ihm für den Rest meines Lebens als meinem Erlöser nachzufolgen. Falls er mich dazu beruft, bin ich auch bereit, für ihn zu sterben. Das tun die, die ihm treu sind. Ich wusste das schon, bevor ich die Bibel las; ich habe es von Farid gelernt.

Bitte vergebt mir,

Raschid Abbas"

Ein letztes Wort von Farid

Raschid gab mir den Brief und dann bat er mich um einen Gefallen. „Hefte ihn an deine Wohnungstür, Farid." Er wollte, dass er dort hing, als Zeichen seiner Buße und als Mutmacher für andere neue Gläubige.

Ich habe den Brief an die Tür geheftet, aber nicht sofort; erst musste ich etwas anderes machen. Eine Woche nach unserem Besuch in Homs hatte ich eine Überraschung für die Hausgemeinde, die sich bei uns traf.

„Heute haben wir einen neuen Bruder in Christus dabei", verkündete ich. „Er ist ein bisschen nervös, aber ich weiß, dass ihr ihn mit der Liebe Christi willkommen heißen werdet."

Dann kam Raschid Abbas zur Tür herein und las der verdutzten Versammlung seinen Brief vor. Als er fertig war, umringten ihn seine neuen Brüder und Schwestern ganz begeistert.

Raschids Verwandlung wirft ein paar Fragen auf, die ich Ihnen stellen möchte. Gibt es in Ihrem Leben jemanden, mit dem Sie sich versöhnen sollten? Jemanden, der Sie ablehnt, ja der Sie hasst? Wenn ja, bedenken Sie Folgendes: Raschid wollte mich fünf Jahre lang umbringen. Aber Jesus, der in mir lebt, gab mir die Fähigkeit, ihn zu lieben. Rein menschlich wäre mir das nicht möglich gewesen. Ihnen wohl auch nicht.

Für uns als Menschen, die Jesus nachfolgen, ist Hass keine Option. Wenn Sie Hass in Ihrem Herzen haben, hat Jesus eine einfache Botschaft für Sie: Lieben Sie Ihre Feinde und beten Sie für die, die Sie verfolgen (Matthäus 5,44). Ich glaube, in den Tagen, die auf uns zukommen, werden wir alle lernen müssen, diesen bekannten Vers aus der Bergpredigt zu leben.

Heute, wo ich diese Zeilen schreibe, geht es Raschid Abbas gut. Er wohnt nach wie vor in Homs und leitet, inmitten des geistlichen Feuersturms in dieser Stadt, eine Hausgemeinde in seinem Haus. Bevor er damit anfing, war er ein Jahr bei mir in der Jüngerschaftsschule. Ob Sie es glauben oder nicht: Die Gottesdienste in Homs sind wunderbar, trotz der Zerstörungen des Krieges. Raschid hat begonnen, Lieder für seine Gemeinde zu schreiben. Es sind die ersten christlichen Lieder, die speziell für alawitische Jesusjünger und -jüngerinnen geschrieben wurden. Können Sie sich das vorstellen? Derselbe Mann, der früher Todesdrohungen verfasste, schreibt jetzt Anbetungslieder für den Fürsten des Lebens. Ich kann geradezu sehen, wie unser Erlöser im Himmel lächelt über diese totale Kehrtwende!

Ja, Jesus lebt in Syrien. Ach ja, und unser Friedhof ist immer noch leer …

3

„Ich bin mit einem Imam verheiratet"

Die Augen des Imams spuckten Feuer in die Schar der Gläubigen vor ihm, die zum Freitagsgebet gekommen waren. „Wenn jemand unsere ruhmreiche Religion verlässt, muss er ausgelöscht werden!"

Die vielleicht fünfzig Personen, die in der Großen Moschee im syrischen Aleppo versammelt waren, nickten mechanisch, während die Augen des Predigers von einem Gesicht zum nächsten wanderten.

„Wir dürfen und werden hier keine Kompromisse eingehen! Es handelt sich um unsere Pflicht gegenüber Allah. Wer den Islam verlässt, muss diese Welt verlassen! Wir werden ihn ins Feuer des Gerichts schicken, zum Zeichen und Vorbild für alle Muslime, dass wir die Treuen sind, die Mohammeds Lehre und dem Vorbild seines Lebens folgen.

Der Ehrenmord an abtrünnigen Verwandten ist eine Pflicht für jeden Muslim. Darunter geht es nicht." Die Nasenflügel des Imams blähten sich, er hob den rechten Zeigefinger. „Wenn meine eigene Mutter eine Ungläubige würde, ich würde sie noch am selben Tag töten!"

Seine Augen wurden schmaler. „Warum erwähne ich das? Weil wir heute hier in Syrien etwas Abscheuliches erleben." Er schüttelte langsam den Kopf und funkelte seine Zuhörer an, als ob er jedem persönlich ins Gewissen reden wollte. „Wir hören von muslimischen Familien, in denen einige anfangen, dem *Na-za-re-ner* nachzufolgen!" Er zischte das Wort förmlich. „Aber wer ist denn dieser Isa? Ein Prophet, mehr nicht! Lasst – euch – nicht – verführen!"

Die Worte hallten durch die Moschee. Es war das Ende der Freitagspredigt von Nabil Kassem, eine Wiederholung der Predigt der letzten Woche, ja aller letzten Wochen, an die seine getreuen Zuhörer sich erinnern konnten. Das Töten der Ungläubigen war Imam Kassems Lieblingsthema geworden. Aber die eine Person, die er mit seiner Predigt vor allem hatte erreichen wollen, war – schon wieder – nicht da gewesen. Jedoch darum würde er sich bald kümmern, noch an diesem Abend.

Imam Nabil gab Noor eine so heftige Ohrfeige auf die linke Wange, dass sie gegen den Küchentisch flog. „Gibt es in ganz Syrien", kreischte er, „noch einen Imam, dessen Frau nicht in der Moschee ist, wenn er predigt? Wo warst du?"

Die drei Kinder – zwei Mädchen und ein Junge – rannten hastig aus der Küche, um sich in Sicherheit zu bringen. Der Freitag war der schlimmste Wochentag im Hause Kassem, vor allem seitdem Noor Kassem nicht mehr zu den Freitagspredigten ihres Mannes ging. Noor war in einer streng muslimischen Familie aufgewachsen, aber ihre Begeisterung für ihren Kindheitsglauben war merklich abgekühlt, nachdem sie den fanatischen Geistlichen geheiratet hatte.

Nach dreißig Minuten Schreie und Schläge endete Nabils Toben abrupt. Mehrere Sekunden lang betrachtete der Imam ausdruckslos die Blutergüsse im Gesicht seiner Frau. Seine Lippen verzogen sich langsam zu einem höhnischen Grinsen, dann spuckte er ihr ins Gesicht, drehte sich auf dem Absatz um und ging in sein Schlafzimmer.

Zu verzweifelt, um zu weinen, ließ Noor den Kopf sinken. Wenigstens schlug er heute Abend die Kinder nicht; oft wurden auch seine Teenagertöchter zur Zielscheibe seiner Wut – ein weiteres Zeichen seiner Frauenverachtung. Selbst in der

Moschee fürchteten Frauen und Mädchen seine harten Blicke. Wenn es ihm schon nicht gelang, seine Frau voll im Griff zu halten, mussten eben alle anderen Frauen mit büßen.

Noor zog sich in ihr eigenes Schlafzimmer zurück. Sie hatte die ganze Religion so satt – und hungerte nach der Wahrheit. Nie mehr würde sie sich das Freitagsgebet in der Moschee mit den Hasstiraden ihres Mannes antun, da konnte er toben, so viel er wollte.

„Wenn ich noch mal zuhören muss, wie Nabil in der Moschee seinen Hass verbreitet, muss ich kotzen. Mir reicht schon, was er zu Hause macht." Noor starrte in den Tee, den sie gerade umrührte. „Alle haben Angst vor seiner grausamen Art. Selbst die Treuesten in der Moschee müssen ihn für wahnsinnig halten."

Noor warf einen raschen Blick zu den beiden Nachbartischen im Café, dann sah sie wieder die Frau an, die ihr gegenübersaß. „Huda, ich glaube fast, er ist von einem bösen Geist besessen."

Huda war die Freundin, der Noor ihre persönlichsten Geheimnisse anvertraute. Die beiden Frauen mittleren Alters waren beide unglücklich verheiratet, aber Huda wurde wenigstens nicht von ihrem Mann geschlagen.

Noor fuhr fort: „Huda, einen schlimmeren Vertreter unserer Religion als Nabil kann man sich nicht vorstellen. Seine fanatische Art treibt die Leute geradezu aus der Moschee hinaus. Wer will sich denn jede Woche so ein Gegeifere anhören? In Syrien gibt es schon genug Hass. Die Menschen in unserem Land brauchen Hoffnung und die finden sie in den Freitagsgebeten in der Großen Moschee nicht." Noor unterbrach sich kurz. Sollte sie ihren nächsten Gedanken auch laut sagen oder besser doch nicht? Sie holte kurz Luft und sah

71

ihre beste Freundin fest an. „Manchmal würde ich am liebsten einfach in eine Kirche gehen."

„Noor, was um Himmels willen sagst du da?" Huda biss sich auf die Unterlippe. „Du weißt doch, dass es dich das Leben kosten kann, wenn du so redest. Und gibt es in Aleppo überhaupt Kirchen, die noch stehen?" Sie lehnte sich auf ihrem Stuhl zurück. „Würdest du wirklich deinen Kopf riskieren wollen, indem du am helllichten Tage in eine Kirche gehst? Du sagst das doch bestimmt nur, um zu sehen, wie ich reagiere." Huda sah Noor fest an, mit einem Blick, der eine Antwort verlangte.

Noor nahm schweigend den Teelöffel aus ihrer Tasse und legte ihn auf den Tisch. „Doch, das würde ich, wenn ich dadurch etwas Frieden im Herzen bekäme. Ich habe schon daran gedacht, in die Kathedrale der vierzig armenischen Märtyrer zu gehen, aber die ist nur noch ein Trümmerhaufen nach den Bombardements." Sie erwiderte den festen Blick ihrer Freundin. „Ja, Huda, zur Not ist es mir sogar egal, was *du* über mich denkst. Ich würde alles tun, um irgendwie das Elend zu lindern, das ein Leben mit diesem Scheusal für mich bedeutet. Ich würde am hellichten Tag in eine Kirche gehen!

Und wenn die Leute mich dabei sehen? Na, umso besser! Die Schmach, die das für Nabil bedeuten würde, wäre es mir wert. Überleg mal: Der große Imam hat mit seinen wunderbaren Predigten seine eigene Frau in eine christliche Kirche getrieben! Ha! Der könnte sich für den Rest seines Lebens nirgends mehr blicken lassen!" Noor ballte die Fäuste und schlug die Hände mit den Fingerknöcheln zusammen. „Ja, vielleicht mache ich das", sagte sie versonnen.

Dann schien ihr ein neuer Gedanke zu kommen. Sie fixierte ihr Gegenüber. „Huda, wärst du bereit, mit in so eine

Kirche zu gehen? Es geht ja nicht nur darum, dass ich es Nabil heimzahle, ich brauche vor allem Frieden für meine Seele. *Das* brauche ich, Huda! Ich möchte endlich, endlich Frieden im Herzen haben." Ihre Augen wurden nass. „Ich brauche Frieden", flüsterte sie.

Huda wartete ein paar Sekunden mit ihrer Antwort. „Noor." Sie sprach den Namen ganz leise aus. „Dort habe ich auch Frieden gefunden."

Noor riss die Augen auf. *Was* sagte Huda da gerade?

„Ich habe Frieden gefunden, Noor, und das nicht in der Moschee. Ich habe ihn in einer Kirche gefunden."

Noor starrte ihre Freundin an, hin und her gerissen zwischen der Erleichterung darüber, dass sie ihr also alles sagen konnte, und der Frage, warum sie das nicht schon früher erfahren hatte.

„Also … meine beste Freundin! Das sind ja Neuigkeiten! Wie lange hast du die für dich behalten?"

Huda grinste. „Einfach so lange, bis ich sicher war, dass ich sie dir anvertrauen kann, Noor." Sie fuhr flüsternd fort: „Bei dir konnte ich mir keinen Fehler leisten, dein Mann ist schließlich Imam. Er könnte mich mit einem einzigen Telefonat töten."

Noor tat eingeschnappt. „Glaubst du etwa, ich würde je …"

„Psst!" Huda machte eine Geste zu den Nachbartischen hin. „Nicht so laut."

Noor fuhr fort, jetzt flüsternd: „Hattest du wirklich Angst, ich würde mich gegen meine beste Freundin wenden? Wie konntest du so schlecht von mir denken, Huda? Hältst du so wenig von unserer Freundschaft?"

Huda klopfte sich sachte auf die Brust – im Nahen Osten eine Geste, die so viel bedeutet wie: *Was ich jetzt sage, kommt aus meinem Herzen.* „Noor, dieser Krieg macht aus besten Freunden bittere Feinde. Das Böse scheint heute keine Grenzen zu kennen, wenn es im Namen Gottes geschieht. Wir befinden uns in einem Religionskrieg und die Religion lässt die Menschen in Syrien die furchtbarsten Dinge tun. Unser Land zerbricht vor unseren Augen und das Messer, das die Nähte zerschneidet, ist die Religion. Der Islam ist zu seinen traurigen Wurzeln zurückgekehrt. Die Brutalität ist unglaublich." Huda presste die Augen zusammen, wie um eine Erinnerung wegzudrücken, dann sah sie wieder ihre Freundin an. „Noor, hast du auch gehört, wie nicht weit von hier der IS einen Jungen und seinen Vater gefangen nahm und sie aufforderte, Muslime zu werden oder zu sterben?" Sie schüttelte den Kopf. „Beide weigerten sich, und darauf köpften diese Tiere den Jungen vor den Augen seines Vaters, und dann … ich mag es fast nicht sagen."

Noor schloss die Augen. „Und ich frage lieber nicht."

„Dann spielten sie mit dem Kopf des Jungen Fußball! Sie schoben sich ihn lachend zu, während der Vater weinte. Aber er weinte nicht lange, nach ein paar Minuten war auch er tot. Und die ganze Zeit haben sie natürlich ihr ‚Allahu akhbar!' geschrien."

Huda hob die Hände. „Kann es sein, dass Gott sich über solche Dinge freut? Ich glaube nicht. *Mein* Gott hat Liebe in seinem Herzen."

Mehrere Sekunden saß Noor schweigend da, dann stellte sie sie, die Frage: „Huda, soll das heißen, dass du den Islam verlassen hast und jetzt Jesus nachfolgst?"

Huda Sanara holte tief Luft und vertraute ihrer besten Freundin das an, was sie niemand anderem zu sagen wagte: „Ja, Jesus ist mein Heiland. Er ist mein Ein und Alles, Noor."

„Die Russen kommen!"

Die Eingangstür der Kassems knallte gegen die Wand des Wohnzimmers, als Nabil hereinstürzte. Noor fuhr vom Sofa hoch und zog ihre beiden Töchter, die in der Mitte des Raumes standen, instinktiv in ihre Arme.

„Pack einen kleinen Koffer mit dem, was du brauchst", befahl Nabil. „Wir fahren in den Libanon, gleich heute Abend! Die Bombenangriffe werden bald anfangen. Dieses Reich des Bösen unterstützt Präsident Assad und will an Aleppo ein Exempel statuieren. Die wollen uns alle umbringen!"

Der Junge, Hussein, rannte in sein Zimmer, um zu packen. Seine beiden Schwestern begannen zu weinen.

Noor zwang sich, ruhig zu bleiben. „In den Libanon? Und wo sollen wir da wohnen, Nabil?"

„Ich weiß, dass es nur 80 Kilometer bis Antakya[4] in der Türkei sind, aber da werden alle hinwollen. Der Libanon ist dreimal so weit, aber dort können wir in Tripoli in einem richtigen Haus wohnen anstatt in einem Flüchtlingslager. Ich habe schon deine Verwandten angerufen, sie haben uns ein Haus besorgt. Ich schätze, wir werden nicht lange dort bleiben müssen, und der Libanon ist mir lieber als die Türkei."

Er lächelte süffisant, dass es ihm gelungen war, ohne Noors Wissen ihre Familie zu kontaktieren. Sein Finger ging nach oben. „Aber dass du dir nicht einbildest, dass wir für immer dort bleiben, Noor. Meine Heimat ist Syrien. Und deine. Aber jetzt los, dalli!"

Während die Kassems packten, flogen die ersten russischen Bomber in Richtung auf das Viertel Baedeen in Aleppo, wo die Freie Syrische Armee mit Flugabwehrraketen bereitstand. Es würde ein erbitterter Kampf werden.

---

[4] Das antike Antiochia (d. Übers.).

Eine Viertelstunde später stiegen die fünf Kassems in ihren betagten Suzuki Trooper und brausten Richtung Süden davon, zur libanesischen Grenze. Auf dem Rücksitz legten die Mädchen, Sabina und Shireen, die Köpfe auf den Schoß ihrer Mutter und schlossen die Augen, als der erste Kontrollpunkt in Sicht kam. Hussein, der vorne saß, schaute zum Seitenfenster hinaus.

Während sie über die Köpfe ihrer Töchter strich, wanderten Noors Gedanken zu Huda. Sie zog ihr Handy unter ihrem Niqab hervor und tippte eine SMS an Huda ein. Die Antwort kam postwendend: Huda und der Rest der Familie Sanara waren gerade auf der M 45, auf dem Weg in die Türkei. Ihre Freundin würde also bald auch in Sicherheit sein. Gut. Noor fuhr fort, ihre Mädchen zu trösten.

Eine Stunde nach der SMS von Noor näherten Huda Sanara und ihre Familie sich der türkischen Grenze. Noch wussten sie nicht, dass direkt vor ihnen IS-Kämpfer einen Streckenabschnitt besetzt hatten und dabei waren, zwangsweise neue Kämpfer zu rekrutieren. Dann hielt Abdullah Sanara, Hudas Mann, an, weil sich vor ihnen eine lange Schlange gebildet hatte, und Huda sah, dass weiter vorne eine weinende Frau am Straßenrand stand, direkt neben einem Auto, von dem sie vor einer halben Stunde überholt worden waren. Was sie nicht sah, war der Grund, warum die Frau so weinte: IS-Soldaten hatten ihren vierzehnjährigen Sohn aus dem Auto gezerrt, hinter das Lenkrad eines mit Sprengstoff beladenen Mannschaftstransporters gesetzt und ihm befohlen, zum nächsten Kontrollpunkt zu fahren (der von syrischen Regierungstruppen gehalten wurde). Die untröstliche Mutter wusste, dass sie ihren Sohn nie wiedersehen würde.

Abdullah machte kurzerhand kehrt und fuhr mit Vollgas

zurück Richtung Aleppo, während Huda die Hände vors Gesicht schlug und laut zu beten begann. Sie wusste nicht, wie ihr muslimischer Mann darauf reagieren würde, aber das war ihr jetzt egal.

„Jesus, du hast versprochen, mich nie zu verlassen. Ich glaube und vertraue dir. Bitte bleib bei uns! Um uns herum wütet der Tod, aber ich habe keine Angst, weil ich in dir bin, Jesus. Herr, ich bitte dich darum, dass du Wunder tust. Lass dein Licht in diese furchtbare Finsternis hineinleuchten und zeige uns den richtigen Weg, damit wir in Sicherheit sind."

Huda öffnete wieder die Augen. Sicher würde ihr Mann jetzt anfangen, sie wüst zu beschimpfen. Aber er schwieg. Dann sah er sie von der Seite her an, schaute zurück auf die Straße und sagte dann, als sei dies das Selbstverständlichste von der Welt: „Bete ruhig weiter, Huda. Jetzt kann uns nur Jesus helfen!"

Hudas Gesicht entspannte sich, sie musste lächeln. Abdullah hob die Augenbrauen und erwiderte das Lächeln, halb scherzhaft.

„Abdullah, bist du nicht böse, dass ich gerade zu Jesus gebetet habe?"

Ihr Mann schüttelte den Kopf. „Überhaupt nicht. Ich weiß nicht, was mit dir los ist, aber ich habe kürzlich deine Bibel gefunden, die du im Wandschrank versteckt hattest, hinter deinen Schuhen. Ich habe nichts gesagt, weil ich dich erst beobachten wollte. Ich wusste, ehrlich gesagt, nicht, was ich tun sollte." Er dachte kurz nach, dann fragte er: „Bist du jetzt also so eine ‚Jesusjüngerin'? Nennt ihr euch so?"

Plötzliche Freude. Huda wurde das Herz weit. Träumte sie oder war das wahr, was sie da gerade hörte?

„Ja, doch, so kann man das nennen, Abdullah." Sie holte tief Luft. „Ja, ich folge jetzt Jesus nach. Wie … wie findest du das? Du hast ja gehört, wie Nabil in seinen Predigten zum Töten der Ungläubigen aufruft, und so jemand bin ich ja jetzt. Warum hast du mich nicht als Abtrünnige zur Rede gestellt?"

Den vier Kindern auf dem Rücksitz standen Augen und Mund offen.

„Daran habe ich gedacht, Huda." Abdullah starrte auf die Straße und seufzte. „Aber du hattest dich so verändert, es war einfach unglaublich. Du warst auf einmal so liebevoll zu den Kindern und zu mir, dass ..." Er errötete fast unmerklich. „Ich wollte nicht, dass das aufhörte." Er machte eine Geste mit der rechten Hand, dann legte er sie wieder aufs Lenkrad. „Du hast so einen inneren Frieden bekommen, und das in Syrien! Ich glaube, du bist der einzige Mensch in ganz Syrien, der lächeln kann. Du bist völlig anders geworden, Huda, und das kommt von ganz tief drinnen, das spüre ich."

Seine Stimme sank zu einem Flüstern. „Wie könnte ich auch nur daran denken, dir etwas anzutun?"

Huda verstand die Welt nicht mehr. Ihr muslimischer Macho-Mann schien den Tränen nahe zu sein.

„Eines Tages kam ich in dein Schlafzimmer, als du auf den Knien lagst und betetest, Huda. Du hast für mich gebetet. Du wandtest mir den Rücken zu und ich habe einfach zugehört. Es waren die schönsten Worte, die ich je von dir gehört habe."

Er drehte sich zu ihr hin, Staunen in den Augen. „Hat Jesus dir beigebracht, so zu beten?"

Huda nickte schweigend. Sie konnte es immer noch nicht fassen, was für ein Gespräch sie da mit ihrem Mann führte.

Abdullah schüttelte langsam den Kopf und schaute wieder nach vorn. „Ich schäme mich richtig, wie ich dich früher behandelt habe, Huda – vor allem wenn ich an deine Worte über mich in deinem Gebet denke."

Huda spürte, dass es ihm ernst war. Sie fragte leise: „Was waren das für Worte, Abdullah?" Sie beugte sich näher zu dem Mann, der sie jahrelang wie einen bloßen Gegenstand behandelt hatte.

„Du sagtest, dass du mir vergibst und dass du mich nach wie vor liebst."

„Ja, und das hab ich auch so gemeint, Abdullah." Huda beugte sich zu ihrem Mann hinüber und küsste ihn sachte und lange; ihre Lippen wischten eine Träne von seiner Wange.

Kurz hinter der Kreuzung mit dem Highway 60 sahen Abdullah und Huda die Rauchwolken der russischen Bombentreffer am Nordwestrand von Aleppo. Was sollten sie machen? Sie fuhren wohl am besten weiter auf die Stadt zu. Zum ersten Mal seit Jahren hielten sie sich an den Händen.

Huda tippte mit ihrer freien Hand eine Nummer in ihr Handy.

„Noor, hier ist Huda. Fahrt nicht in die Türkei. Der IS kontrolliert einen Teil der Straße."

Noor hatte die Lautsprecherfunktion ihres Handys eingeschaltet und Nabils Stimme antwortete: „Wir fahren nicht in die Türkei, sondern in den Libanon. Fahrt nach Tripoli; wir sehen zu, dass wir eine Unterkunft für euch besorgen."

Die nächste Stunde verbrachte Abdullah damit, das belagerte Aleppo zu umfahren; jedes Mal, wenn weiter vorne eine Bombe explodierte, suchte er eine neue Route. Schließlich bog er auf die Fernstraße nach Damaskus ein, Richtung Süden. Irgendwo weiter vorne braus ten der Imam und seine Familie die Straße entlang, die seit Beginn des Bürgerkrieges den Spitznamen „Höllenautobahn" trug.

Als sie in die Nähe von Hama kamen, sahen sie ausgebrannte Fahrzeugwracks am Straßenrand, stumme Zeugen eines bewaffneten Zusammenstoßes. Abdullah fragte sich, wie sein Freund Nabil wohl reagieren würde, falls er von Hudas Übertritt zum christlichen Glauben hörte. Er drehte sich zu seiner Frau hin. „Huda, ich glaube, du solltest wieder beten."

Er zog eine fast volle Zigarettenschachtel aus seiner Hemdtasche, klopfte eine Zigarette heraus und steckte sie sich zwischen die Lippen. Er zündete sie an und öffnete sein Fenster, um den Rauch hinauszulassen. Aus der Nähe kam das Gerattere automatischer Waffen. Die Kinder auf der Rückbank fuhren zusammen und ließen sich auf den Boden fallen. Den ganzen restlichen Weg zur libanesischen Grenze betete Huda, während Abdullah die ganze Schachtel Zigaretten rauchte.

Eine Woche danach unterhielten sich zwei beste Freundinnen über ihre wunderbare Flucht aus Syrien.

„Noor", sagte Huda, „als auf der Straße von Hama nach Homs diese Schießerei begann, habe ich mit dem Leben abgeschlossen. Ich war sicher, dass irgendetwas uns erwischen würde – ein Querschläger, eine Rakete oder der IS, der die Autos anhielt, um die Leute drinnen abzuknallen. Aber dann habe ich gebetet und musste an die Worte von Jesus denken: ‚Kommt her zu mir, alle, die ihr mühselig und beladen seid; ich will euch erquicken.'

Ich habe diesen Vers aus dem Matthäusevangelium immer wieder aufgesagt und das hat die Kinder richtig ruhig gemacht. Selbst Abdullah war nicht mehr halb so nervös."

„Wie bitte?", unterbrach Noor sie. „Du hast im Beisein deines Mannes einen Bibelvers laut aufgesagt und er ist nicht ausgerastet?"

„Nein, er ist nicht ausgerastet, Noor. Abdullah ist dabei, anders zu werden. Er ist dabei, sich Jesus zu öffnen. Und ich glaube, dein Leben, Noor, wird jetzt auch anders. Möchtest du morgen mit mir in eine Bibelstunde gehen? Hier im Libanon ist das nicht so gefährlich."

Am nächsten Vormittag trat eine strahlende Miriam Basara in einen der Kirchenräume im Stadtzentrum von Tripoli. Zwölf Frauen in Hidschabs saßen in einem Kreis auf Stühlen. Miriam war die einzige Frau ohne Hidschab. Ach, was sollte es. Zwei der Frauen saßen ganz nah nebeneinander.

„Ich mag dich nicht anlügen, Huda", flüsterte Noor. „Ich bin echt ein bisschen nervös. Aber jetzt, wo diese Frau hier ist – das ist, als ob der Raum heller würde."

„Ja, so ist Miriam. Ihre Wärme und Liebe spürt jeder. Aber sie ist auch einer der lustigsten Menschen, die ich kenne." Huda strich über Noors Knie. „Hab keine Angst. Die Bibelstunde wird dir gefallen, glaube mir."

Die zwei Stunden vergingen wie im Flug. Als die übrigen Frauen gegangen waren, blieben Huda und Noor noch sitzen und tranken weiter den Tee, den es zum Abschluss der Bibelstunde gegeben hatte. Die beiden Freundinnen trafen sich schon seit Jahren mindestens einmal in der Woche zum Tee, aber diesmal standen ihre schwierigen Ehemänner nicht auf der Tagesordnung.

„Miriam hat etwas …" Noor suchte nach Worten. „Ich – möchte auch so leben wie sie. Und so beten. Ich möchte …"

„Jesus nachfolgen?" Huda beendete den Satz für sie.

„Ich … ja, ich glaube, schon."

Huda verstand Noors zögernde Antwort. „Liebe Noor, wie ich dir gestern Abend schon sagte, ist das hier im Libanon nicht so gefährlich … aber in deinem Haus ist es sogar sehr gefährlich. Was ist denn der rote Knopf, der Nabil so fuchsteufelswild macht? Es sind die Muslime, die sich vom Islam abkehren. Wenn du Jesus nachfolgst, wäre das für ihn die reine Gotteslästerung. Du müsstest einen hohen Preis zahlen. Ich habe Angst um dich, Noor."

Huda stützte das Kinn in eine Hand und dachte nach. „Andererseits – schau dir an, unter was für einem Schutz ich stehe, seit ich Ja zu Jesus gesagt habe. Ich weiß nicht, ob er es selber ist oder ob er seine Engelscharen schickt, irgendwie bin ich nie mehr wirklich in Gefahr gewesen, seit ich beschlossen habe, ihm nachzufolgen.

Aber bei dir, Noor, könnte die Sache ganz anders ausgehen. Bei Nabil wird es einem mulmig zumute und ich mache mir Sorgen um dich – und um deine Kinder.

Ich rate dir Folgendes: Bete und faste eine Woche lang, bevor du die wichtigste Entscheidung deines Lebens triffst. Ehrlich gesagt, ich glaube, wenn Nabil herausfindet, dass du dein Leben Jesus gegeben hast, wird er versuchen, dich umzubringen. Für ihn wäre das die einzige Möglichkeit, als Imam sein Gesicht zu wahren, nachdem er in seinen Predigten seit Jahren vom Ehrenmord an Abtrünnigen spricht."

Noor nickte und schaute zu Boden. Sie versuchte, ihre Tränen zurückzuhalten.

„Noor, ich werde für dich beten, und weißt du was? Wenn du eine Woche fastest, faste ich mit." Huda legte den Arm um ihre Freundin und die beiden weinten still.

Nach ein paar Minuten setzte Noor sich auf und sah in das tränennasse Gesicht ihrer Freundin. „Huda, können wir uns in dieser Fastenwoche trotzdem zu unserem Tee treffen?"

Huda grinste. „Aber ja doch, meine Liebe. Wir sollten uns sogar jeden Tag treffen. Am liebsten möchte ich dir eine Bibel geben, aber wenn Nabil die findet, bringt er dich womöglich um, bevor die Woche zu Ende ist. Ich werde dir lieber jedes Mal, wenn wir uns treffen, eine Geschichte aus der Bibel erzählen – wie gesagt, bei einer Tasse Tee. Dann hast du etwas, woran du dich ein bisschen festhalten kannst beim Beten."

Der weiße Rand des übergroßen Sonnenschirms flatterte sachte in der leichten Brise – gerade die richtige Begleitmusik zu dem Rascheln der großen grünen Hecke, die die Terrasse umgab. Hier, in diesem schicken Café in Tripoli, konnte man die Seele baumeln lassen. Huda und Nora waren damit beschäftigt, ihren Tee umzurühren. Es war ihr erstes Treffen in ihrer „Fastenwoche".

„Huda." Noor zeigte auf die Kuchentheke hinter der Tür des Cafés. „Diese leckeren Sachen da bringen mich noch um. Vielleicht ist das hier doch nicht der beste Ort für ein Fastentreffen. Und … du hast gesagt, dass wir jedes Mal zusammen beten werden, aber wie stellst du dir das vor – hier, vor all den Leuten?"

„Das ist ein Trick, den Miriam mir gezeigt hat. Sie hat mir klargemacht, dass Beten ja nichts anderes ist als ein Gespräch mit Gott. Wenn man Jesus nachfolgt, hat man jederzeit einen direkten Zugang zum Vater im Himmel und das heißt, dass ich nicht unbedingt die Hände falten oder den Kopf senken muss, um zu beten; ich kann einfach so mit Jesus sprechen und er hört mich.

Das funktioniert, echt. Solange man noch nicht Jesus als seinen Heiland angenommen hat, ist man ja durch seine Sünden von Gott getrennt. Aber Jesus hat unsere Sünden an das Kreuz getragen und sobald wir sie ihm bekannt haben, nimmt er sie weg. Dann sind wir rein und können jederzeit und überall vor Gott treten. Komm, ich zeige dir, wie man hier auf einer Caféterrasse beten kann, ohne dass die Leute neugierig werden."

Und Huda fing an, ohne den Blick von ihrer Freundin

zu nehmen: „Lieber Herr Jesus …" Jeder, der es mitbekam, musste den Eindruck haben, dass sie sich mit ihrer Tischnachbarin unterhielt.

Sieben Tage später, um 13 Uhr, saßen Noor und Hulda im Wohnzimmer von Miriams Haus. Die Gebets- und Fastenwoche war besser verlaufen, als Noor zu hoffen gewagt hatte. Nabil, der verzweifelt versuchte, eine Arbeit zu finden, war selten zu Hause, und wenn er da war, nahm er seine Frau und Kinder kaum wahr.

„Ich bin bereit", begann Noor. „Diese Woche habe ich echt gebraucht, um mein Herz vorzubereiten. Ich habe Jesus lieb gewonnen und jedes Mal, wenn Huda mit mir betet oder eine Geschichte aus der Bibel vorliest, wird das stärker."

Sie sah ihre beiden Freundinnen ernst an. „Ich habe erkannt, dass die Botschaft von Jesus die Wahrheit ist, und bin bereit, ihm nachzufolgen. Nabil wird mich wahrscheinlich umbringen, aber … das ist mir egal. Jesus hat alles für mich aufgegeben und ich bin bereit, dasselbe für ihn zu tun. Und seit ich beschlossen habe, Jesus nachzufolgen, habe ich immer mehr Frieden in meinem Herzen."

Huda und Miriam umarmten Noor und Huda sprach mit ihrer Freundin ein Gebet der Hingabe an Jesus. Als die drei Frauen ihre Augen wieder öffneten, sagte Noor: „Ich fühle mich so frei! Zum ersten Mal in meinem Leben ist richtige Freude in meinem Herzen. Das ist es, wonach ich mich mein ganzes Leben lang gesehnt hab! Danke, ihr beiden!" Sie presste die Augen zusammen und strich sich über die Brust. „Und danke, Jesus!"

Miriam legte eine Hand auf den Arm ihrer neuen Schwester in Christus. „Noor, heute beginnt deine Glaubensreise. Du wirst viel Kraft für sie brauchen." Sie griff in ihre Handtasche. „Hier, diese Bibel ist für dich. Am besten fängst du beim Lesen mit dem Johannesevangelium an. Nabil wird wahrscheinlich bald Verdacht schöpfen, wenn er sieht, dass du anders geworden bist. Er wird bald herausfinden, dass du dich in Jesus verliebt hast. Geh also weise um mit diesem Buch. Es kann sein, dass er das Haus auf den Kopf stellt, um es zu finden. Aber solange du diese Bibel hast, wird sie dich jeden Tag leiten."

Ja, Nabil … Miriam biss sich auf die Lippe, dann fuhr sie fort: „Hast du dir schon überlegt, was du deinem Mann sagen wirst, wenn er Verdacht schöpft?"

Noor schüttelte den Kopf. „Nein, noch nicht. Aber wenn das Beten ein Gespräch mit Gott ist, dann werde ich heute noch lange mit ihm sprechen. Jesus wird mir bestimmt zeigen, was ich machen soll – oder?"

„Ja, das wird er!", antworteten Miriam und Huda im Chor.

Als Noor sich von Miriam und Huda verabschiedete, war ihr klar, dass sie sich bald entscheiden musste, wie sie sich gegenüber Nabil verhalten würde. Es waren keine vierundzwanzig Stunden mehr bis zum nächsten Freitagsgebet.

Am folgenden Tag, um halb zwölf vormittags, schaute Noor von der Küchentür aus zu, wie Nabil an der Küchentheke stand und eine Tasse Kaffee umrührte. Sie ließ die Kinder im Wohnzimmer, trat leise zu ihrem Mann und blieb vor ihm stehen, einen Schritt entfernt.

Nabil schaute von seinem Kaffee hoch. Noor räusperte sich. „Nabil …" Sie schaute auf den Fußboden, dann ihren Mann an. „Ich gehe heute nicht mit dir in die Moschee. Ich bleibe hier, um in meiner Bibel zu lesen."

Eine Sekunde lang starrte er sie an, dann traf seine geballte rechte Faust ihren Unterkiefer, sodass seine Frau zu Boden ging. Noor schlang die Arme um ihren Kopf, um ihn vor den Schlägen zu schützen. Nabil schlug und trat sie, bis sie sich nicht mehr regte.

Die drei Kinder, die gehört hatten, wie ihre Mutter stürzte, kamen in die Küche gerannt und versuchten, ihren Vater von Noor wegzuziehen. Nabil packte die beiden Mädchen, aber sie machten sich frei. Er rannte hinter ihnen her in ihr Zimmer; unterwegs zog er sich den Schuh aus, mit dem er sie schlagen wollte. Hussein flüchtete durch die Haustür nach draußen und rannte die Straße entlang zur Moschee. Noor konnte nichts machen, um ihren Kindern zu helfen; es würde eine Stunde dauern, bevor sie das Bewusstsein wiedererlangte.

Am nächsten Tag saßen Huda, Noor und Miriam in Miriams Wohnzimmer zusammen.

„Du hast nicht lange gewartet mit Nabil!" Huda musterte die dunkelrote Schwellung an Noors linkem Unterkiefer. Ihre Freundin sah wie ein k. o. geschlagener Preisboxer aus.

„Ich habe halt beschlossen, ihm gleich reinen Wein einzuschenken", sagte Noor. „Und ich werde bei Jesus bleiben, jetzt erst recht. Soll Nabil ruhig denken, dass er gewonnen hat, wenn er mich umgebracht hat. Ich habe keine Angst. Er hat mir gesagt, dass ich alle drei Kinder verloren habe und dass er mich aus dem Haus werfen wird, aber das kann er gar nicht. Das Haus, in dem wir wohnen, gehört meiner Familie, und das ist wahrscheinlich das eine, was ihn zurückhält."

Noor sah, wie Miriams Gesicht sich etwas entspannte. Sie fuhr fort: „Unser Haus ist das Ferienhaus meiner Eltern, und wenn Nabil mich umbringen würde, säße er auf der Straße. Und es gibt noch etwas, was er noch gar nicht weiß und was ein Schock für ihn sein wird, wenn er es erfährt: Meine Eltern haben das Haus auf meinen Namen eintragen lassen."

In der Folge trafen Noor, Huda und Miriam sich regelmäßig. Nabil schlug seine Frau nur hin und wieder, aber die beiden Freundinnen sahen in Noors Gesicht, was für ein Martyrium ihr Leben zu Hause war. Nabil konnte sie nicht aus ihrem eigenen Haus werfen und eine andere Bleibe für sich hatte er nicht. Der Imam wurde wie ein Tiger im Käfig und nach einem halben Jahr spürten die drei Frauen, dass dies nicht mehr lange so weitergehen konnte.

Eines Tages berichtete Noor: „Gestern hat Nabil den Kindern und mir erklärt, dass er mich dann, wenn ich mich taufen lasse, töten wird. Er sagt, er hat ein entsprechendes Gelübde abgelegt."

„Warum betont Nabil das mit der Taufe so?" Miriam klang besorgt. „Könnte es sein, dass er weiß, dass wir am nächsten Sonntagnachmittag den nächsten Taufgottesdienst haben? Noor, ich weiß nicht, ob du schon daran gedacht hast, dich taufen zu lassen, aber ich glaube, im Augenblick wäre es nicht der richtige Zeitpunkt. Wir haben ja alle paar Monate Taufen, da kannst du ruhig noch etwas warten. Lass etwas Gras wachsen über Nabils Drohung. Die neuen Christen machen sich alle Sorgen um dich und ich habe den Verdacht, dass Nabil Lunte gerochen hat."

Am folgenden Sonntagnachmittag versammelten sich hinter den fest verschlossenen Türen der Kirche sechsundzwanzig ehemalige Muslime zu ihrer Taufe. Unter ihnen war auch Huda. Sie rief sich ihren Taufspruch aus der Bibel in Erinnerung, den sie gleich vor allen aufsagen würde, und war voller Freude, dass direkt hinter ihr in der Schlange der Taufkandidaten Abdullah stand. Was für ein Wunder Gottes!

Als Pastor Jamal aufstand, um den Taufgottesdienst zu beginnen, hefteten seine Augen sich auf die Nachzüglerin, die ganz hinten im Raum stand. Die Gemeinde folgte seinem

Blick und brach in lauten Applaus aus. Eine strahlende Noor Kassem hatte sich der Schlange der Täuflinge angeschlossen.

Eine Botschaft von Noor

Warum lebe ich noch? Nur weil Gott seine Hand über mich hält. Nabil hatte klargemacht, dass er mich umbringen würde, wenn ich mich taufen ließ. Aber Jesus rief mich zur Taufe und ich habe ihm freudig gehorcht. Ich habe damit gerechnet, dass mein Leben mit Jesus auf dieser Erde sehr kurz sein würde. Aber ich lebe immer noch und er steht an meiner Seite.

Inzwischen folgen auch meine Töchter Sabina und Shireen Jesus nach! Die furchtbaren Prügel von ihrem Vater konnten sie nicht davon abhalten, in die ausgebreiteten Arme ihres Heilands zu laufen. Bei Hussein dauerte es länger. Er wollte seinem Vater keine Unehre machen, aber der Ruf Gottes war dann doch stärker. Eines Tages, als seine Schwestern und ich zusammen beteten, kam er dazu und kniete sich neben uns hin, so leise, dass ich erst gar nicht merkte, dass er da war. Wir zuckten zusammen, als er auf einmal sprach, aber was für eine Freude brachten seine Worte unseren Herzen!

Er sagte: „Jesus, ich liebe dich auch. Bitte vergib mir. Und bitte vergib meinem Vater und öffne sein hartes Herz."

Nabil ist ein harter Brocken. Da ich die Besitzerin des Hauses bin, sagte ich ihm, dass er ein Zimmer auf der anderen Seite des Hauses bekommen kann, wenn er uns dafür in Ruhe lässt. Viele meiner Freunde fanden das nicht klug, aber Nabil hält sich an die Übereinkunft. Er weiß nicht, wo er sonst hingehen sollte.

Haben Sie in Ihrer Familie auch jemanden mit einem harten, trotzigen Herzen? Dann geben Sie ihn bitte nicht auf. Haben Sie einen Verwandten, dem Sie vergeben sollten? Dann beten Sie, wie Paulus sagt, ohne Unterlass. Wir beten jeden Tag für Nabil. Anfangs hat er das richtig gehasst, aber jetzt habe ich manchmal den Eindruck, dass er in der Nähe steht, wo wir ihn nicht sehen können, und heimlich zuhört.

Durch uns lernt Nabil Jesus kennen. Wir haben es uns zur Gewohnheit gemacht, jeden Tag laut aus der Bibel vorzulesen, und da das Haus klein ist, bekommt er das zwangsläufig mit.

Ich bin davon überzeugt, dass der Tag kommen wird, wo die Liebe unseres Heilands auch das Herz meines Mannes erreicht. Jesus hat mir die Kraft und Liebe gegeben, Nabil alle seine Misshandlungen zu vergeben, und das merkt er. Bis jetzt hatte er in seinem ganzen Leben nie Vergebung erfahren. Das Vergeben ist mir natürlich nicht leicht gefallen. Aber jeder, der Jesus nachfolgt, muss lernen zu vergeben – und jemand, der mit einem Imam verheiratet ist, erst recht.

4

Die Frau am Jakobsbrunnen

„Verschwinde und lass dich nie wieder blicken!"

Sunni Halabi stand vor ihrem Mann, der gerade sein Urteil verkündet hatte. In den Augen des muslimischen Mannes war die Sünde seiner Frau schlimmer als ein moralischer Fehltritt; sie hätte genauso gut eine Hure sein können.

Als Mustafa das dritte Mal den Satz aussprach: „Ich verstoße dich", war die Ehe beendet. Keine Erklärungen, keine Argumente hatten ihn umstimmen können. Wenn Sunni ihm kein Kind schenken konnte, durfte sie nicht mehr seine Frau sein.

„Mustafa!" Sunni stand neben dem Küchentisch, wo die beiden gerade ihr Abendessen beendet hatten, als Mustafa explodierte. „Wir sind noch keine drei Jahre verheiratet. Ich weiß, dass ein Kind für dich das Wichtigste in der Welt ist, am besten ein Junge, der den Namen der Familie weiterträgt. Und *du* weißt, wie ehrlich ich es versucht habe. Zwei Fehlgeburten habe ich schon gehabt. Das ist nicht so ungewöhnlich; das passiert oft, bevor eine Frau endgültig ein Kind bekommt. Bitte gib mir noch etwas Zeit."

Aber warum bekniete sie ihren Mann überhaupt? Doch nur, weil es besser war, verheiratet zu sein, als keinen Mann zu haben. Sie liebte Mustafa definitiv nicht. Ihre Eltern hatten die Ehe mit ihm arrangiert. Sie selbst hätte sich ihn in einer Million Jahren nicht ausgesucht. Die beiden konnten keine größeren Gegensätze sein. Sunni lächelte alle an; Mustafa wusste nicht, was das war – lächeln. Sunni war allen Menschen zugewandt; Mustafas Art stellte sicher, dass jeder, der ihn kennenlernte, ein Fremder blieb. Und wenn Mustafa seinen Mund öffnete, klangen die Worte mehr wie das Knurren eines Hundes als wie richtiges Arabisch.

Aber „auf die Straße" geschickt werden wollte sie auch nicht, denn wo sollte sie hin? Die Scheidung würde als Schande allein ihrer Familie gelten, und hier im Libanon schienen schlechte Nachrichten sich mit Lichtgeschwindigkeit zu verbreiten. Das dritte „Ich verstoße dich" und die Leute fingen an, einen schief anzuschauen.

Schön, hier in Tripoli war es vielleicht noch auszuhalten. In der Großstadt war es nicht so schlimm wie in dem Dorf, wo ihre Verwandten wohnten und wo jeder jeden kannte. Aber selbst so würden ihre Eltern Spott und Verachtung von den Verwandten und Nachbarn erdulden müssen.

Mustafa knallte die Faust so heftig auf den Tisch, dass eine Gabel auf den Boden schepperte. Dann stand er auf, packte Sunni von hinten an ihrem Hidschab, schleifte sie zur offenen Hintertür und stieß sie so heftig hinaus, dass sie fast auf die Betonterrasse stürzte. Mit einem Knall zog er die Tür hinter sich zu. Sunni hörte, wie der Riegel ins Schloss fiel. Die Dreiundzwanzigjährige war eine frisch geschiedene Frau.

Sie drehte sich um und ging langsam in die Seitengasse. Dabei versuchte sie, den Kopf klar zu bekommen. Als sie die Straße erreichte, hielt sie ihn schon höher und nahm mit festen Schritten Kurs auf den Busbahnhof in der Nähe des Al-Tell-Platzes.

Wie habe ich es überhaupt so lange bei dem Kerl ausgehalten ...

Eine Viertelstunde, und sie hüpfte fast die Straße entlang. Freiheit! Endlich! Sie blieb kurz stehen, um den Gedanken auf sich wirken zu lassen. Ihr Blick glitt zu den hellbraunen Steinen des Al-Tell-Turms hinauf, den die Lichter des Abends größer erscheinen ließen, und blieb an der jahrhundertealten Uhr hängen. Ein neuer Gedanke nahm in ihrem Kopf Gestalt an: *Es ist Zeit, aus meinem Albtraum aufzuwachen.*

Ein paar Minuten später stand sie vor dem großen zentralen Busbahnhof von Tripoli. Nie mehr würde sie Mustafa sehen müssen – wie wunderbar! Es gab nur eines, was das Glück dieses Augenblicks trüben konnte. Mit einem leisen Seufzer zog sie ihr Mobiltelefon hervor und wählte die Nummer ihrer Mutter.

„Das Elend ist vorbei, *Ami.*" Sunni versuchte, die Nachricht, die ihre Mutter gar nicht mögen würde, im bestmöglichen Licht darzustellen. „Mama, Mustafa hat sich von mir geschieden. Er möchte keinen Tag mehr zusammen sein mit einer Frau, die keine Kinder bekommen kann. Und ich möchte keinen Tag mehr mit einem Mann zusammen sein, der mich nicht liebt."

„Die Ehe ist ein hartes Joch, meine liebe Sunni. So ist das nun mal." Die kühle Antwort ihrer Mutter war wie ein Schlag in den Magen.

„Wie kannst du so was sagen, *Ami? Du und *Baba*, ihr habt es doch schön zusammen."

„Kann schon sein. Aber ich habe alle meine Träume aufgegeben, um seine Dienerin zu sein, und ich glaube nicht, dass er irgendetwas für mich aufgegeben hat. Ich habe einfach die Zähne zusammengebissen, Sunni, und das solltest du auch machen."

„Hast du vergessen, was ich gerade gesagt habe, *Ami?* Mustafa hat sich von mir geschieden. Es ist vorbei, ich kann nichts mehr machen. Und noch mehr tun, um schwanger zu werden, könnte ich sowieso nicht. Selbst Mustafa muss einsehen, dass einmal jeden Abend genug ist."

Die Stimme im Telefon scherte sich nicht um die Worte

ihrer Tochter. „Doch, du kannst was machen. Umdrehen und zu ihm zurückgehen. Wenn du ihn bittest, nimmt er dich wieder auf, und irgendwann kriegt ihr auch ein Kind. Versuch's einfach weiter. Hab ich denn kein Enkelkind verdient?"

Sunni widerstand dem Impuls, einfach aufzulegen. „Was soll das heißen, Mama? Glaubst du im Ernst, dass du nie ein Enkelchen haben wirst, wenn ich nicht brav vor Mustafa kusche? Willst du im Ernst, dass deine Tochter betteln geht wie eine Frau von der Straße?" Sie spürte, wie die Wut ihr Gesicht erhitzte. Sie drückte den Aus-Knopf ihres Handys.

In den Bus in ihr Heimatdorf Bazbina konnte sie auch ein andermal steigen. Aber wollte sie das überhaupt – zurück zu ihren Eltern? Sunni machte auf dem Absatz kehrt und ging die Straße zurück. Sie kannte eine Freundin, die sie aufnehmen würde.

Dieses Telefongespräch eben wäre ja erst das Vorspiel gewesen. Sobald sie ihr Elternhaus betreten hätte, hätte ihre Mutter ihre Predigt fortgesetzt. Danach wäre die Strafpredigt ihres Vaters gekommen, vielleicht sogar eine Tracht Prügel. Aber am allerschlimmsten war ihr Bruder Zakaria. Ganze drei Jahre älter als sie, hatte er, solange sie sich zurückerinnern konnte, nur Verachtung für sie übrig gehabt. Dass sie sich sein Geschimpfe nicht mehr anhören musste, war noch das Beste an ihrer Ehe mit Mustafa gewesen.

Amina stellte eine Teetasse auf den kleinen rechteckigen Tisch zwischen den beiden Balkonstühlen. Von unten kamen die Geräusche der Straße, gerade weit genug weg, um Sunni das Gefühl zu geben, hier vor dem Rest der Welt sicher zu sein – auf dem Balkon der Wohnung ihrer besten Freundin, im zweiten Stock eines Mehrfamilienhauses.

„Kannst du dir vorstellen: Meine eigene Mutter will, dass ich in dieser absurden Ehe bleibe, bloß damit ich irgendwann Kinder kriege, die dann ihre Enkel sind. Geht's noch schlimmer? Ich wollte doch einfach nur einen Mann, der seine Frau wirklich liebt – ist das zu viel verlangt?"

Sunni nahm ihre Tasse und nippte an dem Tee. „Aber das scheint eine Illusion zu sein, oder?" Sie sah ihre Freundin durch den Dampf an, der aus der Tasse hochstieg. „Hoffe ich auf das Unmögliche?"

Amina, eine alleinstehende Karrierefrau, runzelte die Stirn. „Als ich noch in Bazbina wohnte, waren meine Leute auch darauf versessen, mich unter die Haube zu kriegen. Ich hätte ja sooo glücklich werden können – wenn ich bereit gewesen wäre, jemanden zu heiraten, der dem Alter nach mein Vater hätte sein können! Jetzt, wo ich mich abgenabelt habe, brauche ich nur noch hin und wieder ein paar fette alte Säcke abzuwimmeln – okay, vielleicht jeden zweiten Tag!"

Die beiden Frauen kicherten. Amina fuhr fort: „Wenn du meinen Rat hören willst, Sunni: Geh nicht zurück zu deinen Verwandten. Meide sie wie die Pest, denn weißt du, was? Ich garantiere dir, dass sie schon dabei sind, sich nach dem Nächsten umzusehen, der ihnen ihre Tochter abnimmt. Du hast *ein*mal deine Mutter angerufen, aber wahrscheinlich haben sie schon den nächsten Mann für dich ausgesucht. Das müssen sie ja, Sunni. Du bist eine Belastung für sie – eine unfruchtbare, geschiedene Frau in einem muslimischen Familienclan."

Sunni nickte und versuchte, ihre Lage auf die leichte Schulter zu nehmen, aber Amina hatte ja recht. „Dass mein Vater und meine Mutter wieder einen Mann für mich aussuchen, ist das Allerletzte, was ich will. Mir macht es nichts, wenn ich für den Rest meines Lebens alleine bin. Ich habe mich schon einmal auf eine ‚arrangierte‘ Ehe eingelassen und du siehst ja, was mir das gebracht hat.“

Aber Sunnis Entschlossenheit war nicht von langer Dauer. Ihre Mutter lag ihr beständig in den Ohren, doch nach Hause zu kommen. Nach sechs Wochen Übernachten auf Aminas Sofa gab Sunni nach. Zu Hause war es genauso schlimm, wie sie an dem ersten Nachmittag auf Aminas Balkon befürchtet hatte, und nach einem halben Jahr war sie mit einem Mann verheiratet, der schlimmer war als Mustafa.

Unter Aufbietung aller traditionellen Argumente und Tricks hatten ihre Eltern sie dazu gebracht, einen Mann ihrer Wahl zu heiraten, „zu deinem eigenen Besten“. Als Geschiedene war sie Freiwild für Männer, die ihre Schönheit und charmante Art attraktiv fanden; als verheiratete Frau war sie vor dergleichen sicher. Hatten die Eltern gesagt.

Eines Morgens, als Sunni sich im Badezimmerspiegel betrachtete, musste sie denken: *Träume ich das nur oder bin ich wirklich das zweite Mal auf die Worte meiner Mutter hereingefallen? Ghassan ist ein elender Mistkerl! Ich kann nicht glauben, dass ich so einen Fiesling am Hals habe. Wie kann ich mit jemandem verheiratet sein, der doppelt so alt ist wie ich? Ich muss verrückt gewesen sein!*

Was Ghassan Hariri an seiner fünfundzwanzig Jahre jüngeren attraktiven Frau am meisten mochte, war das Ansehen, das sie ihm in seinem Freundeskreis verschaffte. Den zweiten Abend seiner Ehe hatte er bis weit nach Mitternacht in einem Café in der Nachbarschaft verbracht, wo er Wasserpfeife rauchend seinen Freunden einen ausführlichen Bericht über die Hochzeitsnacht erstattet hatte. Seine Ex, so Ghassan, war ein Fehler gewesen, den Sunni korrigieren würde. Sie würde ihm Jahre des Glücks bescheren – und etliche Kinder dazu. In den Eheverhandlungen hatten Sunnis Eltern es wohlweislich vermieden, die Probleme ihrer Tochter mit dem Schwangerwerden (und -bleiben) zu erwähnen.

Am siebten Abend nach der Hochzeit hatten die Prügel begonnen. Der neurotische Ghassan verlangte, dass alles perfekt zu sein hatte. Ein Teller, der im Küchenschrank am falschen Platz stand, und er schlug seine junge Frau grün und blau. Das Abendessen wurde zur stressigsten Stunde des Tages, denn dann teilte Ghassan seiner Frau haarklein mit, wie gut oder schlecht sie an diesem Tag gewesen war und wo sie besser werden musste. Es reichte nie auch nur für ein „Befriedigend".

An dem Morgen vor dem Badezimmerspiegel fand Sunni, dass es Zeit war, wieder einmal Amina zu besuchen.

„Amina, ich habe mein Leben das zweite Mal weggeworfen. Wie konnte ich mich nur so rumkriegen lassen von meinen Eltern? Meine Mutter und mein Vater mögen ja Meister der Manipulation sein, aber mein Gehirn muss ausgesetzt haben, als sie Ghassan aussuchten. Mein erster Mann hat mich fortgejagt, weil ich ihm keinen Nachwuchs lieferte, und jetzt sitze ich in einer zweiten Zwangsehe, die noch schlimmer ist. Mustafa hat mich wenigstens nie geschlagen, obwohl ich ziemlich sicher bin, dass er mich hasste; ich war halt nicht der Brutkasten, den er sich gewünscht hatte."

Amina packte Sunnis Hand und sah sie an. „Du darfst nicht zulassen, dass deine Eltern dein Leben weiter ruinieren! Verlass Ghassan und schau nicht zurück. Er ist ein herzloser alter Mann, der dich nicht verdient hat. Sunni, du kannst in meiner Wohnung bleiben, solange es nötig ist." Aminas Finger strichen den Arm ihrer Freundin entlang. „Wo hast du diesen blauen Flecken her? War das Ghassan?"

Sunni ließ den Kopf hängen. „Mir wird übel, wenn ich nur sein ekliges Gesicht sehe. Es ist fast so, als ob er eine böse Macht über mich hat. Ich weiß genau, dass das, was er sagt, nicht stimmt, aber jedes Mal glaube ich ihm und versuche, es ihm am nächsten Tag recht zu machen. Nur, damit er mich dann wieder schlägt. Seine Vorwürfe sind nur ein Vorwand, den er braucht, um seinen Sadismus zu befriedigen. Und anschließend muss ich mit ihm ins Schlafzimmer." Sie schüttelte den Kopf. „Mein Leben ist die Hölle."

Die beiden Frauen schwiegen einige Augenblicke, dann seufzte Sunni auf. „Hätte ich besser bei Mustafa bleiben sollen?"

„Ist das dein Ernst, Sunni? Du hättest keinen von den beiden Ekeln heiraten sollen. Und du solltest nicht einen Tag mehr bei Ghassan bleiben. Geh nicht zu ihm zurück, Sunni, bitte! Er kommt bald nach Hause und dann geht dein altes Elend wieder los. Bei mir bist du in Sicherheit. Bleib hier!" Und wie um ihr Argument zu unterstreichen, stand Amina von dem Stuhl in der kleinen Küche auf, trat an den Herd und begann, das Abendessen zu kochen.

Sie fuhr fort, mit dem Rücken zu Sunni: „Deine Eltern werden dir schon irgendwann vergeben. Ich glaube, eines Tages werden sie sogar zur Vernunft kommen. Bei meinen ist es noch nicht so weit, aber ich weigere mich, mein Leben von ihnen bestimmen zu lassen. Aber deine beiden kaputten Ehen sollten deinen Eltern eigentlich zu denken geben. Und selbst wenn nicht – es ist Zeit, dass du dein Leben selbst in die Hand nimmst, Sunni."

Und so erlebte Sunni mit fünfundzwanzig Jahren ihre zweite Scheidung, nur dass diesmal die Initiative von ihr ausging. Ghassan stellte es natürlich anders dar. Zu sehr von sich eingenommen, um seine Niederlage zuzugeben, erklärte er seinen Verwandten, dass er Sunni fortgeschickt hatte. Er fügte eine Liste ihrer zahlreichen Fehler bei und schwor, ganz

Tripoli davon zu unterrichten, dass sie psychische Probleme hatte. Sie hatte als Ehefrau versagt und er würde sich eine bessere suchen.

Doch Sunni suchte sich noch schneller ein besseres Leben. Froh und dankbar, der nächsten Ehehölle entronnen zu sein, ignorierte sie die zahlreichen Anrufe ihrer Eltern und schickte ihnen stattdessen alle paar Tage eine SMS des Inhaltes, dass sie auf ihrer neuen Arbeitsstelle viel zu tun hatte.

Acht Monate nach Beginn ihres neuen Lebens saß sie mit Amina auf deren Balkon, zu einem späten Abendessen. „Danke, Amina", sagte sie, „dass du mir die Stelle im Hotel ‚Vier Jahreszeiten' besorgt hast. Das war echte Freundschaft, wie du dich für so einen Grünschnabel wie mich eingesetzt hast. Ich habe ja keinerlei Erfahrung im Hotelgewerbe, aber du weißt: Ich arbeite hart, um zu beweisen, dass ich das kann." Sie atmete tief durch. „Das ist eine ganz neue Welt für mich, Amina. Ich kann's immer noch nicht glauben, dass ich arbeite, selber mein Geld verdiene und nicht mehr von einem Mann abhängig bin."

Sie unterbrach sich, suchte nach den richtigen Worten. „Hast du auch schon gemerkt, dass unsere Religion sich verändert?"

Amina zog eine Augenbraue hoch und schaute Sunni fragend an.

„Ich komme mit Muslimen zusammen, die schon noch den Islam praktizieren, aber die gleichzeitig in der Realität des 21. Jahrhunderts leben."

Amina reagierte nicht. Sie fragte sich, worauf ihre Freundin hinauswollte.

„Ich habe wieder Hoffnung. Ich möchte ja so bald nicht wieder heiraten, aber ich habe hier ein paar echt gut aussehende Männer kennengelernt."

„Denkst du an jemand Besonderes?" Aminas Stimme war skeptisch.

„Na ja, da ist ein Mann aus Jordanien – ein erfolgreicher Geschäftsmann –, der echt toll aussieht, wie ein männliches Model. Einfach spitze!" Sunni löffelte errötend den Rest von ihrem Hummus vom Teller.

Amina musste lächeln. „Was habe ich dir die ganze Zeit gesagt, Sunni?" Sie zeigte auf ihre Freundin, dann auf sich selbst. „Wir sind Frauen, die stark sind und keine Männer brauchen, um glücklich zu sein. Die Männer haben dir bisher nur Elend gebracht, und jetzt? Du hast einen schönen Beruf und kommst in der Welt herum." Sie fuhr lächelnd fort: „Ich habe gehört, dass es in dem jordanischen Hotel am Toten Meer eine freie Stelle gibt. Wäre das vielleicht etwas für dich?"

Sunni hörte auf, ihren Tee zu trinken, und schaute mit großen Augen hoch. „Glaubst du ... glaubst du, die würden mich nehmen?"

„Vielleicht schon. Aber zuerst ..." Amina hob den rechten Zeigefinger. „Zuerst solltest du es einen Tick langsamer gehen lassen mit den gut aussehenden Männern. Arbeite an deiner Karriere, und wenn du dann später – vielleicht Anfang dreißig oder so – wieder heiraten willst, dann mach das." Amina legte den Kopf zur Seite, ihr Gesicht sagte so viel wie: *Hör auf eine alte Freundin.* Sunni, dankbar für das Interesse und den Rat ihrer Freundin, lächelte stumm.

Sunni verstand Aminas Karriereratschläge nur zu gut, aber ihr Herz hatte andere Ziele. Sie suchte Liebe, *echte* Liebe, und sie wusste: Irgendwann würde sie sie an der Rezeption der „Vier Jahreszeiten" finden! Was für einen besseren Ort, sich nach einem passenden Zukünftigen umzusehen, konnte es geben als dieses Hotel mit seinen vielen schönen und erfolgreichen Gästen? Viele von ihnen kamen zwar aus dem Ausland, aber das war Sunni gerade recht.

Zwei Wochen später tranken die beiden Freundinnen wieder ihren Abendtee auf Aminas Balkon. „Amina", sagte Sunni, „ist diese Stelle in Jordanien noch zu haben?"

„Nein, leider nicht, Sunni. Warum fragst du?" Amina witterte ein anderes Motiv hinter der Frage als die Hoffnung auf Karriere.

Sunni hob die Augenbrauen. „Ich hab einen echt tollen Mann kennengelernt, aus Amman. Ich hab dir schon von ihm erzählt. Diesen Monat ist er das zweite Mal hier; er ist ledig und war noch nie verheiratet. Kaum hatte er eingecheckt, fing er an, mit mir zu flirten. Er hatte so viele Ausreden, um zur Rezeption zu kommen, weil er irgendetwas brauchte, dass es fast peinlich wurde. Es ist sonnenklar, dass er auf mich steht, und jetzt will er einen ganzen Monat bleiben! Er sagt, dass er dabei ist, eine Firma zu gründen, die unter anderem syrischen Flüchtlingen helfen will. So einen Mann könnte ich mir gut als Ehemann vorstellen! Und dass er der perfekte Gentleman ist, ist auch kein Fehler."

Amina strich sich über das Haar und schüttelte den Kopf. „Möchtest du das wirklich? Du bist gerade mal sechsundzwanzig und die bisherigen Männer in deinem Leben waren die reine Katastrophe. Glaubst du wirklich, dass alle guten Dinge drei sind? Und was werden deine Eltern denken, wenn sie nichts zu sagen haben bei der Sache? Die sagen dir glatt, dass du nicht mehr ihre Tochter bist."

„Ich glaube, die Milch ist längst verschüttet, Amina. Ich kann es nicht mehr hören, wenn meine Mutter wegen meiner beiden ersten Ehen wieder mit der moralischen Tour kommt. Aber das würde anders werden, wenn ich Maged heirate und sie einen Stall voll Enkelkinder kriegt. Für sie würde das meine alten Sünden aufwiegen. Mustafa und Ghassan wären vergessen und meine Mutter wäre wieder stolz auf mich."

„Sunni, ich habe da kein gutes Gefühl. Bitte überstürze nichts."

Aber zwei Monate später war Sunni Mageds Ehefrau. Das Lächeln ihrer Eltern bei der Trauung vermochte ihr Missfallen, dass man sie bei der Wahl des dritten Ehemannes ihrer Tochter nicht um Rat gefragt hatte, nicht ganz zu überdecken, aber andererseits: Was konnten sie sagen gegen einen reichen Geschäftsmann aus Amman, der wie ein Covermodel eines Modemagazins aussah? Endlich hatte Sunni es geschafft und ihre Eltern waren, wenn auch nicht begeistert, so doch erleichtert.

Sechs Monate später. Sunni war leidenschaftlich verliebt in ihren neuen Mann und in den Lebensstil, den er ihr gebracht hatte. Maged – das war der reiche Ritter, von dem sie schon als junges Mädchen geträumt hatte. Und nicht nur reich, sondern auch ein wenig geheimnisvoll, was seine magnetische Anziehungskraft noch erhöhte. Es war unglaublich, was für eine Freiheit er ihr gewährte. Obwohl sie ihr Gehalt definitiv nicht brauchten, war er extra mit ihr in eine Luxuswohnung in Tripoli gezogen, damit sie ihren Job in den „Vier Jahreszeiten" behalten konnte. Es war fantastisch. Doch manchmal wünschte sie sich, etwas mehr darüber zu wissen, woher all das Geld kam, das ständig in ihre Kassen strömte. Eines Morgens kurz nach dem Frühstück, als sie neben ihrem Mann auf dem Ledersofa saß, fand sie, dass dies die perfekte Gelegenheit war, das Thema wieder einmal anzusprechen.

„Maged, ich weiß, dass du mich wie eine Königin behandelst, aber ich möchte echt mal wissen, woher all das Geld kommt. Was für einen Beruf hast du genau? Du hast davon gesprochen, dass du im Handel tätig bist, und ich schätze mal, es sind Immobilien. Aber deine Geschäfte in Jordanien und im Libanon bringen uns so schnell so viel Geld, dass ich mich frage, was für Immobilien das sind. Handelst du mit Mehrfamilienhäusern und Apartmentblocks?"

Maged legte seine Zeitung, den *Daily Star*, beiseite. Seine Augen blitzten sinnlich-geheimnisvoll. „Sunni, heute Abend haben wir einen Gast zum Dinner. Er wird bei uns übernachten; könntest du bitte das Gästezimmer richten? Du wirst ihn mögen; du hast ihn schon mal im Hotel gesehen."

„Ist das ein Kunde von dir? Ich hab nichts dagegen, dass er hier übernachtet, wenn du das willst, aber warum nimmt er sich kein Zimmer in den ‚Vier Jahreszeiten'?"

„Sunni, es ist halt ein neuer Kunde und er zieht es vor, bei uns zu übernachten."

Am Nachmittag, kurz nach vier, hieß Sunni den Gast, Jamal Didschani, willkommen. Sie erinnerte sich an den Mann in den Vierzigern mit den grau melierten Schläfen; er hatte bei ihr im Hotel eingecheckt. Aber der prüfende Blick, mit dem er sie anschaute, war neu. Sie mochte diesen Blick nicht. Und was war das für ein längliches Paket, das er unter seinen rechten Arm geklemmt hielt?

Sie führte den Gast ins Wohnzimmer und ging in die Küche, um frischen Kaffee zu machen. An der Küchentür kam sie an Maged vorbei. Sie flüsterte ihm zu: „Maged, wusstest du, dass Mr Didschani Alkohol mitgebracht hat?"

„Ja." Maged verzog gekonnt säuerlich die Lippen. „Er ist ein säkularer Muslim, aber das ist okay. Mit solchen Leuten habe ich öfters zu tun in meinem Geschäft, man muss sie nehmen, wie sie sind. Ich trinke ja keinen Alkohol, aber heute Abend drücke ich ein Auge zu, damit unser Gast sich wie zu

Hause fühlt." Er strich seiner Frau über die Schulter und ging ins Wohnzimmer, um Mr Didschani zu begrüßen.

Nach dem Dinner und dem dritten Whisky zwinkerte Didschani Maged zu und sagte: „Und jetzt ein schönes, weiches Bett …" Sunni, froh, dass das Trinken zu Ende war, stand auf und lächelte den Gast höflich an. „Danke, dass Sie heute Abend unser Gast waren, Mr Didschani. Bis morgen früh dann." Sie nickte, räumte die drei leeren Gläser vom Tisch und drehte sich um, um in die Küche zu gehen.

Maged stand hastig auf und nahm Sunnis Arm. Sie blieb stehen. Er drehte sie sachte so, dass sie ihn und den Gast anschauen musste. „Sunni, der Abwasch hat Zeit. Du siehst Mr Didschani nicht erst morgen früh wieder; du wirst diese Nacht mit ihm schlafen."

Sunni schaute kurz den Gast an, dann wieder ihren Mann. *Was* hatte er da gerade gesagt? Und wie komisch er sie auf einmal ansah, halb zärtlich, halb befehlend, als ob er sagen wollte: „Das machst du, klar?" Eine halbe Minute lang starrte sie ihren Mann wortlos an. Jetzt dämmerte es ihr, was für ein Spiel hier gespielt wurde.

Die Augen auf Mageds Frau geheftet, schob Didschani seinen Stuhl zurück und erhob sich vom Esstisch. Mehrere Sekunden lang stand er auf unsicheren Beinen da; es war deutlich, dass er zu viel getrunken hatte. Dann wankte er in Richtung Gästezimmer. Sunni sah ihm hinterher, wie er das Wohnzimmer durchquerte, dann sah sie entgeistert ihren Mann an. Der sagte nichts. Sunni stellte die Gläser zurück auf den Tisch und folgte Mr Didschani in sein Zimmer. Zwei Tränen rollten ihr über die Wangen, als Didschani die Tür hinter ihnen schloss.

Am nächsten Morgen starrte Amina ihre beste Freundin an, die am Küchentisch saß. „Ich wusste es doch, dass das mit Maged zu schön war, um wahr zu sein! Der handelt mit Frauen, der verkauft Sex, Sunni! Dein Mann ist ein *Zuhälter!*" Sie legte hastig die Hand vor den Mund, dann fuhr sie fort: „*Ya ilahi,* mein Gott, sogar dich hat er verkauft! Hast du mit dem Kerl geschlafen?"

Sunni schüttelte den Kopf. „Nein, das musste ich dann doch nicht. Mr Didschani muss schon getrunken haben, bevor er zu uns kam, und der Whisky nach dem Dinner war zu viel für ihn. Ich sagte ihm, dass ich mich noch frisch machen wollte, und ging ins Gästebad. Ich bin so lange dringeblieben, wie es ging, und als ich wieder rauskam, lag er auf dem Bett und schnarchte. Zum Glück hatte er sich nicht mehr ausziehen können. Ich bin dann ins Wohnzimmer geschlichen und habe auf dem Sofa geschlafen."

Sunni lehnte sich auf ihrem Stuhl zurück und schaute zur Decke hoch. „Amina, ist was an mir, was Männer anzieht, die krank sind? Soll das mein Los im Leben sein? Wie kann ich jetzt noch bei Maged bleiben? Ich konnte ihm nicht in die Augen sehen." Sunni schluchzte, als sie an die Nacht zurückdachte, in der ihre Träume zerplatzt waren.

Amina schäumte. „Das ist ja der Gipfel! Ein Mann, der seine Frau in seinem eigenen Haus als Hure anbietet! Das ist unglaublich! Sunni, ich sag dir das nicht gerne, aber es ist offensichtlich, dass Maged dich nicht liebt. Du bist nur ein gutbürgerliches Aushängeschild für ihn, damit er wie der ehrbare Geschäftsmann aussieht, der er eindeutig nicht ist!" Amina legte die Hand auf Sunnis Unterarm. „Geh nicht zurück zu ihm. Es ist mir egal, ob das deine dritte oder zehnte Scheidung ist. Verlass ihn, sofort! Was er da mit dir gemacht hat, ist ein Verbrechen!"

Sunni blieb bei Amina. Sie hörte nichts mehr von Maged, aber keine Woche nach dem Abend mit Mr Didschani erfuhr sie von einer Nachbarin, dass ihr Mann aus der Wohnung ausgezogen war. Ihre dritte Ehe war vorbei.

Sunnis vierte Ehe dauerte gut vierundzwanzig Stunden. Ihr Bruder Zakaria, außer sich, dass seine Schwester die Familienehre mit nicht weniger als drei gescheiterten Ehen beschmutzt hatte, stellte seinen Eltern ein Ultimatum: „Wenn ihr Sunni nicht zwingt, wieder zu heiraten, werde *ich* es tun; ich kenne da einen Rechtsanwalt …" Und so zwangen die drei Sunni, einen Mann aus Bazbina namens Hosni zu heiraten, der inzwischen in Tripoli wohnte.

Die Sache war nur die, dass Hosni schon eine Frau hatte. Am Tag nach der Hochzeit eröffnete er Sunni, wie er sich die Ehe mit ihr vorstellte: Sie sollte die Putzfrau und Dienerin sein, für ihn und seine erste Frau. Und so kam es, dass Sunni ihren vierten Mann und dessen erste Frau am zweiten Tag ihrer Ehe mitten in der Nacht verließ.

In den beiden folgenden Monaten sank Sunni immer tiefer ins Loch der Depression. Bei ihren Eltern konnte sie sich nicht mehr blicken lassen und sie war es leid, nach jeder Ehekatastrophe Zuflucht bei Amina zu suchen. Aber zu wem sollte sie sonst gehen? Und so saß sie eines Tages doch wieder in Aminas Wohnung.

„Wie kommt es, dass die glücklichsten Tage in meinem Leben immer die sind, an denen ich mich scheiden lasse? Das kann doch nicht normal sein, Amina. Ich glaube, ich brauche mal einen Psychologen oder so jemand. Mein Leben ist total verkorkst."

Die beiden Freundinnen unterhielten sich bis spät in die Nacht, kamen aber zu keinem anderen Ergebnis, als dass

Sunni am besten einmal eine neue Freundin von Amina besuchte. Gleich am nächsten Tag traf Sunni sich in einem nahe gelegenen Café mit dieser Frau, die Christin war. Sie war so freundlich und charmant, dass Sunni schon nach ein paar Minuten ihr Herz öffnete, was sonst nicht ihre Art war.

Miriam Basara lächelte. „Wir sind *alle* verkorkst, Sunni. Das ist das Wesen des Menschen."

„Wesen des Menschen" – der Ausdruck klang Sunni fremd in den Ohren. Fremd, aber bedeutungsschwer.

„Aber woher wissen Sie, Sunni, dass ich Menschen in ihren Problemen berate?"

„Amina hat mir erzählt, dass Sie allen Frauen helfen, egal ob sie Muslime oder Christen sind, und das finde ich toll. Aber so einen hoffnungslosen Fall wie mich haben Sie bestimmt noch nie gehabt. Mein Leben ist ein Horrorfilm, der nicht aufhören will. Ich weiß nicht mehr, was ich machen soll." Sie hielt inne und musterte das Gesicht der Frau, die ihr gegenübersaß. „Miriam, wie können Sie so freundlich lächeln, wenn ich Ihnen mein Herz ausschütte und den ganzen Mist, der darin ist?"

„Sunni, bitte glauben Sie nicht, dass ich nicht jedes Wort, das Sie sagen, ernst nehme. Ich lächele deswegen, weil ich weiß, dass es jemanden gibt, der Ihnen garantiert helfen kann. Solche Geschichten wie Ihre habe ich schon viele gehört. Es gibt eine richtige kleine ‚Verkorkstengruppe', die sich morgen das nächste Mal trifft, und ich möchte Sie herzlich einladen zu kommen. Aufgrund der Flüchtlingskrise in Syrien sind mehrere neue Frauen dazugekommen. Es handelt sich um einen Bibelkreis. Amina geht seit ein paar Wochen dorthin und auch Noor und Huda aus Syrien, von denen sie Ihnen sicher erzählt hat."

Sunni schaute Miriam ein paar Sekunden lang an, dann

sagte sie, als sei dies das Normalste von der Welt: „Gut, ich komme."

Auf dem Rückweg zu Aminas Wohnung klingelte Sunnis Handy; auf dem Display erschien eine Nummer, die sie nur zu gut kannte. Sie zögerte, dann nahm sie den Anruf an. „Zakaria, mein sauberer älterer Bruder, der sich mit meinen Eltern zusammengetan hat, um mich Hosni zum Fraß vorzuwerfen! Will ich überhaupt noch mal mit dir reden? Ich weiß selber nicht, warum ich das gerade mache."

Ob sie ihrem arroganten Bruder je würde vergeben können? Eher nicht. Umso mehr überraschten sie die Worte, mit denen Zakaria sie begrüßte.

„Sunni, ich – möchte dich um Vergebung bitten. Ich habe dich sehr schlecht behandelt. Es war nicht in Ordnung, wie ich dir deine Scheidungen unter die Nase gehalten habe. Du hast mir nie etwas Böses getan, aber ich habe dich jahrelang schlechtgemacht und verletzt. Darf ich dich bitte besuchen, damit ich mich persönlich entschuldigen kann?"

Sunni war völlig überrascht. Sie schwieg mehrere Sekunden, dann stellte sie sie, die naheliegende Frage: „Ach so? Haben Mutter und Vater dich losgeschickt, um mich in die Hände des nächsten Ehemannes zu schleppen, den sie für mich ausgesucht haben?"

„Nein, Sunni. Ich kann gut verstehen, dass du das denkst, aber so ist das nicht, ich schwöre es dir. Ich möchte mich wirklich mit dir treffen, damit ich dich um Vergebung bitten kann. Ich habe böse gehandelt und möchte das bereinigen."

Sunni erklärte sich schließlich bereit, sich mit ihrem Bruder zum Dinner zu treffen; es war das erste Mal, dass er ihr angeboten hatte, sie zu einer gemeinsamen Mahlzeit auszuführen.

Er begann das Gespräch mit einer Frage, die seine Schwester fast umwarf: „Sunni, hast du auch manchmal den Eindruck, dass wir in der falschen Religion sind? Ich meine, schau dir doch an, was los ist in der Welt. Muslime töten Muslime im Namen Allahs. Der ganze Nahe Osten versinkt in einem Meer von Hass.

Ich weiß, dass du auf der Suche nach Liebe bist, und bisher hast du sie in keiner Ehe gefunden. Da muss es doch irgendwo etwas anderes, Besseres geben."

Sie aßen und die meiste Zeit sprach Zakaria. Sunni hörte ihm zu, wie er sein Herz offenlegte. So hatte ihr Bruder noch nie gesprochen. Als er die Rechnung bezahlt hatte und sie draußen vor dem Restaurant auf dem Bürgersteig standen, nahm Zakaria seine Schwester unvermittelt in die Arme und drückte sie. „Ich liebe dich, Sunni." Seine nächsten Worte waren ein noch größerer Schock. „Ich wünsche dir eine gute Bibelstunde morgen."

„Zakaria, woher weißt du, dass ich in eine Bibelstunde gehe? Du sagst unserer Mutter und unserm Vater doch nichts davon?"

„Keine Bange, bei mir ist dein Geheimnis sicher. Dass ich das mit deiner Bibelstunde weiß, liegt daran, dass wir eine gemeinsame Freundin haben." Er grinste. „Miriam ist echt super, oder?"

Doch das war nur der Anfang der Überraschungen für Sunni. Am folgenden Tag begann Miriam die Bibelstunde mit einer Einleitung, die die etwa zwölf anwesenden Frauen mit ungläubigem Blick anhörten: „Einer der Gründe, warum es mich so zu Jesus hinzog, war die Art, wie er die Frauen behandelte. Er hat sie geehrt. Wusstet ihr schon, dass Jesus, als er von den Toten auferstanden war, zwei Frauen die Ersten sein ließ, die das leere Grab sahen? Die Männer waren woanders." Miriam lächelte breit. „Wer's nicht glaubt, kann es in Matthäus 28 nachlesen. Oder ich lese es euch gleich vor."

Nach der zweistündigen Bibelstunde blieben Sunni und Amina noch da, weil sie Fragen hatten. Miriam beantwortet jede der Fragen anhand der Bibel.

Sunni runzelte die Stirn. „Aber woher wollen wir wissen, dass dieser Jesus uns die Wahrheit sagt, Miriam? Bei mir hat er zwei Probleme. Erstens habe ich die ganze Religion satt und zweitens habe ich die Männer und ihre leeren Versprechungen satt."

Zu Sunnis Überraschung war es Amina, die als Erste antwortete. „Vielleicht solltest du Jesus mal bitten, dir zu zeigen, dass er da ist, wie ich das gemacht habe. Vor etwa einem Monat habe ich zu Jesus gebetet, sich mir zu zeigen, und das hat er gemacht."

„Wie meinst du das, Amina?"

„Er ist fünfmal im Traum zu mir gekommen. Er ist wunderbar, Sunni. Ich hoffe, dass du ihm auch bald begegnest."

Eine Botschaft von Sunni

Ja, ich bin Jesus begegnet, auch wenn er nicht in einem Traum zu mir kam wie bei Amina. Mir stellte er sich im Leben der Menschen vor, die ihm nachfolgen. Zuerst in dem von Miriam, die mich so liebte, wie meine eigene Mutter mich eigentlich lieben sollte. Dann nahm Amina Jesus an und wurde fast von heute auf morgen ein anderer Mensch. Und das letzte, aber beeindruckendste Beispiel war Zakaria, der jahrelang so grausam zu mir gewesen war. Kaum war er ein Jünger von Jesus geworden, war er wie verwandelt. Bei mir dauerte das etwas länger; nach meinen vier Ehen war ich innerlich so kaputt, dass ich mich schwertat, irgendjemandem zu vertrauen, selbst wenn er Jesus Christus hieß.

Die Entscheidung fiel mir auch deswegen nicht leicht, weil Miriam mir gesagt hatte, was sie jemanden kosten konnte, der wie ich aus einer streng muslimischen Familie und vom Dorf kam.

„Hier im Libanon", erklärte sie mir, „sind wir umzingelt von fanatischen Muslimen, für die es eine Ehre wäre, dich als Abtrünnige umzubringen. Sie würden das als Dienst an deinen Verwandten sehen. Bevor du also auch nur daran denkst, Jesus nachzufolgen, stelle dir diese Frage: Bin ich bereit, mein Kreuz auf mich zu nehmen und für Jesus zu sterben, so wie er für mich gestorben ist?"

Mehrere Monate lang kämpfte ich mit mir, dann beantwortete ich diese Frage mit einem klaren „Ja".

In der Religion, in der ich aufgewachsen bin, gibt es viele Menschen, die hasserfüllt und gewaltbereit sind. Ein paar Meilen weiter weg werden heute Christen buchstäblich gekreuzigt. Der IS fürchtet niemanden und hat die Christen zu Freiwild erklärt; er verachtet und hasst alle Muslime, die „Verräter ihres Glaubens" werden. Ich habe Cousins, die mich mit Freude töten würden, weil ich Jesus liebe, und vielleicht gelingt ihnen das sogar noch. Aber das macht mir keine Angst, denn endlich habe ich ein Leben bekommen, das zu leben sich lohnt.

Zuerst, in meiner Ehe mit Mustafa, war ich die *Unfruchtbare*. Dann, als Ghassans Frau, war ich die *Misshandelte*. Maged wollte mich zur *Prostituierten* machen und Hosni zu seiner *Sklavin*. Aber mein großer Erlöser, Jesus, hat mich frei gemacht von all meinem Elend, meinem Versagen und meiner Sünde. Jesus ist mein wahrer Ehemann geworden, durch ihn bin ich jetzt eine Frau, die *geliebt* ist. Ich kann es kaum mit Worten ausdrücken, wie ich ihn liebe und wie wunderbar es ist zu wissen, dass er mich ohne Wenn und Aber liebt. Ich nenne ihn „Mein Geliebter".

In vier Ehen sehnte ich mich nach einem Mann, der mich lieben würde. Es sollte nicht sein. Aber als Christen sind wir die Braut Christi, und Jesus ist unser *vollkommener* Bräutigam, der uns mehr liebt, mehr gibt und mehr ehrt, als wir uns je vorstellen können. Ich verspüre nicht mehr das Bedürfnis, verheiratet zu sein, um ein glückliches, erfülltes Leben zu haben. Jesus ist mein Ein und Alles. Meine Frage an Sie ist (egal ob Sie verheiratet sind oder nicht): Ist er auch *Ihr* Ein und Alles?

Ich erzähle allen Menschen, denen ich begegne, von meinem Jesus. Dabei haben viele Mitchristen mir geraten, vorsichtiger zu sein. Aber ich kann es einfach nicht lassen, Menschen auf Jesus hinzuweisen. Ich habe auch einen neuen Helden in der Bibel gefunden, genauer: eine Heldin. In der Frau am Jakobsbrunnen in Johannes 4 finde ich mich wieder. Auch sie hatte mehrere Männer, bis sie den wahren Bräutigam ihrer Seele fand.

Durch den furchtbaren Tod von Jesus am Kreuz und seine herrliche Auferstehung von den Toten bin ich frei geworden und meine Schuld ist vergeben. Jesus hat sein Leben gegeben – für Sie und für mich. Ich bin ein völlig anderer Mensch geworden. Und zum Dank dafür, was Jesus für mich getan hat, und damit jeder, der mich trifft, gleich ein Stückchen vom Evangelium hört, habe ich meinen Namen geändert. Ich wurde in eine sunnitische Familie hineingeboren und meine Eltern wollten, dass jeder, der meinen Namen hörte, an den Islam erinnert würde. Deshalb nannten sie mich *Sunni*. Heute begegnen die Leute in mir einem anderen Menschen, jetzt heiße ich *Salaam* („Friede") – etwas, was ich lange nicht hatte. So viele muslimische Frauen werden keinen Frieden haben, so lange sie nicht Jesus begegnet sind.

Der Nahe Osten versinkt heute im Krieg. Überall gibt es

Tod und Massaker. Aber bitte denken Sie daran: Ich bin Ihre neue Freundin aus dem Libanon und ich habe einen tiefen Frieden in meinem Herzen! Haben Sie auch diesen Frieden?

Salaam in Jesus.

5

„Wer den Missionar erschießt, bekommt 10 000 Dollar"

„Werden die Leute uns in al-Suweida auch bedrohen, wie die in Damaskus, *Baba?*" Die besorgten Augen der zwölfjährigen Lina hefteten sich an das Gesicht ihres Vaters. „Dieser Imam in der Moschee um die Ecke hat mir immer Angst gemacht!"

Wenn die Kinder der Yashous ihren Vater etwas fragten, antwortete der gerne mit einer Geschichte. Es war eines der Dinge, die Elisa Yashou so an ihrem Mann mochte. Ob die Kinder Kareems Geschichten genauso mochten wie sie? Sie drehte sich zu dem Jungen und dem Mädchen auf der Rückbank des Kia um und machte eine theatralische Geste zum Chauffeur hin. „Und jetzt, meine Damen und Herren, hören Sie Kareem Yashou!"

Kareem legte gehorsam den Kopf zur Seite, schaute kurz in den Rückspiegel und begann. „Ich möchte euch eine Geschichte erzählen über das Volk der Drusen, zu dem wir jetzt fahren. *Seine* Geschichte beginnt im Alten Testament, mit Mose, dem großen Propheten und Führer des Volkes Israel, dem Gott den Auftrag gab, sein Volk ins Verheißene Land zu führen. Mose wurde in Ägypten geboren, aber er heiratete später eine Frau namens Zippora, die mit ihrem Vater Jitro in der Steppe von Midian wohnte. Nachdem Mose das Volk Gottes in die Wüste geführt hatte, gab Jitro ihm wertvolle Ratschläge. Ihr wisst sicher noch, dass es etwa zwei Millionen Israeliten waren, viel zu viele für einen einzigen Mann. Jitro half Mose, eine Strategie zu entwickeln, wie er das Volk am besten leiten konnte.

Die Führer der Israeliten haben das, was Jitro Mose damals vorschlug, vier Jahrhunderte lang befolgt. Dreitausend Jahre später fanden einige Menschen das, was Jitro da gemacht hatte, so toll, dass sie eine neue Religion gründeten und behaupteten, dass Jitro ihr erster Prophet war."

Kareem schaute wieder in den Spiegel, um zu prüfen, ob seine Zuhörer ihm noch folgten. „Wisst ihr, was das Wort *Reinkarnation* bedeutet?"

Die beiden Kinder schüttelten den Kopf.

Kareem schaute nach vorne auf die Straße, dann wieder in den Spiegel zu seinen Kindern hin. „In dem Fall erzähle ich euch den Rest später, in einer anderen Geschichte. Wir sind fast da."

Kareem verließ den Highway 110, der sie von Damaskus hierher gebracht hatte, und bog in die älteren Viertel von al-Suweida ab, wo er auf der Stelle fast mit einem halben Dutzend Männern zusammenstieß. In ihren schwarzen Pluderhosen sahen sie ein bisschen wie große Mehlsäcke aus.

„Was haben die denn für komische Hosen an?", kicherte der Junge, Hani Yashou.

Seit tausend Jahren schon wunderten sich die Besucher, die das erste Mal ins Gebiet der Drusen kamen, über die grotesk sackartigen Hosen der Männer. Lina kicherte ebenfalls, aber wegen der komischen kleinen weißen Hüte, die sie auf dem Kopf trugen, und der gewaltig ausladenden Schnurrbärte. Elisa hob den Zeigefinger an ihre Lippen und das Mädchen sah, dass ihr Gesicht ernst war, aber auch ein kleines bisschen schelmisch.

„Papa, warum sind wir hierher gezogen?" Lina schlang von hinten ihre Arme um den Hals ihres Vaters und legte ihren Kopf an seinen. Mit seinen 1,90 Metern und über hundert Kilo Gewicht war er ihr arabischer Riesenteddybär. Diesmal antwortete Kareem nicht mit einer Geschichte, sondern mit dem, was er am zweitliebsten tat. Er sang mit seiner tiefen Baritonstimme: „Jesus, höchster Name, teurer Erlöser, siegreicher Herr! Immanuel, Gott ist mit uns …"

Die anderen drei Yashous fielen ein, während ihr Auto vor ihrem neuen Heim anhielt, fast hundert Kilometer südwestlich von Damaskus. Sie brauchten keine Stunde, um ihre paar Kisten auszupacken und ihre Sachen unterzubringen. Sie würden wesentlich länger brauchen, um sich an die neue Welt zu gewöhnen, in die sie da gekommen waren.

„Wie kommt es, dass eine christliche Familie in diese Gegend zieht? Hier wohnen nur Drusen, hier sind keine Christen erlaubt!" Der erste Besucher der Yashous stand vor der Haustür.

Kareem fragte sich, warum er gekommen war. Ganz offenbar nicht, um die neue Familie willkommen zu heißen. Kareem zwang sich zu einem Lächeln. „Ich dachte, Christen dürfen sich überall in Syrien niederlassen. Oder hat sich das auf einmal geändert? Wir wollen gerade zu Abend essen. Sie und Ihre Familie dürfen gerne unsere Gäste sein."

„Meine Familie wird nicht mit Ihnen zu Abend essen", knurrte der Fremde. „Ich habe zu tun heute Abend. Seien Sie sich über eines im Klaren, Kareem Yashou: Ich werde Sie auf Schritt und Tritt beobachten. Wenn Sie auch nur einen einzigen Drusen zu bekehren versuchen, werden wir Sie auf der Stelle verhaften. Ihre Sorte kennen wir. Wir wissen, warum Sie hier sind."

Kareem hob die Augenbrauen. Dies war offenbar kein gewöhnlicher Nachbar. Und so war es auch: Musa Fatah hatte schon eine ganze Akte über Kareem angelegt. Die Geheimpolizei hatte die Wohnung der Yashous in Damaskus verwanzt und abgehört und die Informationen an den für dieses drusische Dorf zuständigen Agenten weitergeleitet. Kareem hatte schon länger den Verdacht gehabt, dass die Wohnung abgehört wurde, die Wanzen aber nie finden können.

Hier in al-Suweida hatte Musa eine – und nur eine – Aufgabe: dafür zu sorgen, dass die verschiedenen religiösen Gruppen sich nicht in die Quere kamen. Das Assad-Regime glaubte, dass der schnellste Weg zur Destabilisierung Syriens darin bestand, religiöse Konflikte eskalieren zu lassen. Heute Konflikt, morgen Krieg – so war das immer, und Musa war entschlossen, dafür zu sorgen, dass dies in seinem Einflussbereich nicht geschehen würde.

Den Frieden zwischen den Drusen und den Alawiten zu bewahren, war kein großes Problem. Die beiden Gruppen ließen sich in Ruhe, keine wollte die andere bekehren. Man war Druse oder Alawit entweder von Geburt an oder gar nicht. Die Unruhestifter waren die Christen. Und die Sunniten. „Bekehrt euch oder sterbt!", war die Linie der Sunniten gegenüber allen anderen Religionen, und das Assad-Regime war entsprechend bemüht gewesen, die Sunniten nicht hochkommen zu lassen. Doch dann kam der Bürgerkrieg und das Regime, damit beschäftigt, um sein Überleben zu kämpfen, hatte seinen Einfluss auf die verschiedenen religiösen Gruppen weitgehend verloren.

In Musas Augen waren die Allerschlimmsten aktive Christen wie Kareem. Er sah sie als Krebsgeschwulst, als Eindringlinge, die alles und jeden bekehren wollten – sogar die Sunniten! Als die Yashous aus Damaskus fortfuhren, war er schon bereit gewesen. Einen Tag, bevor er vor der Tür stand, um Kareem zu „begrüßen", hatte er Wohnzimmer, Küche und Elternschlafzimmer fachmännisch verwanzt. Über winzige Sender würde er jeden Plan, den die Familie schmiedete, um die Leute von al-Suweida zu missionieren, rechtzeitig mitbekommen und entsprechend reagieren können.

„Wer war das, Papa?" Lina schaute zu ihrem Fels in der Brandung hoch, als er zurück in die Küche kam.

„Ein Mann, der uns in al-Suweida willkommen heißen wollte, Lina. Er kam mir irgendwie bekannt vor." Kareem lächelte seine Tochter an. „Aber jetzt gehen wir und essen etwas."

Die Yashous gingen die paar Straßen in die Ortsmitte, zu ihrem ersten drusischen Abendessen. Nachbarn musterten die neue Familie und schauten hastig in die andere Richtung, wenn die sie bemerkte. Unterwegs erinnerte Kareem seine Familie daran, warum sie nach al-Suweida gekommen waren. „Wir hatten ja schon länger darüber gesprochen, hierher zu ziehen, und jetzt, wo es so weit ist, möchte ich euch einige Dinge über die Drusen sagen und warum wir ihnen unbedingt helfen wollen. Es gibt in Syrien 500 000 Drusen. Mindestens. Manche meinen, dass es eher 800 000 sind. Die meisten wohnen in den Bergen. Es gibt Drusen nicht nur in Syrien, sondern auch im Libanon, in Israel und Jordanien. Sie gelten als herzlich und freundlich, aber von Jesus wollen sie in der Regel nichts wissen. Man sieht es an ihren Augen, dass sie geradezu Angst bekommen, wenn man ihn erwähnt. Ich glaube, das liegt daran, dass sie sich tief drinnen fragen, ob ihre ganze Religion nicht falsch ist.

Druse zu sein ist gar nicht so einfach. Vor dem vierzigsten Lebensjahr dürfen die Drusen fast nichts über ihre Religion wissen, und selbst danach werden nur die Männer in die eigentlichen Geheimnisse eingeweiht. Und wisst ihr, was passiert, wenn ein drusischer Mann, der über vierzig ist und die Geheimnisse kennt, seine Religion verlässt, um Jesus Christus nachzufolgen?" Kareem sah seine Lieben nacheinander an.

„Der Mann muss sterben! Und auch der, der ihn zu Jesus geführt hat.

Die Drusen wissen nicht viel über ihren Glauben, aber dafür umso mehr, dass sie Muslime hassen müssen. Wenn ein Druse eine muslimische Frau heiraten würde, würde auch das seinen sicheren Tod bedeuten, und seine Familie würde dafür sorgen, dass das bald geschieht.

Das höchste Ziel eines Drusen ist, Frieden und Freude in diesem irdischen Leben zu finden. Und da sie an die Reinkarnation glauben, sagen sie sich: ‚Wenn ich diesen Frieden nicht in diesem Leben finde, dann halt im nächsten.' *Reinkarnation,* das heißt, dass diese Menschen glauben, dass sie nach dem Tod in irgendeinem anderen Körper wieder zurück auf die Erde kommen. Aber wisst ihr, was?"

Lina und Hani schüttelten den Kopf.

„Sie finden diesen Frieden nicht, nach dem sie sich so sehnen." Kareem lächelte. „Und damit komme ich zu dem Auftrag der Familie Yashou. Vor vielen Monaten ist Jesus mir in einem Traum erschienen."

„Ja, *Baba,* erzähl uns das mit dem Traum noch mal." Lina griff nach der Hand ihres Vaters.

Kareem nahm ihre Hand fest in seine. „Jesus sagte zu mir: ‚Kareem, ich habe dich erwählt, um meine Liebe und meinen Frieden einem Volk zu bringen, das mir am Herzen liegt.' Und er erklärte mir, dass es Zeit sei, dass die Drusen ihn kennenlernen."

Er drückte sachte die kleine Hand, die in seiner Hand lag. „Zuerst habe ich nichts gemacht, aber dann, nach ein paar Tagen, habe ich eurer Mutter von dem Traum erzählt, und bevor ich fertig war, sagte sie mir, dass ihr Jesus in der letzten Nacht im Traum erschienen war und ihr gezeigt hatte, dass wir als Familie nach al-Suweida ziehen sollten.

„Und jetzt sind wir also hier, *Baba*. Wie geht's jetzt weiter?" Der dreizehnjährige Hani war bereit, alles zu tun, was sein Vater und Held ihm auftrug.

„Unser Auftrag ist ganz einfach, Junge. Wir sollen für die Drusen beten und sie lieben. Den Rest wird Jesus selber machen."

Das Gespräch endete, als die vier sich an den letzten freien Tisch im Café Jouzour setzten. Kareem bestellte eine gemischte Grillplatte für alle, die nach ein paar Minuten kam. Die Yashous hatten sich inzwischen einer sechsköpfigen Drusenfamilie am Nachbartisch vorgestellt und waren bereits mitten in einem Gespräch. Ein paar Minuten später schob eine andere Familie ihre Stühle näher, sodass fünfzehn Personen in einem Kreis saßen. Wenn Kareem mit seinen Geschichten anfing, war jeder ganz Ohr.

Der Cafébesitzer stand wie immer in der Ecke neben der Tür zur Küche. Gewöhnlich schaute er gerne zu, wie seine Gäste den Abend in seinem Restaurant genossen. Aber dieser größer werdende Kreis mit Kareem Yashou in der Mitte gefiel ihm überhaupt nicht. Er zog ein Mobiltelefon aus seiner Pluderhose und drückte die Kurzwahl „1".

Gleich nach dem ersten Klingeln meldete sich eine Männerstimme. „Musa Fatah."

Am nächsten Morgen schien die angeregte Runde im Café Jouzour eine Szene aus einer vergangenen Welt zu sein.

„Es ist ganz einfach, Kareem. Sie können gehen oder bleiben, ganz wie Sie wollen, aber wenn Sie bleiben, landen Sie früher oder später im Gefängnis." Musa Fatah blies den Rauch seiner Zigarette direkt in Kareems Gesicht. Das ganze Büro roch nach abgestandenem Zigarettenrauch.

Der lebt wohl nur von Pulverkaffee und Zigaretten, dachte

Kareem, während er den Regierungsbeamten mit dem ranzigen Atem und den gelben Zähnen anlächelte. Er ignorierte den Rauch, der sich an seinen Ohren vorbeischlängelte. „Was habe ich denn verbrochen? Habe ich gestern Abend gegen irgendein Gesetz verstoßen?"

„Kommen Sie mir nicht mit dieser Masche! Sie haben in dem Restaurant mit mehreren Familien religiöse Gespräche geführt! Wollen Sie das etwa bestreiten?"

„Ich kann Ihnen versichern, dass Religion zu keinem Zeitpunkt ein Gesprächsthema war."

Musa ignorierte den Verteidigungsversuch. „Kareem, Sie sind eine Bedrohung für die Drusen in diesem Ort."

„Warum? Weil ich essen gegangen bin und ein paar neue Freunde kennengelernt habe, die *sich uns* als Erste vorgestellt haben? Was soll daran gefährlich sein? Haben Sie vergessen, wie gastfreundlich die meisten Drusen sind, Mr Fatah?"

Musa schnaubte verächtlich.

Zwei Stunden unbegründete Behauptungen und wüste Drohungen später verließ Kareem das Büro der Geheimpolizei wieder. Das „Gespräch", wie Musa es genannt hatte, war vorbei. Als der Wächter Kareem sein Handy zurückgab, klingelte es.

„Kareem, wir haben für dich gebetet und ich habe unsere Gemeinde in Damaskus angerufen. Die beten gerade auch. Gibt es Probleme?" Elisa klang ruhig, aber sie sprach schneller als sonst.

„Mir geht's gut, *Habibti*, Liebling, hier gibt's null Probleme. Musa dachte halt, wir hätten mit den drusischen Familien im Restaurant die ganze Nacht religiöse Gespräche geführt. Ich habe ihm gesagt, dass er sich keine Sorgen zu machen braucht, weil ich nur über Jesus gesprochen habe, nicht über Religion."

Elisas Stimme klang skeptisch. „Kareem, war das nötig, dass du ihm gleich beim ersten Mal so viel gesagt hast?"

„Ja, Schätzchen." Die helle Mittagssonne ließ Kareem die Augen zusammenkneifen. „Ich wollte ehrlich zu ihm sein. Ich habe ihm sogar eine Geschichte erzählt. Er hat mich die ganze Zeit finster angeguckt dabei, aber ich hatte den Eindruck, dass ihm Zachäus gefiel. Einmal hat er sogar etwas gelächelt – nur ganz kurz, aber immerhin." Kareem musste grinsen. „Ich bin in ein paar Minuten da."

Ein Jahr nach seinem ersten Besuch in Musas Büro war Kareem davon überzeugt, dass sein Auftrag in al-Suweida gescheitert war. Sein großer Traum war gewesen mitzuerleben, wie Hunderte, wenn nicht Tausende von Drusen zum Glauben an Jesus kamen. Aber über zwölf Monate und Hunderte freundschaftliche Gespräche später konnte er nicht einen einzigen drusischen Nachbarn nennen, der sich auch nur ein bisschen dafür interessierte, Jesus nachzufolgen. Seine Zuhörer waren zu jeder Zeit höflich und herzlich, aber wenn das Gespräch auf Jesus kam und wie sehr dieser sie liebte, sahen sie Kareem verständnislos an. Die Herzen dieser Menschen schienen, wenn es um geistliche Dinge ging, hart wie Stahl zu sein.

Er und Elisa hatten Gebetsspaziergänge durch fast jede Straße in al-Suweida gemacht. Jeden Tag beteten sie für die verschiedenen Viertel, in jeder Straße stimmten sie mit ihren Kindern ihre mehrstimmigen Jesuslieder an. Sie besuchten die Häuser und trafen sich mit Bekannten und neuen Freunden. Aber es passierte nichts.

„Elisa, warum hat Gott uns hierher gerufen?" Kareem hockte auf dem Fußboden im Wohnzimmer, den Rücken an das Sofa gelehnt. „Unsere ganze Arbeit hat buchstäblich nichts gebracht! Diese Menschen haben Herzen aus Stein, man kann sie nicht erreichen. Dauernd bitte ich Gott darum, den Drusen Träume zu schicken, wie die, die er den Muslimen schickt, aber egal wie viel ich bete, es geschieht nichts." Er schüttelte den Kopf. „Ich habe es nicht geschafft, ich gebe es zu. Gott muss sich einen anderen suchen, um diese Menschen zu erreichen."

Elisa legte die Hand auf Kareems Knie. Er schaute kurz zu ihr hoch und fuhr fort: „Und es ist auch keine Hilfe, dass Musas Besuche immer aggressiver werden. Manchmal wünsche ich mir fast, er würde mich ins Gefängnis werfen, aber dazu hat er keine Handhabe. Weswegen wollen die mich denn vor Gericht stellen? Weil ich bete? Ha!

Ich weiß ehrlich nicht, wie es weitergehen soll. Elisa, wir beide haben sogar vierzig Tage gefastet, und immer noch – nichts." Er legte die Hand auf ihre Hand. „Vielleicht sollten wir die Koffer packen und zurück nach Damaskus fahren."

Als um halb vier Lina und Hani aus der Schule nach Hause kamen, saßen ihre Eltern immer noch da, wo sie gesessen hatten, als sie am Morgen gegangen waren – auf dem Wohnzimmerfußboden, Tränen in den Augen. Kareem fuhr sich mit der Hand über das Gesicht, in der Hoffnung, dass die Kinder nicht merkten, wie elend ihm war, und begann eine Geschichte.

„Die Drusen glauben, dass eines Tages ein Erlöser namens Hakim geboren werden wird – und zwar von einem *Mann!* Der als Gebärer auserwählte Mann wird dieses Kind aber nicht neun Monate lang austragen, wie eine Frau das tut, sondern das Baby wird in einem Augenblick gezeugt und geboren werden."

Hani verzog nachdenklich das Gesicht.

„Das ist übrigens der Grund dafür, dass sie diese weiten

Hosen tragen. Sie wollen verhindern, dass der neugeborene Erlöser auf den Boden fällt!" Kareem kicherte. „Kaum zu glauben, nicht?"

Die Kinder ließen sich zu beiden Seiten ihres Vaters auf dem Fußboden nieder. Lina quetschte sich zwischen Elisa und Kareem. Kareem schlang die Arme um die beiden staunenden Kinder.

„Wir finden das komisch und dumm, aber dieser Glaube zeigt, wie verzweifelt diese Menschen einen Erlöser suchen." Er sah Lina an, dann Hani. „Und genau deswegen sind wir hier. Wir wollen es von den Bergen rufen, dass der Erlöser ja längst da ist." Kareem zog die Augenbrauen hoch. „Aber bis jetzt scheint uns niemand zuzuhören."

Doch, einer hörte zu. Musa Fatah. Kareems Worte hallten aus dem Lautsprecher in seinem Büro. Die Wanzen funktionierten. Der Geheimpolizist genoss diesen Augenblick. Besser konnte es nicht sein. Kareems Einfluss im Ort war gleich null. Er war den Leuten egal, der religiöse Status quo war nicht in Gefahr. Er lachte laut über den Möchtegern-Missionar.

„Meine Tochter ist krank und ich weiß, dass Sie zu Jesus beten. Ich habe gehört, Jesus kann Kranke heilen." Der Besucher vor der Haustür der Yashous sah verlegen aus. „Würde er vielleicht auch meine Tochter heilen?"

Der Besucher, der da um acht Uhr morgens angeklopft hatte, sah aus wie aus einem Bildband über „Die Drusen in den syrischen Bergen" entsprungen. Mehrere Sekunden lang stand Kareem sprachlos da. Erst allmählich dämmerte ihm, was dieser Unbekannte meinte.

„Erzählen Sie mir mehr über Ihre Tochter. Was fehlt ihr?" Kareems Pastoreninstinkte schalteten einen Gang höher.

Yazan Kasam begann zu weinen, während er antwortete. „Dschamilla ist erst zwölf, aber sie hat Krebs in fortgeschrittenem Stadium. Die Ärzte sagen, dass sie nicht mehr lange zu leben hat, aber das – das weiß sie natürlich nicht." Die Tränen liefen durch den Staub auf seinen Wangen. „Kann Ihr Jesus sie heilen?"

Die Frage stellte Kareem sich bereits selbst. Sein Gehirn ging hundert Möglichkeiten durch – von einer sofortigen Wunderheilung bis zum totalen Fehlschlag –, während er eine Hand auf die Schulter des Mannes legte. Dann nickte er und trat nach draußen. Während das ungleiche Paar die Straße entlangging, arbeitete Kareems Gehirn weiter.

Kann Jesus dieses Mädchen heilen? Selbstverständlich! Aber ich habe noch nie eine Wunderheilung erlebt. Aber wenn Jesus das will, kann er das natürlich. Ich kenne die Heilungsgeschichten im Neuen Testament und habe gehört, dass so etwas auch heute passiert. Kareems Augen wanderten nach oben, während er weiterging. *Herr, gib mir Glauben! Wenn du etwas unter den Drusen tun willst, dann ist jetzt die perfekte Gelegenheit.*

Im Haus der Yazans sah Dschamilla wie eine Prinzessin aus, wie sie auf dem Wohnzimmersofa lag. Ihre Mutter, Hala, saß neben ihr und schob ihr hin und wieder einen Eiswürfel in ihren chronisch ausgetrockneten Mund. Kareem verließ der Mut, sein Herz wurde schwer. Der ganze Körper des Mädchens lag in den Klauen der erbarmungslosen Krankheit. Er spürte einen Kloß im Hals beim Anblick der jungen Schwerkranken in ihrem rosa Schlafanzug. Kareem lächelte Dschamilla an, während ihm eine Träne die Wange hinunterrollte.

Jesus! Du kannst das. Natürlich kannst du das. Es war mehr eine Aufmunterung für ihn selbst als ein Gebet. Und dann, zum Schluss: *Herr, ich glaube; hilf meinem Unglauben!*

Kareem holte tief Luft, dann zog er eine Bibel aus seiner Jackentasche, ging auf die Knie und begann zu beten: „Im Namen des Herrn Jesus komme ich zu dir, himmlischer Vater. Ich bitte dich: Rühre du Dschamilla mit der Auferstehungskraft an, die Jesus von den Toten auferweckte. Diese liebe Familie ruft zu dir. Und so bitten wir gemeinsam, dass du, o Herr, wieder sagen mögest: *Talita kum!* Mädchen, steh auf!"

Kareem, von seinen eigenen Worten mitgerissen, betete mit arabischer Leidenschaft. Yazan, Hala und zwei Brüder des Mädchens starrten Kareem mit offenem Mund an. So ein Gebet hatten sie noch nie erlebt. Dschamilla sah den Mann, der da so für sie betete, mit engelhaftem Lächeln an.

Nach mehreren Minuten stand Kareem langsam wieder auf, den Kopf weiter geneigt. Ohne seine Augen zu öffnen, fragte er: „Wie fühlst du dich, Dschamilla?"

Das Mädchen setzte sich auf. „So wie vorhin auch, aber mir ist so warm. Können wir ein Fenster aufmachen?"

Kareems menschliche Gefühle rangen mit dem tiefen Glauben in seinem Herzen. *Ich glaube, Jesus. Ich glaube immer noch, Jesus.*

Hala lud Kareem zu einem Tee in die Küche ein. Die ganze Familie trank mit, aus zwei Kannen. Yazan, Hala und die beiden Jungen dankten jeder einzeln Kareem. Sie schlugen sich auf die Brust – eine stille Geste, die zeigen sollte, wie Kareems Gebet ihre Herzen berührt hatte.

„Mr Yashou, so etwas habe ich in meinem ganzen Leben noch nicht erlebt." Yazan hatte Mühe, die Tränen zurückzuhalten.

„Wie meinen Sie das, Yazan?"

„Ich meine die Art, wie Sie gebetet haben. Sie haben einen starken Glauben an Gott." Yazan nickte. „Ich wollte, meiner wäre auch so stark. Wir beten seit Langem für Dschamilla, aber vielleicht werden diese Gebete zu unseren Lebzeiten nicht mehr erhört werden." Seine Stimme wurde leiser.

Kareem beugte sich näher zu Yazan und flüsterte: „Wie meinen Sie das?"

„Vielleicht wird Dschamilla nur ein kurzes Leben haben ... diesmal. Wir glauben, dass Gott der große Richter ist, und er sieht ihre Unschuld. Wir können nur hoffen, dass Dschamilla das nächste Mal als starke, gesunde Frau reinkarniert wird." Yazan hob den Kopf, als versuchte er, sich selbst Mut zu machen.

Kareem überlegte einen Moment, wie er antworten sollte, dann sagte er: „Yazan, ich glaube an etwas, das besser ist als die Reinkarnation. Ich glaube an die Auferstehung. Ich ..."

Ein heftiges Klopfen an der Haustür unterbrach ihn. Hala rannte ins Wohnzimmer und öffnete. „Musa Fatah!" Die Worte ließen Kareem zusammenzucken.

Hala fuhr fort: „Wie schön, Sie wieder zu sehen. Können wir Sie und Ihre Freunde zu einem Tee mit uns und Pastor Kareem einladen?"

„Ich bin heute ziemlich beschäftigt, aber ich hätte gerne ein *Gespräch* mit Pastor Kareem."

Kareem rollte die Augen und trat zur Haustür.

Sie gingen schweigend die Straße hinunter zu Musas Büro. Kareem setzte sich zu seinem nächsten Verhör. „Also, was ist der Anlass für dieses Gespräch?"

Musa antwortete ihm mit einer Ohrfeige. Hinter ihm standen zwei Schlägertypen, die die Augen auf Kareems Gesicht geheftet hielten, bereit, jedes Anzeichen von Schwäche sofort auszunutzen. Musa knallte einen Aktenordner auf den Schreibtisch und schoss ein halbes Dutzend Fragen auf Kareem ab, bevor der von dem Schlag benommene Pastor auch nur die erste beantworten konnte.

„Jetzt besuchen Sie die Drusen schon in ihren Häusern, um sie bekehren zu können. Stimmt's?" Musa wollte keine Antworten, er wollte ein rasches Geständnis seines meistgesuchten Evangelisten.

Kareem richtete sich auf seinem Stuhl auf und rief in das Gewitter der Fragen hinein: „Ich habe gute Nachrichten für Sie, Mr Fatah! Die Familie hat mich gebeten, zu ihr zu kommen und für sie zu beten. Die Leute haben eine schwer kranke Tochter und hoffen, dass Jesus sie heilen wird. Möchten Sie, dass ich auch für Sie und Ihre Freunde bete?"

Der Schläger rechts von Musa knallte eine Ohrfeige auf Kareems linke Wange, dass er zur Seite kippte. Schon schlug ihn der linke Schläger auf die rechte Wange, dass er zurückkippte.

Musa zischte: „Wenn es eines gibt, was ich *nicht* brauche, Mr Yashou, dann sind es Ihre Gebete! Aber wenn Ihr Gott Sie hört, sollten Sie jetzt vielleicht anfangen, für sich selber zu beten, und ihn um Gnade bitten, denn von uns kriegen Sie keine. Dies wird ein langer Tag für Sie werden, denn es ist Zeit, dass Sie eine Lektion lernen! Die syrische Regierung wird es *nicht* zulassen, dass irgendjemand Unruhe ins Volk der Drusen bringt, ist das klar?" Musas höhnisches Grinsen war nur Zentimeter vom Gesicht des Pastors entfernt.

„Wir haben schon genug Probleme, ohne dass einer wie Sie ankommt und versucht, eine Gemeinde in dieser Stadt zu gründen. Wenn Sie das machen, werden wir sie sofort wieder schließen. Hören Sie mich? Und Sie werden wir aus al-Suweida hinauswerfen und Sie werden nie wiederkommen! Und damit würden wir Ihnen sogar einen Dienst erweisen, denn wenn Sie versuchen, Yazan Kasam zu bekehren, werden seine Verwandten Sie wahrscheinlich eines schönen Tages umbringen. Die Drusen machen nicht nur Worte, wie die Muslime, sie tun's auch! Sie töten Konvertiten, Mr Yashou – und die Missionare gleich mit! Das geht dann so: Heute geht's Ihnen noch gut und am nächsten Tag … sind Sie verschwunden. Private Hinrichtungen bleiben in der Familie, sozusagen."

Musa warf den Kopf zurück, als ob er an einem Scharnier hing, und lachte zur Decke hoch. Die beiden Schläger brüllten mit, dann begannen sie, Kareem zu schlagen.

Zwischen den Schlägen kreischte Musa sinnlose Fragen in Kareems Gesicht.

Kareem, der feststellte, dass Musas Atem eine schlimmere Tortur war als die Fäuste und Stöcke seiner Helfer, lächelte innerlich.

Als der Nachmittag vorangeschritten war und Musa, sein Pensum für den Tag erledigt, Feierabend hatte, erklärte er die „Sitzung" für beendet. „Aber jetzt knurrt mir der Magen, es ist Zeit für das Abendessen … Genug für heute! Ich hoffe, dass wir das Vergnügen haben werden, Sie wiederzusehen, Mr Yashou."

Als Kareem seine Jacke wieder anzog, ließen ihn die Striemen auf seinem Rücken zusammenzucken. Die Augen von Blutergüssen verschwollen, trat er in die kühle Abendluft hinaus und begann den Rückweg nach Hause.

Auf halbem Wege summte das Handy in seiner Jacke. Elisas Nerven beruhigten sich, als der Ruf durchging und kurz danach Kareems Stimme ertönte. Er sang.

Eine Woche später war Elisa gerade dabei, die Striemen auf dem Rücken ihres Mannes mit Antibiotikasalbe zu behandeln. Sie war dankbar, dass er dabei nicht mehr das Gesicht vor Schmerzen verzog. „Kareem, wo ist Gott jetzt in dieser ganzen Sache? Erst hat er Dschamilla nicht geheilt und dann hast du die schlimmsten Prügel deines Lebens bekommen.

Dass Christen verfolgt werden, wenn Gott mächtige Taten tut unter den Menschen, das kann ich verstehen, aber er tut doch nichts!"

Wie sollte Kareem ihr antworten? Ein Klopfen an der Haustür riss ihn aus seinen Gedanken. Elisa erhob sich vom Sofa, band ihre Schürze, während sie durch das Zimmer ging, und öffnete die Haustür. Dann machte sie drei Schritte zurück und drehte sich zu Kareem um, eine Hand auf dem Mund, die Augen aufgerissen.

Von seiner Position auf dem Sofa aus konnte Kareem den Besucher nicht sehen, aber die Reaktion seiner Frau ließ wohl nur einen Schluss zu. *Wann lässt Musa mich endlich in Ruhe? Ich habe mich noch nicht von den letzten Prügeln erholt. Kommt jetzt schon die nächste Runde?*

Elisa bedeutete Kareem stumm, zur Tür zu kommen. Er zog sich sein Hemd an und trat neben seine Frau. Dann klappte ihm vor Überraschung der Kiefer herunter. Nein, das Problem war nicht Musa Fatah. Es schien überhaupt kein Problem zu geben. Zwischen der Haustür der Yashous und der Straße stand ganz friedlich eine Schlange von über fünfzig drusischen Freunden und Bekannten.

Am vorderen Ende der Schlange zeigte ein älterer Mann auf seine Frau, die neben ihm in einem Rollstuhl saß. „Meine Frau hatte einen Schlaganfall und ist seitdem auf der linken Seite gelähmt." Er schaute Kareem bittend an. „Würden Sie bitte für sie zu Jesus beten?"

Kareem und Elisa starrten einander an, dann wieder die Schlange draußen.

Kareem, der nicht wusste, wie der Mann neben dem Rollstuhl hieß, sagte: „Entschuldigen Sie, warum soll ich für Ihre Frau beten? Wie kommen Sie auf mich? Ich komme gerade nicht ganz mit."

Ein Mann löste sich aus der Mitte der Schlange und lief auf Kareem zu. Es war Yazan Kasam. „Wissen Sie es etwa noch nicht, Mr Yashou?" Er begann, über das ganze Gesicht zu strahlen. „Ich dachte, Sie wüssten Bescheid. Dschamilla ist gesund! Die Ärzte in Damaskus sagen, der Krebs ist weg." Das Lächeln verschwand, die Stimme versagte ihm.

Kareem, ganz perplex, sah wieder Elisa an. Ein helles Lachen aus der Menge ließ die beiden wieder nach draußen schauen. Ein Mädchen in einem leuchtend rosa Kleid kam kichernd zur Haustür gerannt. Dschamilla Kasam sprang Kareem um den Hals und drückte und drückte den Mann, der für sie gebetet hatte. Die Zwölfjährige war wirklich gesund. Yazan, Kareem und Elisa begannen zu schluchzen vor Freude und Dankbarkeit.

Aus der Menge vor dem Haus der Yashous ertönten Hochrufe. Die Menschen klatschten, minutenlang. Die drusischen Frauen hoben das Gesicht zum Himmel und stimmten das traditionelle Jubelgeschrei an.

Als der Trubel sich gelegt hatte, erzählte Yazan die Geschichte von Dschamillas Heilung. „Ein paar Tage nach Ihrem Besuch bei uns war es Zeit für Dschamillas nächsten Krankenhaustermin. Sie sagte uns, dass sie sich besser fühlte, aber gut, sie hatte schon immer ihre guten und schlechten Tage gehabt. In der Schami-Klinik in Damaskus machten sie die ganzen Untersuchungen – Blut, Computertomografie und alles. Als wir sahen, wie vor Dschamillas Zimmer ein ganzer Haufen Ärzte und Schwestern stand und aufgeregt miteinander sprach, machten Hala und ich uns auf das Schlimmste gefasst.

Aber stattdessen, Kareem, hatte Gott Ihr Gebet erhört! Ihr Jesus hat unsere Dschamilla geheilt, der Krebs ist spurlos verschwunden! Die Ärzte standen vor einem Rätsel. Es tut mir leid, dass ich nicht Ihren Glauben hatte, als Sie beteten. Es haben auch andere Menschen für Dschamilla gebetet, aber ich schätze mal, sie haben nicht zu Jesus gebetet." Yazan schüttelte den Kopf. „Dieser Jesus ist fantastisch! Sie haben ein einziges Mal zu ihm gebetet und der Krebs ist weg! Wir können das einfach nicht begreifen."

Und ohne auf Kareems Antwort zu warten, zeigte Yazan mit der rechten Hand auf die Schlange draußen. „Mr Yashou, wird Jesus auch meine Freunde heilen?"

Kareem umarmte Elisa, dann Hani und Lina, die den Lärm gehört hatten und ebenfalls zur Haustür gekommen waren. Dann sauste der Pastor ins Haus und holte seine Bibel. Die Yashous begannen das improvisierte Krankengebet in ihrem Vorgarten mit einem Lied:

„Jesus, höchster Name, teurer Erlöser, siegreicher Herr! Immanuel, Gott ist mit uns …"

Über eine Stunde später hatte Kareem für zwanzig Kranke gebetet, während ihre verzweifelten Verwandten zuschauten. Bei keinem verschwanden die Symptome auf der Stelle, aber Kareem ließ nicht locker. Und neben ihm stand Yazan und betete mit.

Plötzlich hob Yazan die Arme hoch und rief den versammelten Drusen zu: „Ihr müsst glauben, dass Jesus das tun kann! Betet mit Mr Yashou mit und glaubt in eurem Herzen!" Er sah Kareem aus großen Augen an. „Ist das okay, dass ich denen das sage?"

Kareem presste die Augen zusammen und umarmte Yazan fest. „Du darfst sagen, was du willst!"

Als Kareem fertig gebetet hatte, erschien am Ende der Schlange ein Nachzügler. Kareem rief ihn an. „Musa! Es ist schön, Sie wieder zu sehen! Möchten Sie, dass Jesus auch Sie anrührt?"

Yazan Kasam, ganz aufgeregt, winkte dem Vertreter der Geheimpolizei zu, zu ihnen zur Haustür zu kommen. Musa Fatah spuckte angewidert auf den Boden. „Nein, ich brauche nichts, aber vielen Dank, Yazan."

„Nichts da, Musa! Kareem muss auch für Sie zu Jesus beten. – Du machst das doch, Kareem?"

„Na klar, Yazan!" Und Kareem schloss wieder die Augen und betete so laut, dass alle es hören konnten: „Himmlischer Vater, ich danke dir für meinen Freund Musa. Er ist ein ernsthafter Mann und fleißig in seinem Job, wie ich sehr gut weiß."

Kareem öffnete die Augen und blinzelte Musa zu. Der rollte die Augen.

„Ich weiß nicht genau, was Musa oder seine Familie brauchen, aber im Namen von Jesus bitte ich dich, Herr, diesen Mann mit deinem Segen zu überschütten. Er braucht dich in seinem Leben. Und wenn seine Familie etwas Besonderes braucht, bitte ich dich, es ihr zu geben."

Als Kareem die Augen wieder öffnete, ging Musa allein die Straße entlang, in die Richtung, in der sein Büro lag.

In den folgenden Tagen zog die Kraft des Geistes Gottes ihre mächtigen Kreise um das Haus der Yashous, durch ganz al-Suweida und mehrere der drusischen Nachbardörfer. Die Frau im Rollstuhl hatte diesen verlassen und konnte wieder gehen. Ein Mann, der an einer schweren Gürtelrose litt, wachte am Morgen nach Kareems Gebet auf und war geheilt. Eine Frau, die furchtbare Unterleibsschmerzen gehabt hatte, war vollkommen schmerzfrei.

Kareem und Elisa beschlossen, ein „Wunder-Tagebuch" zu führen, und so hatten sie ab jetzt immer einen Spiralblock dabei. Wenn ein Wunder geschah, hielten sie dies schriftlich fest, komplett mit einer Nummer. Fast täglich konnten die beiden weitere Menschen zu Jesus führen. Kareem brachte den Neubekehrten bei, anderen die Geschichte von Gottes Erlösung zu erzählen, wie sie in der Bibel stand; er zeigte ihnen auch, wie sie die Geschichte von ihrer eigenen Erlösung weitergeben konnten.

Wenn Christen aus Damaskus zu Besuch kamen, erzählte ein begeisterter Kareem ihnen die neuesten Beispiele für Gottes Wirken unter den Drusen. Aber wenn seine Besucher ihn dann einen zweiten Apostel Paulus nannten, schaute er zu Boden und seine Stimme wurde leise. Der demütige Mann, der so lange kein Wunder Gottes erlebt hatte, wurde bekannt als der Mann, der mit seinen Gebeten Gottes Arm bewegte. ·

Selbst Musa Fatah war machtlos, die drusische Erweckung zu stoppen. Er setzte die Verhöre von Kareem aus und begnügte sich damit, ihn aus der Ferne zu beobachten. Er hörte auch nicht mehr die im Haus der Kareems installierten Wanzen ab, außer um den Abendandachten der Familie zu lauschen.

„Lahoud, hast du 'nen Fußball ins Gesicht gekriegt oder so was?" Hani hielt seinen Freund im Schulflur an, als sie nach dem Mittagessen zurück in den Unterricht gingen.

„Das war kein Fußball, das war der Fuß meines Vaters. Der war letzte Nacht wieder betrunken." Die Schultern des Teenagers fielen nach vorne. „Das in meinem Gesicht ist nicht mein einziger Bluterguss. Und du solltest erst mal meine Mutter sehen." Lahoud brach ab. Ihm kam gerade ein Gedanke. „Hani, glaubst du, dein Vater könnte mal vorbeikommen und für meinen Vater beten?"

Am Abend dieses Tages überschüttete Lahouds Vater, Nihad Salman, Kareem mit den unflätigsten Beschimpfungen. Als er seine Teetasse nahm und sie nach Kareem warf, schoben Elisa und Lahouds Mutter, Ronza, rasch ihre Kinder aus dem

Wohnzimmer der Salmans. An der Tür drehte Elisa sich kurz zu Kareem um. Dessen Lippen bildeten das Wort „Dämonen".

Draußen brach Ronza in Tränen aus. „So ist er fast jeden Abend." Die zweiundvierzigjährige Drusin hatte die Hoffnung aufgegeben.

Drinnen war die Konfrontation in vollem Gang. Kareem las laut aus der Bibel vor: „‚Denn wir haben nicht mit Fleisch und Blut zu kämpfen, sondern mit Mächtigen und Gewaltigen ... mit den bösen Geistern unter dem Himmel.' Nihad, ich glaube, dass Jesus dich heute Abend frei machen will. Darf ich mit dir beten?"

„Niemals!" Nihad wollte sich auf Kareem stürzen.

„Im Namen des Herrn Jesus Christus: Ihr Feinde Christi, verlasst Nihad!"

Der tobende Mann fiel auf die Knie, wie von einer Kugel getroffen. Er schaukelte vor und zurück und heulte unter Tränen: „Hilf mir, Kareem! Bete zu Jesus für meine Seele!"

Kareem las weitere Bibelstellen vor und betete mit Nihad, eine ganze Stunde lang. Als sie fertig waren, kam ein tiefer Friede auf das Haus der Salmans. Bevor Elisa und Kareem nach Hause gingen, hatten auch Ronza und die drei Kinder der Salmans ihr Leben Jesus anvertraut. Wie auf Flügeln gingen die Yashous zurück nach Hause.

„Papa, die Worte, die Mr Salman da aus dem Mund kamen, waren richtig unheimlich!" Lina drückte sich an Kareem und er nahm sie auf den Arm. „Sind die Dämonen jetzt für immer weg?"

„Lina, der Teufel versucht, uns Angst einzujagen. Er hat den Kampf mit Jesus vor langer Zeit verloren, aber er will es immer noch nicht zugeben. Jesus hat das Schicksal des Teufels besiegelt und wir müssen feststehen gegen ihn. Ich schätze, Mr Salman wird diese Nacht schlafen wie in Abrahams Schoß." Er lächelte seine Tochter an. „Und wir vielleicht auch."

Am folgenden Abend gingen die Yashous wieder zum Haus der Salmans. Diesmal hörten sie, als sie näherkamen, keine Flüche, sondern Lautenmusik. Es war Lahoud, der da spielte. Als seine Mutter die Gäste ins Wohnzimmer führte, erklärte er: „Ich habe heute ein paar Lieder eingeübt. Ich habe in der Bibel gelesen, die Sie uns gestern Abend dagelassen haben, Mr Yashou, und habe bei den Psalmen angefangen. Dieses Lied geht über den 23. Psalm."

Kareem schätzte, dass Lahouds Musik das Schönste war, was je an Klängen aus dem Hause Salman gekommen war. Es dauerte keine Stunde und Nachbarn kamen, um zu sehen, ob es bei den Salmans eine Feier gab. Aber es war keine Feier, sondern der erste Gottesdienst der drusischen Gemeinde von al-Suweida.

Es war sozusagen das Pfingstwunder der kleinen Stadt. Nach diesem Abend, an dem Lahoud seine Vertonung des 23. Psalms vorgestellt hatte, hieß das Haus der Salmans jeden Abend Nachbarn und Verwandte zum Singen und Bibellesen willkommen. Tagsüber führte Kareem Nihad in die Bibel ein und gab ihm mehrere Stunden Unterricht darin, wie man evangelisierte und Jesus nachfolgte.

Nihads wahrlich erstaunliche Verwandlung zog die Menschen an. Die meisten Nachbarn konnten sich nicht daran erinnern, wann sie den „alten" Nihad das letzte Mal nüchtern erlebt hatten. Er betrank sich nie mehr. Jeden Abend kamen mehr Menschen zu den Gottesdiensten in der Hausgemeinde der Salmans. Zwei Wochen nach Nihads Befreiung war das Haus gerammelt voll von Gottesdienstbesuchern; an diesem Abend hielt der neue Prediger seine erste Bibelstunde.

„Jesus hat gesagt: ‚Ich bin gekommen, damit ihr das Leben habt, Leben im Überfluss.‘" Nihad war kein bisschen schüchtern bei seiner ersten Predigt. Er fuhr fort: „Das Leben ist nach al-Suweida gekommen. Die Botschaft von Jesus richtet sich an uns alle und mit dieser Botschaft kommt ein Auftrag. Jesus ist nicht nur für die paar Familien gekommen, die heute Abend hier versammelt sind, sondern für alle Drusen."

Nihad entrollte eine Karte von Syrien und hielt sie hoch. „Jedes Dorf um al-Suweida herum muss sie hören, die frohe Botschaft, dass Gott zu *uns* gekommen ist. Ich möchte euch einen einfachen Plan zeigen, wie wir die Liebe von Jesus zu unserem Volk im Drusengebirge tragen können. Jesus hat uns zu einer heiligen Reise berufen, die wir zusammen machen müssen. Er möchte, dass wir je zu zweit in jedes Dorf gehen und dort einen Menschen des Friedens suchen. Es gehört zu seinem Plan, Jünger zu machen, genau wie damals im ersten Jahrhundert."

Nihad zeigte auf eine Stelle auf der Karte. „Die erste Stadt, für die wir beten wollen, ist Hadar."

Hadar wurde das erste von mehreren Dutzend Drusendörfern, in denen Nihads Gebetsplan Früchte trug. Nach einem halben Jahr gab es mehrere Hausgemeinden und man sah immer neue Christen in den Dörfern. Nihad wurde der erste drusische Pastor, aber auch Kareem predigte weiter und Gott schenkte neue Wunder. Christen aus Jordanien, Ägypten, dem Irak und den USA kamen, um mit eigenen Augen zu sehen, was Jesus unter den Drusen tat. Nihads Haus war nicht mehr ein Haus, um das man einen Bogen machte, sondern in dem man sich fast jeden Abend der Woche versammelte. Lahoud komponierte weitere drusische Lieder nach Versen aus der Bibel und begleitete die Gottesdienste mit seiner Laute.

Doch dass tatsächlich Drusen angefangen hatten, Jesus nachzufolgen, war den Führern der etablierten Religionen ein Dorn im Auge. Muslimische Geistliche sprachen eine *Fatwa* gegen Kareem aus. Es kam zu Christenverfolgungen; die Einwohner eines nicht christlichen Dorfes drohten sogar mit einem bewaffneten Angriff auf die drusischen Konvertiten in al-Suweida. So etwas hatte es in der archaischen drusischen Kultur noch nie gegeben, und die zunehmend labile Lage war mehr, als Musa Fatah verkraften konnte. Nach mehreren Monaten, in denen er Kareem in Ruhe gelassen hatte, lud er den Pastor erneut zu einem „Gespräch" vor.

„Mr Yashou, ich habe hier ein amtliches Schreiben von meinen Vorgesetzten." Musa hatte sich vor Kareem aufgebaut, der auf demselben Stuhl saß, auf dem er vor über sechs Monaten verprügelt worden war. „Ab heute wohnen Sie und Ihre Familie nicht mehr in al-Suweida. Wenn Sie bleiben, kommen Sie ins Gefängnis. Machen Sie sich keine Illusionen. Wenn es nach mir ginge, wären Sie schon eingelocht.

Die Unruhen in den Dörfern sind der Hauptstadt zu Ohren gekommen, und auch, dass auf Ihren Kopf eine Belohnung ausgesetzt ist, ist nicht unbemerkt geblieben. Wussten Sie schon, dass der, der Sie tötet, eine Belohnung von 10 000 Dollar bekommt? Ich wünschte nur, ich könnte sie selber einstreichen!

Wenn Sie und Ihre Familie nicht bis heute 17 Uhr die Stadt verlassen haben, werden Sie unverzüglich ins Gefängnis kommen. Haben Sie mich verstanden, Kareem Yashou?"

Musa ließ Kareem keine Wahl. Die Uhr in der Küche zeigte 15 Uhr, als Kareem nach Hause kam, mit der Nachricht, dass sie fortmussten, jetzt sofort. Elisa und die Kinder waren geschockt. Sie hatten ganze zwei Stunden, um ihre Sachen zu packen und die Stadt zu verlassen.

„Das musste so kommen", beruhigte Kareem seine Lieben. „Als die Wunder anfingen und Gott die Kranken heilte, war das nur der Anfang. Aber jetzt gibt es, wie Nihad mir gesagt hat, vierhundert drusische Gläubige. Die drusischen Pastoren werden uns ersetzen." Er lächelte ruhig. „Jetzt sind sie dran mit dem Leiten der Gemeinden."

Gegen halb fünf hatte die Nachricht von der kurz bevorstehenden Abreise der Yashous sich unter den Christen vor Ort wie ein Lauffeuer verbreitet. Als Kareem begann, den Kia der Familie zu packen, drängten sich in seinem Vorgarten unzählige Männer in weißen Mützen und Pluderhosen sowie Frauen und Kinder, die Abschiedsgeschenke und Pita-Sandwiches brachten. Um Viertel vor fünf bedeutete Kareem ihnen, sich vor der Haustür zu versammeln. Lahoud spielte ein letztes Anbetungslied für die versammelte Gemeinde und Kareem betete für seine Herde. Männer und Frauen brachen in Tränen aus, als man sich zum Abschied umarmte.

Wenige Minuten vor Ablauf des Ultimatums fuhren Kareem, Elisa, Hani und Lina, die Wangen noch nass von den Tränen, schweigend fort. Hani und Lina winkten ihren Freunden durch das Heckfenster. Man hörte den Applaus und die Klageschreie nur noch leise, dann gar nicht mehr. Sie waren keine zwei Jahre hier gewesen, aber al-Suweida würde nie mehr so sein wie früher.

Als sie den Kreisverkehr auf dem Highway 110, eine Meile nördlich der al-Mazr'aa-Street, gerade hinter sich hatten, sagte Lina, die immer noch halb apathisch durch das Heckfenster schaute, erschrocken: „Papa, wer sind diese Leute hinter uns? Da kommen zwei Autos, die fahren irre schnell."

Kareem sah in den Rückspiegel. Er musste an die 10 000 Dollar denken, die auf ihn ausgesetzt waren. Er trat auf der schnurgeraden Straße das Gaspedal durch, aber die Verfolger kamen näher.

Kareem schaute abwechselnd auf die Straße und in den Rückspiegel. Plötzlich wurden seine Augen groß. „Alle in Deckung! Die schießen!"

Aus dem Seitenfenster des ersten Wagens hinter ihnen kam ein Arm, dann das Rattern einer halb automatischen Pistole. Man hörte das Knallen von Kugeln auf dem Kofferraumdeckel.

„Die werd ich allein nicht los", rief Kareem aus, halb zu sich selbst. „Gott, ich brauche wieder ein Wunder, diesmal für meine Familie!"

Mehrere Kugeln schwirrten knapp an den Fenstern vorbei, andere schlugen Löcher in den Kofferraum. Die Verfolger kamen langsam, aber sicher näher. Kareem musterte hektisch die Straße vor ihm. Was konnte er machen?

„Da ist unser Wunder! Danke, Jesus!"

Vielleicht zweihundert Meter vor ihnen fuhren zwei Sattelschlepper – der eine auf der linken Fahrbahn, der andere auf der rechten – auf den nächsten Kreisverkehr zu. Kareem wechselte auf die rechte Spur, beschleunigte, wechselte wieder nach links und setzte sich, gerade als sie den Kreisel erreichten, zwischen die Sattelschlepper.

„Kareem!", schrie Elisa. Der Kia schleuderte zwischen den beiden Sattelschleppern um die Nordhälfte des Kreisels, für einen Augenblick den Blicken seiner Verfolger entzogen, und schoss auf die nach Süden führende Fahrbahn, während die beiden Verfolgerwagen auf der anderen Seite des Kreisels vorbeirasten. Beim ersten Abzweig bog Kareem nach rechts ab, weg von der Hauptstraße.

Einen knappen Kilometer später drehte die immer noch bleiche Elisa sich langsam zu ihrem Mann hin. „Was für Leute waren das, Kareem?" Sie griff nach hinten, um den Kindern, die noch auf dem Boden lagen, über den Kopf zu streichen.

„Vielleicht drusische Milizionäre – oder gewöhnliche Räuber." Kareem lächelte seine Frau an. „Ich glaube, wir nehmen besser die kleinen Landstraßen, die sind sowieso gemütlicher."

In Damaskus angekommen, setzten die Yashous sich mit Brüdern und Schwestern im Glauben in Verbindung, und ein paar Tage später nahm Kareem seinen Dienst in der Untergrundgemeinde mit ihren ehemals sunnitischen Gläubigen wieder auf. Noch in derselben Woche begannen auch die Todesdrohungen wieder.

Einen Monat, nachdem sie al-Suweida verlassen hatten, ging Kareem eines späten Nachmittags betend durch die im 9. Kapitel der Apostelgeschichte erwähnte Gerade Straße in der Altstadt von Damaskus. Aus den Lautsprechern der Minarette dröhnte der Abendgebetsruf. Es dauerte mehrere Sekunden, bevor er merkte, dass jemand seinen Namen rief. „Kareem! Kareem!"

Die Stimme kam von hinten und klang vage bekannt, aber nicht bedrohlich. Kareem drehte sich um – und erstarrte.

„Kareem! Wie schön, Sie zu sehen!"

Kareem starrte Musa Fatah an, der rasch näher kam.

„Ich hoffe, Sie sind nicht nachtragend, Kareem. Es ist ja nie etwas Persönliches gewesen zwischen uns. Ich habe nur meine Pflicht getan." Musa klang wie jemand, der einen alten Schulfreund getroffen hatte.

„Sie haben mich *geschlagen*", sagte Kareem langsam.

Musa sah verdutzt aus, aber lächelte weiter. „Ja, natürlich, das war ja mein Job. Das Einschüchtern gehörte dazu. Nur dass es bei Ihnen nie gewirkt hat – und deswegen hatte ich Achtung vor Ihnen, Kareem."

Einen knappen Meter von Kareem entfernt blieb er stehen. Sein Atem stank wie eh und je.

„Ich freue mich, dass Sie al-Suweida verlassen haben, aber warum mussten Sie ausgerechnet wieder nach Damaskus zurückgehen?" Musa schüttelte den Kopf. „Hier kommen die Todesdrohungen von den Muslimen und nicht von den Drusen, und die IS-Leute werden Sie nicht höflich vorwarnen wie unsere Regierung, Kareem. Ich mache mir Sorgen um Sie. Die köpfen Sie erst und stellen dann ihre Fragen." Er hob einen Finger in Kareems Richtung. „Sie sollten diese Stadt verlassen, und das bald."

Nanu, diesmal war es keine Drohung, sondern eine freundliche Warnung. Allerhand.

„Musa", sagte Kareem. „Ich wollte Ihnen schon lange etwas schenken. Hier ist es." Er griff in seine Jackentasche. „Es ist eine Bibel – und bevor Sie Nein sagen, hören Sie mir bitte zu."

Musa legte den Kopf zur Seite und nahm die Zigarette aus dem Mund. „Wie kommen Sie darauf, dass ich die nicht will? Ich habe die ganze Zeit gehofft, dass Sie mir eine Bibel schenken. Ich habe mich schon oft gefragt, was da drinsteht. Warum haben Sie so lange gewartet?" Musa stieß lächelnd den Rauch aus, diesmal an Kareems Gesicht vorbei.

„Musa", seufzte Kareem, „Sie waren seit Jahren wie eine Klette und haben mir keine Ruhe gelassen. Wahrscheinlich haben Sie schon wieder mein Haus verwanzt. Oder ist das jetzt endlich vorbei?"

Musa schnippte die Zigarettenasche auf den Bürgersteig. „Natürlich muss ich Sie weiter beschatten, Kareem, das ist mein Job. Aber danke für die Bibel. Meine Familie ist muslimisch, aber ich werde noch heute Abend anfangen, mit meinen Lieben die Bibel zu lesen. Und bevor ich jetzt gehe, muss ich Ihnen etwas sagen. Als Sie für mich beteten, an dem Tag, als all die Drusen zu Ihrem Haus kamen, habe ich etwas gespürt. Es ist eine Kraft in Ihrem Gebet und ich will herausfinden, was das ist." Er nickte ernst. „Aber jetzt muss ich gehen." Er streckte Kareem die Hand hin.

Der, gerührt von den Worten des Geheimpolizisten, schüttelte seine Hand, zum ersten Mal in den zwei Jahren, die sie sich kannten.

„Musa, wäre es Ihnen recht, dass wir uns nächste Woche auf einen Kaffee treffen, um uns darüber zu unterhalten, was Sie in der Bibel gelesen haben?"

Musa beäugte seine Zigarette und warf sie auf den Bürgersteig, wo er sie mit der Spitze seines schwarzen Schuhs zertrat. Dann sah er Kareem an. „Nun … ja, doch, das wäre schön."

Aber Kareems erstes Händeschütteln mit dem Mann von der Geheimpolizei sollte auch sein letztes sein.

Ein Wort von Kareem

Es war ein Schock für mich, als ich zwei Tage später hörte, dass Musa Fatah tot war. Eigentlich trachtete man ja mir nach dem Leben, in Damaskus und in al-Suweida. Musa wollte am Vormittag einen Kaffee trinken gehen, als er in ein Feuergefecht zwischen Regierungstruppen und dem IS geriet. Er hatte keine Chance.

Meine Familie ging auf die Beerdigung, damit ich ihm die letzte Ehre erweisen konnte. Ich kann nur hoffen, dass er in den beiden Tagen, die er meine Bibel hatte, Jesus und seine wunderbare Gnade, die jeden retten kann, erkannte. Ich hatte gehofft, dass auch diesmal in der Geraden Straße aus einem Saulus ein Paulus würde, aber es sollte nicht sein.

Musa ist ein tragisches Beispiel dafür, wie kurz das Leben im heutigen Syrien sein kann. Seit Beginn des Krieges ist die Lebenserwartung der Männer um zwanzig Jahre gesunken. Früher lag der Durchschnitt bei 75 Jahren; heute gilt ein 55-Jähriger als alt.

Ich weiß nicht, wie lange ich noch zu leben habe, aber jeder Tag ist ein Geschenk. Wer von uns weiß schon, was Gott mit ihm morgen machen wird? Aber ich weiß: Wenn es unser großes Ziel ist, für Gott zu leben und nicht für uns selbst, werden wir Wunder sehen! Die Drusen waren eine vom Evangelium gänzlich unerreichte Volksgruppe – und dann hat Gott sie in seine Familie aufgenommen. Ich kann es immer noch nicht fassen, dass Gott durch mich, der früher nie ein Wunder erlebt hatte, Wunder getan hat.

Früher tat ich mich schwer, Gott zu vertrauen. Jetzt füllen die Wunder, die er unter den Drusen getan hat, ein kleines Buch. Gott ist bereit, Wunder zu tun – die Frage ist nur: Sind *wir* bereit? Sehnen wir uns über allem anderen nach seiner Macht? Wenn es Ihr ganz großer Wunsch ist, dass die, die ihn noch nicht kennen, Jesus annehmen und anbeten, dann – das garantiere ich Ihnen – werden Sie Wunder erleben. Vielleicht nicht unbedingt Heilungswunder wie ich, aber Sie werden die Hand Gottes im Leben der Menschen sehen.

Ich möchte Sie ermutigen, dies zu Ihrem Lebensprojekt zu machen: dass Sie erleben, wie Jesus Wunder tut. Ich bitte ihn heute täglich um Wunder, und wenn auch Sie anfangen, dies zu tun, wird das Ihr ganzes Denken und Leben verwandeln. Ich bin selbst der beste Beweis dafür.

Ein Wort von Tom Doyle über Kareem

Mein Freund Kareem wird dies nie selbst sagen, weil er Angst hätte, dass sonst womöglich Jesus nicht mehr im Mittelpunkt stünde, aber Kareem und seine Familie durften erleben, dass über neunzig Kranke durch ihre Gebete gesund wurden. Dschamilla war nur die Erste. Ich selber habe mehrere Male miterlebt, wie Jesus durch Kareem Menschen anrührte, und da ich weiß, wo er sein „Wundertagebuch" aufhebt, schaue ich bei jedem neuen Besuch bei ihm immer als Erstes dort hinein. Vor al-Suweida hatte Kareem noch nicht einmal erlebt, dass jemand durch Gebet von einer Erkältung geheilt wurde – und dann wurden Menschen plötzlich von Krebs, Diabetes, Lähmungen, Gehirntumoren, Multipler Sklerose und anderen schweren Krankheiten geheilt. Es war der große Durchbruch des Evangeliums, den die Drusen brauchten. Aber am meisten strahlt Kareem, wenn er erlebt, wie ein Druse einem anderen Drusen Jesus bringt. Inzwischen findet man drusische Evangelisten nicht mehr nur in den traditionellen Drusendörfern. Die so lange „unerreichten" Drusen senden heute selbst Missionare aus, nach – halten Sie sich fest – Saudi-Arabien und Brasilien!

Ich bete täglich für Kareem. Beten Sie mit? Sein Leben ist ständig in Gefahr, weil er ein Mann und Werkzeug Gottes in einem zerstörten Land ist. Kareem, Elisa, Hani und Lina sind Hoffnungsbringer für die Menschen in Syrien, ob diese nun Drusen, Sunniten, Alawiten oder Christen sind. Dank Kareems Treue und seiner kompetenten Schulung drusischer Gemeindeleiter folgen heute, während ich dieses Buch schreibe, über 2000 Drusen Jesus nach. Beten Sie also für Kareem und seine Familie. Er steht auf diversen schwarzen Listen, aber egal wie viele Drohungen er bekommt: Er bleibt auf seinem Posten.

6

Der IS-Kämpfer aus Mosul

Mosul. Faisal Radi ließ sich den Namen der Stadt gedanklich auf der Zunge zergehen. *Bald wird es der Mittelpunkt der Welt sein.*

Er schaute mit zusammengekniffenen Augen die in der Sonne flimmernde Straße entlang, die an der *Nur al-Din* vorbeiführte, der Großen Moschee von Mosul im Nordirak. Sie sahen wie die Arbeiterinnen einer riesigen Ameisenkolonie aus, die schwitzenden Menschen, die in dieser ersten Woche des Fastenmonats Ramadan des Jahres 2014 zum Freitagsgebet strömten. Wie mussten bei der flimmernden Gluthitze erst die Frauen in ihren schwarzen Niqabs schwitzen! Das Thermometer zeigte an die 42 Grad. Aber das schien niemanden davon abzuhalten, bei dem Spektakel dabei sein zu wollen, von dem die ganze Stadt sprach, obwohl die Menschen seit Sonnenaufgang keinen Schluck Wasser zu sich genommen hatten. Die Große Moschee war vollgestopft mit Gläubigen, die Luft schien elektrisch aufgeladen. Faisal fragte sich, wie viele in Ohnmacht fallen und dabei womöglich zu Tode gequetscht werden würden. Er schaute ungeduldig auf seine Armbanduhr. *Fast 12 Uhr.*

Als er wieder hochschaute, sah er ein bekanntes Gesicht. „Medo! Ich habe dir doch gesagt, du sollst dich beeilen. Wir hätten schon vor einer Stunde hier sein sollen!" Faisal packte den Arm seines alten Freundes und zog ihn zum Eingang der Moschee. „Wenn heute der neue Kalif spricht und der 4. Juli 2014 das wichtigste Datum in der Geschichte der Menschheit wird, werde ich mich immer daran erinnern, dass wir wegen dir fast zu spät zu dem großen Ereignis gekommen wären."

„Oh, Faisal, du machst einen ganz fertig mit deinen Sorgen. Jetzt sind wir doch drinnen, was willst du mehr?"

Die beiden jungen Männer (sie waren beide in den Zwanzigern) schoben sich durch die Menge, die sich in der riesigen Moschee drängte. Es waren viele Hunderte, davon nicht wenige in einem ähnlichen Alter. An einer der Säulen im Inneren des neunhundert Jahre alten Gebäudes ergatterten sie zwei Stehplätze. Faisal, der keine zwei Schritte von Medo entfernt stand, musste fast schreien, damit sein Freund ihn in dem Durcheinander verstehen konnte.

„Was war bei dir so wichtig, dass du es nicht bis später aufschieben konntest, Medo?"

Medo, dem das Schimpfen seines Freundes auf die Nerven ging, rollte mit den Augen. „Der Ramadan ist im Irak brutal, findest du nicht auch? In dieser Hitze bis Sonnenuntergang kein Wasser, das ist voll verrückt." Er sah Farid in die Augen. „Wenn du's unbedingt wissen willst, ich habe gebetet und mich auf den großen Tag vorbereitet – auf *das* hier!"

Die Antwort schien Faisal zu besänftigen; sein Gesicht entspannte sich. „Dies ist der Beginn einer neuen Ära, Medo! Von diesem Tag haben Sunniten in der ganzen Welt jahrhundertelang geträumt. Wenn unser neuer Führer kommt, beginnt *heute* das neue Kalifat." Er hob triumphierend die Arme. „Die Osmanen haben vierhundert Jahre lang geherrscht, aber das hier wird sie in den Schatten stellen. Es waren eben nur Türken; jeder weiß doch, dass die legitimen Führer des Islam Araber sein müssen, und zwar Nachkommen Mohammeds. Der Prophet hat *uns* die Führung aller Muslime in der Welt anvertraut!"

Faisal schrie fast vor Begeisterung. Mehrere Köpfe in der

Nähe drehten sich um, um zu sehen, wer dieser Stegreifprediger war. Einige der Allernächsten nickten zustimmend. Medo musste kichern, dann wandten seine Gedanken sich einem banaleren Thema zu. Sie standen in bequemer Hörweite von der *Minbar*, der Kanzel, aber wenn es ans Beten ging, würden sie sich den Platz zum Niederknien freikämpfen müssen.

Die praktischen Probleme in der überfüllten Moschee lenkten Medos Gedanken ab von den eigentlichen, drängenden Fragen, die ihm im Magen lagen. Er wünschte sich, er könnte das, was sich in der Stadt abspielte, auch mit solch sonnigem Optimismus betrachten wie sein bester Freund. Seit dem Kindergarten waren sie miteinander befreundet und sie kannten sich so gut, dass jeder den Gedanken des anderen zu Ende führen konnte. Aber was er jetzt gerade dachte, behielt Medo wohl besser für sich.

Faisal, für den es nur noch das Leben als Kämpfer für das Kalifat gab, würde den Tumult in Medos Seele nicht verstehen. Egal wer im Staat das Sagen hatte – Medo hatte radikal andere Ziele.

Drei Wochen nach Beginn der Besetzung Mosuls durch den IS war die Stadt fast nicht mehr wiederzuerkennen. Das neue Regime hatte die Universität geschlossen, an der Medo Pharmazie studiert hatte. Das Studium hatte Medo die Erfüllung seines Traums bringen sollen. Seit er ein kleiner Junge war, war es sein großer Wunsch gewesen, Menschen zu helfen. Er hatte davon geträumt, ein Mittel gegen Krebs zu finden oder den Schlüssel zur Eindämmung des unter den Arabern des Nahen Ostens weitverbreiteten Typ2-Diabetes. Während es viele seiner Freunde an die Universität Bagdad gezogen hatte, die größte Universität des Irak, hatte Medo die renommiertere medizinische Fakultät an der Universität

Mosul gewählt. Der eigentliche Grund für Medos Verspätung war schlicht, dass er sich fast mit Gewalt zwingen musste, hierher in die Moschee zu kommen, um den zustimmend nickenden Zuschauer des Anfangs vom Ende seiner persönlichen Träume zu mimen.

Noch vor einem Monat hatte die Universität Mosul zu den einflussreichsten Zentren der Forschung und Lehre im Nahen Osten gehört. Doch als der IS die Universität zu seinem Hauptquartier gemacht hatte, brüsteten die neuen Herren sich damit, über 8000 Bücher sowie an die 100 000 Manuskripte vernichtet zu haben. Wenn diese Hochschule als neues Zentrum des IS dienen sollte, dann musste sie erst einmal *gereinigt* werden … Es hieß, dass bald neue Lehrpläne eingeführt und neue Dozenten eingestellt würden. So lange dies nicht geschehen war, waren die Studenten arbeitslos; sämtliche Veranstaltungen des Sommersemesters waren gestrichen worden. Blieb nur eine Aufgabe für die Studenten: sich zum Dienst im Militärapparat des IS zu melden.

Als ob die Zerschlagung seiner Ausbildungsträume noch nicht genug war, hatte Medo auch Angst um seine Familie – vor allem seine Schwestern. Eine der abscheulichsten Aktionen des IS war die Anwendung seiner „Vergewaltigungstheologie" auf die Frauen von Mosul. Laut den IS-Führern waren für alle „Kämpfer" Frauen Freiwild; selbst Mädchen, die noch keine zehn Jahre alt waren, wurden zu „Ehen" mit IS-Soldaten gezwungen, mit dem Ergebnis, dass die Mädchen und Frauen der Stadt mehr oder weniger hinter verschlossenen Wohnungstüren saßen und zitterten.

Aber das Allerschlimmste für Medo war das ebenso grausame wie wahnwitzige Vorgehen des IS gegen die Christen in Mosul. Obwohl neunzig Prozent der Stadtbewohner sunnitische Muslime waren, war die Stadt als eines der Zentren des Christentums im Nahen Osten bekannt gewesen und hatte diesen Ruf gepflegt. Hier hatten seit dem 1. Jahrhundert armenische und assyrische Christen einen sicheren Ort zum Leben gehabt. Auch Jesiden und Kurden hatten ihren festen Platz in diesem religiösen und ethnischen Puzzle, das so stabil war wie nur wenige andere Städte im Nahen Osten. Doch diese Phase in der Geschichte Mosuls war im Juni 2014 abrupt zu Ende gegangen. Der IS brannte Dutzende von Kirchen nieder, von denen viele seit Jahrhunderten dort gestanden hatten. Jesidische Frauen wurden zu begehrten Sexsklavinnen. Die Zeit der nicht islamischen Religionen in Mosul schien zu Ende zu sein. Aber nicht nur Nichtmuslime wurden verfolgt; jede Variante des Islam, die nicht strikt mit der Ideologie des IS übereinstimmte, war verboten. Mosul war gefallen.

Mit einem Schlag verstummte der Lärm in der Moschee, es wurde totenstill. Medo, aus seinen trüben Gedanken gerissen, sah in die gleiche Richtung wie die tausend anderen Augenpaare. Abu Bakr al-Baghdadi stieg auf die *Minbar*. Der Leiter der reichsten Terrorgruppe der Welt blieb fast eine Minute reglos vor dem Mikrofon stehen, während sein Blick über die Menge wanderte. Unter seinem Kommando war der IS selbst für die Fundamentalisten von al-Kaida zu radikal geworden, und getreu seinem wenige Monate alten Plan hatte al-Baghdadi mit al-Kaida, die in seinen Augen verweichlicht war, gebrochen.

Die in der Nur al-Din versammelten Anhänger Baghdadis schauten ehrfürchtig zu ihrem geliebten Führer hoch. Seit 2009 war von ihm noch nicht einmal ein Foto an die Öffentlichkeit gelangt. In den nächsten vier Jahren hatte er in einem amerikanischen Gefangenenlager im Irak seine Version des Islam vervollkommnet. Am Tag seiner Freilassung hatte er den Amerikanern, die ihn gefangen gehalten hatten, angeblich zum Abschied gedroht: „Wir sehen uns in New York wieder."

„Medo", flüsterte Faisal, die Hände so vor den Mund gehalten, dass nur sein Freund es hören konnte, „kannst du das glauben? Er ist da. Das Kalifat hat begonnen und wir dürfen dabei sein!"

Faisal ließ die Hand fallen und stand stramm, die Augen auf den Bärtigen auf der Kanzel gerichtet, während Baghdadi zur Menge sprach:

„So nutze diesen edlen Monat, o Verehrer Allahs, und kämpfe in Ihm! Dies ist der Monat, in welchem der Prophet Armeen befahl, gegen die Feinde Allahs zu kämpfen. Der Monat, in welchem er den Dschihad gegen die Polytheisten führte. So fürchtet denn Allah, oh ihr Sklaven Allahs.

Oh Muslime! Allah, der Gesegnete und Erhabene, schuf uns, um ihn im Monotheismus zu erkennen und seinen alles umfassenden Weg zu gründen. Er, der Erhabene, sagte: ‚Ich erschuf die Dschinn und die Menschen nur, damit sie mich verehren.'

Und Allah freut sich, wenn wir seine Feinde töten und den Heiligen Krieg für ihn führen. Er, der Erhabene, sagt: ‚Das Kämpfen ist euch auferlegt, auch wenn es euch zuwider ist.'

Und er, der Erhabene, sagt auch: ‚Kämpft, bis es keine Not mehr gibt, und [bis] alle Religion für Allah ist. Und falls sie damit aufhören – sehet, Allah sieht, was sie tun.'

Oh Volk! Seid gerecht in der Religion Allahs, steht auf für sie und bekräftigt, dass sie wahr ist, und verlasst nicht, was Allah uns gegeben hat. Richtet euch fest nach der Scharia Allahs und führt ihre Strafen aus und nehmt sie an ...

Und dies ist die Praxis der Religion Allahs. Und dies ist das

Buch, das Weisung gibt, und das Schwert, das schnelle Siege schenkt."[5]

Medo schielte zu Faisal hin und musterte sein Gesicht. Faisal sog die Worte des Predigers offensichtlich gierig auf. Medo versuchte, sich nicht anmerken zu lassen, wie sehr die Worte des Kalifen ihn erschreckten. Der Orkan, der durch die Ninive-Ebene gefegt war, durch die Stadt des friedlichen Miteinanders, hatte in nur drei Wochen die Mehrheit ihrer Bürger fortgerissen. Und was al-Baghdadi da sagte, zeigte Medo, dass an eine Rückkehr nicht zu denken war. Der IS hatte Mosul unwiederbringlich verändert. Die einen, wie Faisal, schwelgten in der Vorfreude auf ein neues Leben, in dem alles anders sein würde. Anderen, die mehr wie Medo dachten, würden bald die Augen aufgehen über die Schrecken, die das heutige Freitagsgebet auslösen würde.

Ob ihm das nun gefiel oder nicht (und es gefiel ihm definitiv nicht), Medo war jetzt ein Kämpfer des IS. Zuerst hatte ihn der „Islamische Staat des Irak und der Levante", den der IS ausgerufen hatte, mit Hoffnung erfüllt. Der Nationalstolz junger Iraker wie Medo war durch den Krieg im Irak in den Dreck getreten worden. Der Kreislauf der Gewalt und der immer neuen Demütigungen des Irak vor den Augen der Welt hatte zu einem Massenexodus aus dem Land geführt, das Medo liebte. Und jetzt, da die Amerikaner gegangen waren und das Land von einem schiitischen Regime regiert wurde, stand das irakische Volk vor dem Trümmerhaufen und musste versuchen, etwas Neues aufzubauen.

---

5   Auszüge aus der englischen Übersetzung der Predigt Abu Bakr al-Baghdadis in Mosul am 4. Juli 2014, abrufbar unter: http://ansaar1. wordpress.com/2014/07/05

Noch im Frühjahr hatte Medo geglaubt, dass der IS genau dies tun würde. Bald hätte endlich wieder der sunnitische Islam das Sagen, wie damals unter Saddam Hussein. Als Mosul im vergangenen Monat gefallen war, war Medo mit auf die Straße gegangen und hatte seine Fahne geschwenkt, um den Islamischen Staat zu begrüßen. Doch in den drei darauf folgenden Wochen hatte er miterleben müssen, wie die Harmonie des Zusammenlebens der verschiedenen Bevölkerungsgruppen und Religionen einer unglaublichen Brutalität gewichen war, die alles, was nicht genauestens mit der IS-Version des Islam übereinstimmte, niedertrampelte. Medos Hoffnung hatte sich in Verzweiflung verwandelt. Sein Magen rebellierte bei dem Gedanken daran, was alles noch an Bösem kommen konnte und dass das Schlimmste vielleicht noch bevorstand.

Am 4. Juli 2014 demonstrierte der selbst ernannte Kalif in seiner bereits erwähnten Rede in der Moschee, dass *er* der Anführer der gefürchtetsten islamistischen Gruppierung in der Welt war. Am 5. Juli erlebte Medo den Anfang unglaublicher Verbrechen des IS gegen Christen, Jesiden und auch alle Muslime, die dem neuen Regime nicht gehorchten. Und obwohl Faisal und Medo in diesen Tagen äußerlich Seite an Seite standen, so wie immer seit ihrer Kindheit, schlugen ihre Herzen nicht mehr im gleichen Takt. Die Hasspropaganda des IS hatte Faisal vergiftet, während Medo anfing zu überlegen, wie er dieser Hölle entkommen konnte – und was er danach machen sollte.

In der Woche nach al-Baghdadis Hasspredigt wurden in den Straßen der Stadt Dutzende renitenter Bürger kurzerhand geköpft. Als sie nach dem nächsten Freitagsgebet nach Hause gingen, versuchte Medo zu sondieren, wie sein Freund über die Ereignisse der Woche dachte und ob er immer noch so loyal zum Kalifen stand. „Jetzt fangen ja Muslime an, andere Muslime zu köpfen, Faisal. Findest du das richtig?"

„Na klar! Die haben das verdient. Die Religion, der viele Menschen hier jahrelang gefolgt sind, hat nicht das Geringste mit der reinen Scharia zu tun, die wir jetzt erleben dürfen. Es ist gut, wenn wir mit der Reinigung bei uns selbst anfangen. Wenn das erledigt ist, werden wir uns die Christen und die Jesiden vorknöpfen. Ich kann's nicht erwarten zu sehen, wie das Christenblut durch unsere Straßen fließt! Es ist Zeit, dass sie unsere Stadt verlassen. Der Islamische Staat ist ein historisches Ereignis! Hier ist kein Platz mehr für die Christen."

Diese Töne waren Medo neu. Wie war es möglich, dass er schon so lange Faisals Freund war und dies nicht hatte kommen sehen? „Aber Faisal, Freund, mehrere unserer Freunde, mit denen wir aufgewachsen sind und Fußball gespielt haben, sind assyrische Christen. Willst du die auch töten?" Er versuchte, seine Worte so emotionslos wie möglich zu halten.

„Ja, sicher." Faisal lachte höhnisch, dass sich Medo der Magen verkrampfte. „Die gehören hier nicht mehr hin. Aber unser großer Führer ist ein Mann des Friedens. Vielleicht bietet er ihnen sogar an zu bleiben, falls sie zum Islam übertreten oder bereit sind, die Kopfsteuer für Dhimmis[6] zu zahlen. Wir werden sehen. Ich habe gehört, dass es heute Abend ein Treffen mit den Christen geben wird, um sie über ihr Schicksal zu informieren."

---

[6] Als *Dhimmis* werden Angehörige anderer monotheistischer Religionen bezeichnet, also vor allem Juden und Christen, in bestimmten islamisch dominierten Ländern. Sie werden geduldet, wenn sie eine Sondersteuer zahlen und sich an die Auflagen halten, die für die Ausübung ihrer Religion und das Verhalten gegenüber der muslimischen Mehrheit gelten. Dhimmis haben nur eingeschränkte Rechte (ein Nichtmuslim darf keine muslimische Frau heiraten u.a.).

Doch kein einziger Christ kam zu diesem Treffen. Sie blieben, das Schlimmste befürchtend, lieber zu Hause. Der IS wertete dies prompt als Beleidigung und erklärte den Dialog für beendet. Am nächsten Morgen ließ er in der ganzen Stadt Folgendes bekanntgeben:

„Christen, ihr habt vierundzwanzig Stunden, um euch zu entscheiden. Der neue Kalif, Abu Bakr al-Baghdadi, hat in seiner großen Güte erklärt, dass ihr folgende Möglichkeiten habt: zum Islam übertreten, die Kopfsteuer zahlen, die Stadt verlassen oder sterben. Wenn ihr bleibt und nicht unser großmütiges Angebot des Übertritts zum Islam annehmt oder nicht in der Lage seid, die Kopfsteuer zu zahlen, wird euch unverzüglich das Schwert treffen. Die Zeit des Zögerns ist vorbei. Ihr habt Zeit bis morgen Mittag, 12 Uhr."[7]

Am gleichen Tag – es war der 18. Juli 2014 – durchkämmten IS-Kämpfer die Stadt und schmierten auf jedes Haus, in dem Christen wohnten, den arabischen Buchstaben „N" (als Abkürzung für „Nazarener"). Am nächsten Morgen, dem 19. Juli, begannen die Zwangsevakuierungen. Über 100 000 Christen packten hastig zusammen, was sie konnten, und verließen Mosul. Das meiste von ihrem Gepäck landete indessen bei Straßenkontrollen in den Händen des IS, der alles konfiszierte, was er bekommen konnte, von Eheringen bis zu Babywindeln.

Medo tat wohl oder übel so, als kämpfe er mit für „die gute Sache". Als IS-Kämpfer sich vor dem Haus der Familie Nimri zusammenrotteten, die alle Christen und seit Langem mit Medos Familie befreundet waren, war er dabei.

---

[7] Nach den Angaben eines Christen aus Mosul, den ich in Jordanien interviewen konnte.

„Medo, was machst *du* denn hier? Ich kann's nicht glauben, dass du …"

Medo, der sich in Grund und Boden schämte, bedeutete George Nimri mit einer Handbewegung zu schweigen. „Bitte geht, solange ihr könnt", flüsterte er dem Mann zu, den er schon als Kind geliebt hatte. „Ich werde dich und deine Familie nicht vergessen. Und … betet für mich."

Er trat hastig zurück zu seinen „Kameraden" vom IS und stimmte wieder in ihre Schmährufe gegen die Christen ein, die da in aller Eile ihre Autos packten. Er sah, wie ein paar Häuser entfernt sein Freund Faisal einen Mann, der versuchte, seine kleine Tochter vor den Klauen eines IS-Offiziers zu schützen, erbarmungslos schlug. Er wusste: Bei Faisal war es keine Show; er genoss seine neue Autorität und war mit Leib und Seele IS-Kämpfer.

Plötzlich Schreie von hinten. Medo wirbelte herum und sah einen vielleicht zweijährigen Jungen, der starr vor Angst mit weit aufgerissenen Augen auf dem Boden lag. Über ihm stand ein schwarz gekleideter Mann, der den Lauf eines halbautomatischen Gewehrs an den Kopf des Kindes hielt.

Der Mann bellte eine weinende Frau an, die ein paar Schritte entfernt auf den Knien lag. „Lässt du deinen Sohn jetzt in den IS eintreten oder soll ich ihm den Kopf wegschießen?"

Eine Handvoll brutaler Typen umringte den Jungen und seine Mutter und lachte schallend. Mehrere Nachbarfamilien, die außerhalb des Kreises standen, schlossen die Augen und riefen Gebete zum Himmel.

Da zog der Mann mit dem Gewehr, plötzlich abgelenkt, den Lauf der Waffe vom Kopf des Jungen weg und zeigte mit der Waffe in die Richtung, wo Faisal und seine Kameraden dabei waren, die nächsten Mädchen von ihren weinenden

Verwandten wegzureißen. Der Kreis der Dschihadisten um den Jungen löste sich abrupt auf, als die Männer gierig die Straße hinunterrannten, um sich ihr eigenes Stück der Sexbeute zu sichern. Die Mutter sprang zu ihrem Kind, hob es von der Straße auf und rannte mit ihm in die Arme der anderen Christen, die Gott gerade um ein Wunder gebeten hatten.

Nach der Vertreibung der christlichen Bevölkerung von Mosul ging das neue Regime daran, alles im Stadtbild auszulöschen, was an die zwei Jahrtausende christlicher Geschichte erinnerte. Nachdem sie alle fünfundvierzig Kirchen in Mosul zerstört hatten, sprengten die Terroristen das vielleicht wichtigste biblische Wahrzeichen der Stadt. Bombenspezialisten des IS brachten Sprengladungen am Grab des Propheten Jona an, der in Ninive gepredigt hatte, und machten die historische Stätte dem Erdboden gleich. Die Sprengung war der Höhe- und Endpunkt der Kampagne, Mosul „christenrein" zu machen. Die Botschaft der Terrorarmee an die fassungslos zuschauende Welt lautete: Wir haben der Geschichte den Krieg erklärt.

Medos Bauchschmerzen waren chronisch geworden. Er hatte das Gefühl, ständig einen Knoten im Magen zu haben. Ein paar Tage nach dem Zwangsexodus der Christen hatte er gehofft, dass das Schlimmste überstanden war. Aber er hatte noch nicht gesehen, was mit den wenigen Jesusjüngern geschah, die beschlossen hatten zu bleiben. Als er durch die Stadt ging, um seinen Kopf klar zu bekommen, und aus einer Seitenstraße auf eine der Hauptstraßen einbog, sah er etwas, das ihm speiübel werden ließ. Etwa fünfzig Meter entfernt hingen vier Männer, die in seinem Alter sein mochten, an hölzernen Kreuzen; durch ihre Hände und Füße waren Nägel getrieben. Einen Steinwurf von den Kreuzen entfernt standen zwei IS-Kämpfer, die ihre Offiziere zur Bewachung der Kreuze zurückgelassen hatten.

Alles in Medo schrie danach, diesen jungen Männern zu helfen, die der Bevölkerung demonstrieren sollten, was es kostete, als Christ in Mosul zu bleiben. Es zog ihn magisch zu den Gekreuzigten hin. Er ging stumm in ihre Richtung. Die Straße war fast leer und Medo schätzte, dass sie schon seit Stunden da hingen und in der sengenden Hitze nicht mehr lange leben würden.

Knapp zehn Meter von den Kreuzen entfernt blieb Medo stehen und schaute zu den blutverschmierten Männern hoch. Sie beteten und sangen! Medo konnte die Worte gerade so verstehen – und was er da hörte, erschütterte ihn noch mehr als die Kreuzigungen selbst. Einer der Männer bat Gott, den IS-Kämpfern zu vergeben. Die anderen sangen leise, fast flüsternd ein Anbetungslied: *„Zeedo el-Maseeh tasbeeh …* Lobt Jesus Christus immer mehr."

Als einer der Männer mühsam den Kopf hob, um besser Luft zu bekommen, lächelte er Medo an. Und Medo merkte: Diese vier Männer hatten Frieden. Und er? Er hätte sich am liebsten umgebracht.

Dort, vor diesen vier Kreuzen, geschah etwas in Medo. Von Verzweiflung überwältigt stand er da und schaute diese furchtlosen Christen lange an. Wie lange? Medo wusste es nicht. Aber als er den letzten keuchenden Atemzügen des Mannes lauschte, der ihn angelächelt hatte, spürte er einen Ruck in seinem Herzen, einen plötzlichen Mut. Der Terrorist wider Willen wusste plötzlich, dass er bei der ersten sich bietenden Gelegenheit den IS verlassen und, wenn nötig, von Mosul fortgehen würde. Noch nie in seinem Leben hatte er sich so dafür geschämt, Teil von etwas zu sein.

Medo drehte sich um und ging nach Hause, obwohl er

nicht sicher war, ob die Gekreuzigten schon tot waren. Hundert Fragen schossen ihm durch den Kopf. *Wer sind diese Menschen? Meine Leute töten, entführen, vergewaltigen und foltern sie. Aber dieser Mann da hat mich angelächelt. Warum? Gott helfe ihm und sei ihm gnädig. Werde ich es schaffen zu fliehen? Egal. Selbst wenn ich sterbe, ist das noch besser, als bei diesen Gräueltaten mitzumachen.*

Die nächsten drei Monate grübelte Medo darüber nach, wie er Mosul verlassen konnte. Aber wer würde ihn anschließend aufnehmen wollen? Draußen wurden Männer, die als IS-Mitglieder bekannt waren, auf der Stelle erschossen.

Allmählich nahm ein Fluchtplan Gestalt in seinem Gehirn an. Dann kam ein Abend, an dem Medo sich mit Faisal über einen anderen Aspekt des Themas „Zukunft" unterhielt.

„Faisal, die Christen und Jesiden sind ja jetzt weg. Was ist unser nächstes Ziel?"

Die beiden jungen Männer saßen im Wohnzimmer eines Hauses, das einer christlichen Familie gehört hatte. Um sein schlechtes Gewissen etwas zu beruhigen, hatte Medo, als sie das Haus beschlagnahmten, das arabische „N", das der IS an die Fassade gemalt hatte, übergestrichen. Er hatte die Bewohner des Hauses, das jetzt dem IS gehörte, nicht gekannt, aber irgendwie erinnerte es ihn an die Nimris.

„Gehen wir nach Süden, um gegen die schiitische Regierung zu kämpfen, oder nehmen wir uns die Kurdenmiliz im Osten vor, die Peschmerga?"

Faisal schien fünf Zentimeter größer zu werden. Er dozierte: „Wenn wir Richtung Süden angreifen, riskieren wir, dass die iranische Armee eingreift. Und wenn wir nach Osten gehen, wird bestimmt jemand den Peschmerga helfen. Vielleicht die EU?" Er grinste. „Kannst du das glauben, dass die Amis nur Bomben abwerfen? Ihre Bodentruppen lassen sich nicht blicken, auch nicht nachdem ihr Präsident wegen der Enthauptungen Feuer unterm Hintern bekommen hat.

Ich glaube, es ist ziemlich egal, in welche Richtung wir marschieren, Medo. Wir kämpfen für Allah und er gibt uns einen Sieg nach dem anderen. Dass Mosul gefallen ist, ist doch Beweis genug! Die irakische Armee hatte 30 000 Soldaten, wir nur 1500, und was haben die 30 000 Feiglinge gemacht? Sie sind weggerannt wie kleine Mädchen. Und jetzt hat der Islamische Staat Öl für über eine Milliarde Dollar! Siehst du nicht, wie Allah uns segnet, mein Freund? Jetzt wird uns nichts und niemand mehr stoppen!"

Faisal lachte. Es erinnerte Medo an das diabolische Lachen der Terroristen, die über dem Zweijährigen mit dem Gewehrlauf an der Schläfe gestanden hatten. Eine fast schon greifbare schwarze Hand schien über Faisal zu liegen. Medo wurde schlecht. In den Augen seines besten Freundes stand geschrieben, dass dieser seine Seele an den IS verkauft hatte.

Noch am gleichen Abend floh Medo aus der Stadt. Er nahm Kurs auf Dohuk, die 120 Kilometer nördlich am Highway 2 gelegene Hauptstadt des Gouvernements Dahuk der Autonomen Region Kurdistan. Als er die Vororte von Mosul hinter sich gelassen hatte, öffnete Medo seine Tasche und zog andere Kleidung heraus. Etwa fünfzig Meter von der Straße hob er ein flaches Loch aus, in dem er seine IS-Uniform vergrub. Die Zivilkleider, die er aus dem christlichen Haus mitgenommen hatte, konnten ihm Probleme bereiten, wenn er an einen IS-Kontrollpunkt kam, aber darum würde er sich später kümmern.

Die nächsten beiden Tage hielt Medo einen respektvollen Abstand zur Hauptstraße, während er Richtung Norden marschierte. Er betete zu Allah, ihn zu beschützen, vor allem nachts, wenn die IS-Patrouillen unterwegs waren.

An der Straße zum Mosul-Staudamm (ehemals Saddam-Damm) bog Medo nach Osten ab, nach Alqosch und den Bayhidhra-Bergen. Obwohl irakische Regierungstruppen den Damm vom IS zurückerobert hatten, kam es in dieser Gegend immer wieder zu Gefechten.

Der Gedanke, bald in Alqosch zu sein, einem christlichen Ort, gab Medo Auftrieb. In der Stadt, wo der Prophet Nahum begraben lag, würde er bestimmt eine liebe Familie finden, die ihn aufnahm.

„Medo, ich habe einen Freund in der Führung der Peschmerga, der Ihnen helfen kann, hier rauszukommen." Michael Isaac hatte Medo nicht nur in sein Haus aufgenommen, sondern bot ihm auch an, ihm zu helfen, in die Türkei zu kommen.

Nach einer Übernachtung im Hause der Isaacs brachte Michael Medo in ein Sicherheitsbüro im Flughafen Alqosch, und eine Stunde später stieg der ehemalige IS-Kämpfer in ein Flugzeug, das ihn ins 1600 Kilometer entfernte Istanbul brachte.

Doch die türkische Metropole brachte Medo keine rasche Lösung seines großen Problems. Dieses Problem hieß: *Wo gehöre ich hin?* Fast eine Woche lang lief Medo ziellos durch die Innenstadt von Istanbul, während er die Gräuel zu begreifen versuchte, die er in den vergangenen sechs Monaten miterlebt hatte. Wenn das nächste Bild aus seiner Erinnerung ihn wie ein Raubtier ansprang, blieb er stehen und setzte sich irgendwo hin. Auf diesen Wanderungen durch Istanbul hörte er sie wieder, die Schreie der Mädchen, die aus den Armen ihrer Eltern gerissen wurden, um zu Sexsklavinnen von IS-Kämpfern gemacht zu werden. Er dachte an die Tausenden von Christen, denen der IS alles weggenommen hatte, um anschließend höhnisch zuzuschauen, wie die Familien mit nichts in der Hand die Stadt verließen. All die Morde, die er miterlebt hatte, liefen wie ein Film erneut in seinem Kopf ab – vor allem diese furchtbaren Kreuzigungen, die er nie wieder vergessen würde.

Er war heimatlos hier in Istanbul. Er kannte niemanden. Was war eigentlich aus seiner Familie geworden? Lebten seine Eltern noch? Waren seine Schwestern jetzt womöglich auch die „Bräute" irgendwelcher IS-Killer? War Faisal noch am Leben? Medo trauerte um seine Stadt und um seinen Freund. Er lief und grübelte und grübelte und lief. Der IS hatte sein Leben zerstört.

Wenn dann endlich die Sonne unterging, kehrte Medo zurück ins Hotel Yazar und ein anderes Problem meldete sich, eines, das nicht mehr viel Aufschub duldete: Wie lange würde das Geld, das Michael Isaac ihm mitgegeben hatte, reichen? Es war ein großzügiges Geschenk gewesen, aber er musste weise damit umgehen.

Nachts lag er auf seinem Bett und starrte die Dunkelheit an, während er darüber nachgrübelte, warum die Christen in Mosul solch eine Würde gezeigt hatten, als sie alles verloren, als ihre Lieben ermordet, die Frauen vergewaltigt, die Jungen und jungen Männer gekidnappt worden waren. Mr Isaac hatte ihn aufgenommen, obwohl Medo ihm gesagt hatte, dass er vom IS desertiert war. Und jede Nacht sah er sie wieder vor sich, die gekreuzigten Männer, wie sie für ihre Mörder beteten … und sangen … und lächelten.

Eine Woche, nachdem er sein Zimmer im Yazar bezogen hatte, saß Medo allein im kleinen Foyer des Hotels. In dem an der Wand befestigten Fernseher liefen gerade die Nachrichten, aber er schaute nicht hin.

„Hey, sind Sie auch aus dem Irak?"

Medo zuckte zusammen. Er schaute hoch. Einige Schritte entfernt stand ein Iraker.

„Mann, Sie scheinen ja ganz schön durch den Wind zu sein. Kaum zu glauben, wie unser Land kaputtgeht, nicht wahr? Daesh[8] muss weg! Wenn die gewinnen, ist es aus mit unserem Land!" Der Fremde streckte Medo die Hand hin. „Ich bin Sameer Dawoud – und Sie?"

Sameers Lächeln war freundlich. Medo bemühte sich, es zu erwidern. „Ich bin Medo Nasrallah. Es ist schön, jemanden aus dem Irak zu treffen."

Der Mann zog einen Stuhl heran und setzte sich Medo gegenüber. „Sie sind mir hoffentlich nicht böse, aber Sie sehen nicht gut aus, Bruder. Warum kommen Sie heute Abend nicht mit? Sie könnten ein paar Freunde gebrauchen. Ich treffe mich mit ein paar anderen Irakern und danach geht's zum Dinner in ein Restaurant am Bosporus. Also: Kommen Sie mit?"

Am Spätnachmittag stand Medo neben Sameer auf dem Bürgersteig vor einem weißen Gebäude im Norden Istanbuls.

„Sameer – sehe ich das richtig? Ist das hier eine Kirche?"

Sameer legte einen Arm um Medos Schulter. „Oh, Entschuldigung, Medo. Ich habe Sie ja gar nicht gefragt, ob Sie Christ oder Muslim sind."

„Ich bin Muslim, Sameer."

„Bruder, das ist hier bei uns egal. Hier sind Muslime genauso willkommen wie Christen. Bitte versuchen Sie's und bleiben Sie zehn Minuten. Wenn Sie dann merken, dass das nichts für Sie ist, können Sie ja immer noch gehen. Okay?"

---

[8] Als „Daesh" bezeichnen Araber den IS, die ihn ablehnen. Es ist verächtlich gemeint. (d. Übers.)

Sameer zog die Augenbrauen hoch. „Aber ich glaube, es wird Ihnen gefallen."

Sameer öffnete die Tür zu einem Versammlungsraum. Medo ging hinein – und blieb wie angewurzelt stehen. Mehrere Sekunden lang starrte er die Menschen in dem Raum an, dann schaute er kurz zu Sameer hin, hob die Hände vors Gesicht und begann zu schluchzen.

„Medo! Was ist?" Sameer nahm Medo in die Arme und drückte ihn. „Warum weinst du, mein Freund?"

„Ich kenne das Lied, das die da singen." Medo presste die Worte hervor. „Das ... hab ich schon mal gehört."

„*Zeedo el-Maseeh tasbeeh* ... Lobt Jesus Christus immer mehr."

Eine Botschaft von Medo

Mein Herz schmolz, als ich das Lied hörte, das die Männer an den Kreuzen gesungen hatten. Diese Christen in Istanbul waren voller Leben und sie sangen mit der gleichen aus der Tiefe kommenden Freude wie die gekreuzigten Männer in Mosul. Sie hatten einen Frieden, der nicht von ihrer äußeren Lage abhing.

Nach zwei Wochen in Istanbul vertraute ich mein Leben Jesus an. Das Leben dieser Menschen überzeugte mich davon, dass Jesus der Weg zu Gott ist. Sameer schenkte mir ein Neues Testament. Ich verschlang es förmlich und sättigte und reinigte mein Herz mit dem Wort Gottes. Die Todes- und Schreckensbilder in meinem Kopf wichen Bildern des Lebens und der Hoffnung.

Mir ist heute klarer denn je, dass der IS ein Werkzeug des Teufels ist. Feinde des Kreuzes, die vom Satan selbst losgelassen worden sind, führen in meinem Heimatland, dem Irak, einen pausenlosen Kampf gegen die Christen und gegen die „falschen" Muslime. Ein Ende der unbeschreiblichen Terrorakte scheint nicht in Sicht.

Als meine Verwandten erfuhren, dass ich mein Leben Jesus anvertraut hatte, verstießen sie mich und brachen alle Verbindungen ab. Durch meinen Übertritt zum christlichen Glauben habe ich ihnen Schande bereitet, auch wenn sie den IS genauso ablehnen wie ich. Sie wohnen immer noch in Mosul und haben Angst, dass der IS ihnen irgendwann auf die Schliche kommt, denn in seinen Augen sind Menschen, die so denken wie meine Eltern, keine echten Muslime. Es kann gut sein, dass die Brutalität und der Fanatismus des IS irgendwann zum Kollaps des Islam führen werden. Ich glaube nicht, dass seine Methoden auf Dauer erfolgreich sein werden.

Nachdem ich mehrere Monate in Istanbul gewohnt hatte, erfuhr ich, dass Faisal bei einem Drohnenangriff getötet worden war. Wäre ich damals nicht geflohen, ich wäre jetzt wahrscheinlich auch tot. Mein bester Freund war eigentlich der Erste, dem ich vom Evangelium erzählen wollte, aber dafür ist es jetzt zu spät.

Bitte beten Sie für mich. Ich bin mittlerweile in den Irak zurückgekehrt und wohne in Erbil in der Autonomen Region Kurdistan, keine hundert Meilen von Mosul entfernt. Jesus gibt mir Leben und ich möchte nichts lieber als den Menschen erzählen, wie er mich gerettet hat – mich, ein ehemaliges Mitglied des IS, der gefürchtetsten Terrorgruppe der Welt.

Viele halten meine Rückkehr in den Irak für leichtsinnig. Aber ich weiß, dass Gott mich dazu berufen hat, ein Licht zu sein in der Finsternis, die über meinem Land liegt. Darf ich Sie etwas fragen: Was ist *Ihre* Berufung? Wo sollen *Sie* ein Licht von Jesus sein?

Die meisten Christen aus Mosul sind nach Erbil geflüchtet, sodass ich viele Freunde habe. Viele habe ich um Vergebung gebeten. Manche können es kaum glauben, dass jemand, der zum IS gehört hat, jetzt Jesus liebt. Ehrlich gesagt, manchmal kann ich es selbst fast nicht glauben; aber Jesus ist die einzige Antwort auf den ethnischen und religiösen Hass in der Welt.

Der IS sprühte das „N" auf die christlichen Häuser in Mosul, um seine Verachtung für die Anhänger des „Nazareners" zu zeigen. Als ich in Erbil ankam, hausten die christlichen Flüchtlinge aus Mosul, bei deren Vertreibung ich geholfen hatte, in Zelten der Vereinten Nationen. Ich war schockiert, als ich sah, dass viele der Flüchtlinge ein „N" auf ihr Zelt gemalt hatten!

Der IS konnte die Christen in Mosul zwar vertreiben, aber nicht besiegen, denn in Jesus haben sie eine ewige Hoffnung. Das arabische „N" ist heute in der ganzen Welt als Symbol der Christen bekannt, die sich nicht scheuen, ihre Liebe und Loyalität zu Jesus aus Nazareth offen zu bekennen. Inzwischen prangt auch auf meinem Zelt ein „N". Ich hatte Tränen in den Augen, als ich es aufmalte.

Heute hasse ich die IS-Kämpfer nicht mehr, sondern habe tiefes Mitleid mit diesen Menschen. Sie sind auf eine Lüge hereingefallen, die ihr Leben zerstört. Ich muss es wissen, denn ich gehörte früher selbst zum IS – und heute bete ich zusammen mit meiner neuen Familie Jesus an.

Wir gehören zusammen. Wir sind Christen aus Mosul.

7

Das Geheimnis des Geheimpolizisten

Ich hasse dich.

Mohammad Hadsch hoffte, dass der Mann, der da in der Tür stand, ihm diesen Gedanken von den Augen ablesen konnte. *Wenn ich könnte, würde ich dich töten. Ihr Christen verdient es, zu sterben und in die Hölle zu gehen, die auf euch wartet.* Mohammads Nachbarn unter den Flüchtlingen hatten ihn vor dem Christen Rami Mousa gewarnt; bald würde er kommen, hatten sie gesagt.

Der Mann, der sich als Rami vorstellte, trat unwillkürlich einen Schritt zurück, als Mohammad mit seinem hasserfüllten Blick hinter seiner stillen Frau erschien. Der große Mann, der eine weiße *Dischdascha* (knöchellanges, langärmeliges Gewand) und eine schwarze *Taqiyah* (bestickte Mütze) trug, sah die Angst in den Augen seines ungebetenen Besuchers. Die vielen Jahre als Geheimpolizist in Syrien hatten dem bärtigen Riesen einen sechsten Sinn für die Reaktionen der Menschen gegeben, mit denen er zusammentraf.

Der Ungläubige an der Tür murmelte ein paar Worte des Willkommens in Jordanien und reichte Mohammads Frau Manara zwei Tüten mit Lebensmitteln. Mohammad packte über die Schulter seiner Frau hinweg die Plane, die sie als Tür benutzten, und ließ sie zurückfallen, sodass sie die Türöffnung verschloss. Manara, die Tüten in den Armen, horchte auf Ramis leiser werdende Schritte, als er die Betontreppe vor der Wohnung hinunterstieg.

Eine Stunde später saß Rami wieder in der Sicherheit seiner eigenen Küche, dankbar, dass seine Frau bei ihm war.

„Wenn er gekonnt hätte, der hätte mich umgebracht." Rami starrte in die Teetasse auf dem Tisch vor ihm und schüttelte den Kopf. „Wenn der eine Waffe in die Hände kriegen könnte – ich wäre ein toter Mann."

Er sah seine Frau an. „Irgendjemand muss ihm gesagt haben, dass ich einer von den Bibelleuten bin, und dann ist bei ihm die Klappe runtergegangen. Alles andere war ihm egal, selbst dass ich ihm Lebensmittel für seine Familie gebracht habe."

Seit fünf Jahren schon arbeitete Rami Mousa unter syrischen Flüchtlingen in Nordjordanien. Er war Muslime gewohnt, die mit dem falschen Fuß zuerst aufgestanden waren, aber kaum jemand hatte ihn so aus der Fassung gebracht wie Mohammad.

„Schon bevor seine Frau öffnete, habe ich das Böse in ihm gespürt. Dann schaute er direkt in meine Seele hinein und sah meine Angst. Ich war wie erstarrt, Sarah. Und du weißt doch, wie ich mich in solchen Situationen sonst mit Bibelversen schütze. Diesmal konnte ich mich an keinen einzigen erinnern. Erst als er mir die Tür vor der Nase zugemacht hatte, kam mir die Stelle in den Sinn, die ich brauchte: ‚Der in euch ist, ist größer als der, der in der Welt ist.'

Als ich seine Wohnung suchte, sagte mir einer seiner Nachbarn, dass er vor seiner Flucht aus Damaskus beim Geheimdienst war." Rami hob die Tasse an den Mund. „Ich hoffe, ich sehe Mohammad Hadsch nie wieder."

Rami und seine Frau tranken mehrere Minuten schweigend ihren Tee, dann fuhr Rami fort: „Sarah, ich hab den ganzen letzten Monat nachgedacht und gebetet. Ich weiß nicht, ob wir mit dieser Arbeit nicht besser aufhören sollten." Er seufzte auf. „Ich meine, mit der Flüchtlingsarbeit. Jeden Tag hören wir eine neue Geschichte, die mir fast das Herz zerreißt. Und dir auch. Ich kriege Albträume davon, die sich richtig dämonisch anfühlen." Rami brach ab. Sein Blick wanderte zu Sarahs seidigem schwarzen Haar. „Du kriegst doch mit, wie wenig ich abends esse. Was ich tagsüber höre und sehe, nimmt mir den Appetit. Ich muss wohl an posttraumatischem Stress leiden oder so was."

Sarah legte behutsam die rechte Hand auf die Hand ihres Mannes. „Rami, mein Schatz, erst einmal können wir Gott dafür danken, dass wir in Jordanien leben und nicht versuchen müssen, unseren kleinen Yohanna in Syrien großzuziehen. Möge Gott es verhüten, dass der Krieg über die Grenze zu uns kommt. Kürzlich hörte ich, dass allein in Damaskus zweiundneunzig Bomben hochgegangen sind. Wie schaffen das die Menschen dort nur?"

Sarah nickte zu dem Kleinen hin, der neben ihnen auf dem Fußboden saß und spielte. „Übrigens: Heute hat Yohanna ein paar Mal zum Fenster rausgeguckt, um zu sehen, wo sein Papa ist."

Rami nahm den Einjährigen auf den Schoß und kitzelte ihn, sodass er vor Vergnügen quietschte. Der Junge, nach dem Apostel Johannes benannt, hatte die funkelnden braunen Augen seiner Mutter und die grenzenlose Energie seines Vaters. Rami ließ das lachende Kind los und Yohanna tapste in den Flur – ein deutliches Zeichen, dass er bereit war für das abendliche Versteckenspielen mit seinem Vater.

„Seit wann ist Mohammad Hadsch Ihr Freund?"

Salim Maschni stoppte Rami höflich, aber fest, als der Flüchtlingspastor am folgenden Morgen aus dem Mehrfamilienhaus trat, in dem er wohnte. Der jordanische Geheimdienstagent, der irgendwo in den Vierzigern war, stand draußen vor Ramis Küchenfenster, und der Kontrast zwischen

seinem frisch gereinigten schwarzen Anzug und der rotwei-
ßen *Kafiyah* (traditionelles arabisches Kopftuch) auf seinem
Kopf ließ ihn größer erscheinen als seine 1,78 Meter. In der
einen Hand diverse Blätter mit Notizen, zwischen den Lippen eine Zigarette, schaute er Rami gelassen an und wartete
auf eine Antwort.

*Seit diese Flüchtlingsströme über unsere Nordgrenze kommen,
scheint an jeder Ecke in Irbid jemand von der Geheimpolizei
zu stehen.* Rami schluckte seine Irritation herunter, bevor er
dem resoluten Geheimagenten antwortete. „Er ist *nicht* mein
Freund. Ich kenne ihn erst seit gestern. Er ist einfach einer von
diesen Flüchtlingen aus Syrien – einer von der fiesen Sorte."

Salim Maschni hakte irgendetwas auf seiner Liste ab. „Hat
er Ihnen etwas darüber gesagt, was für einen Beruf er in
Syrien hatte oder was er dort gemacht hat?"

„Nein. Er hat kein Wort zu mir gesagt. Seine Frau war
nett, aber er hat mich nur angestarrt. Aber einer seiner Nachbarn hat mir erzählt, dass Mohammad früher beim syrischen
Geheimdienst war. Fragen Sie mich nicht, warum er so eine
Position aufgegeben hat. Der Geheimdienst ist heute ja so
ziemlich die einzige Behörde von Baschar al-Assads Regime,
wo man noch einen sicheren Arbeitsplatz hat."

Salim Maschni trat von einem Bein auf das andere. Dann
zog er die Zigarette mit dem Daumen und zwei Fingern der
linken Hand aus dem Mund und drehte den Kopf in Ramis
Richtung. „Genau das fragen wir uns auch, Rami. Auch wir
finden es merkwürdig, dass er da weg ist." Er legte den Kopf
zurück und musterte Rami von oben bis unten. „Wir möchten, dass Sie ihn erneut besuchen. Es geht um die Sicherheit
unseres Landes. Einer der Gründe dafür, dass unser Hasche-
mitisches Königreich so stark und stabil ist, sind Bürger wie
Sie, Rami, die unsere Ohren sind."

Rami, der Informant. Rami war sich nicht sicher, ob der Gedanke ihm gefiel. „Und was möchten Sie über Hadsch wissen?"

„Vieles. Arbeitet er immer noch für Assad? Ist er nach Jordanien gekommen, um frische Zellen des IS auszuspionieren? Angesichts der ständigen Drohnenangriffe wäre es für den IS sicher einfacher, neue Mitglieder hier in Jordanien zu rekrutieren als in Syrien." Maschni hielt inne und überflog seine Liste, bevor er fortfuhr: „Oder ist er zum IS übergelaufen? Ich meine: Wie kann ein praktizierender sunnitischer Muslim weiter für Assad arbeiten? Das kommt mir komisch vor. Ist er vielleicht desertiert und deswegen auf der Flucht?"

„Mr Maschni." Rami hatte selbst ein paar Fragen. „Warum fragen Sie ihn das nicht einfach selbst? Warum möchten Sie, dass ich Ihnen helfe?"

Es war allerhand, was Rami da machte. Gewöhnlich waren es die Agenten der Geheimpolizei, die die Fragen stellten, und hier stand er und befragte einen jordanischen Geheimpolizisten über einen syrischen Geheimpolizisten!

Als das Gespräch zu Ende war, hatte der Mann vom Geheimdienst Ramis Neugier geweckt. Vielleicht war es doch keine schlechte Idee, Mohammad Hadsch wieder zu besuchen. Dem Geheimnis dieses ungemütlichen Flüchtlings aus Syrien auf die Spur zu kommen, hätte seinen Reiz.

Drei Monate vor seiner Flucht nach Jordanien hatte der fünfunddreißigjährige syrische Geheimpolizist vor der schwierigsten Entscheidung seines Lebens gestanden – und egal was Mohammad Hadsch wählen würde, es würde ihn wahrscheinlich das Leben kosten. Aber wie auch immer, Mohammad wusste, dass er nicht länger unter Präsident Baschar al-Assad dienen konnte. Nicht jetzt, wo die Brutalität des syrischen Regimes ihm so nah gerückt war. Sein guter Freund und Cousin Hassan Raschid hatte es nicht verdient zu sterben, geschweige denn so grausam.

Hassans Tod hatte Mohammads Urteil über Syriens „geliebten" Präsidenten für immer verändert. Hassan war ein ehrbarer sunnitischer Banker in Tartus gewesen. Er hatte die Herrschaft Assads den Alternativen vorgezogen, aber da er „gewisse Leute kannte", die nach Meinung der alawitischen Regierung womöglich Beziehungen zum IS hatten, betrachteten Assads Leute ihn als Sicherheitsrisiko, mit dem Ergebnis, dass Hassan Raschid von Assads Spezialisten beinahe zu Tode gefoltert und anschließend vor den Augen seiner Frau und Kinder enthauptet worden war.

Mohammad war also entschlossen gewesen, den *Mukhabarat* (die syrische Geheimpolizei) zu verlassen. Die Frage war nur: Wie? Mohammad fand, dass er nur zwei Optionen hatte: entweder zu fliehen oder sich dem IS anzuschließen, um gegen Assad zu kämpfen. Aber einfach flüchten war für Mohammad keine Alternative, was ihm nur eine Möglichkeit ließ. Bis er entdeckte, dass mehrere seiner guten Freunde Assad genauso hassten wie er.

„Wie stehen denn unsere Chancen, Baschar al-Assad zu ermorden?" Mohammad sah nacheinander die drei Männer an, die da auf dem Fußboden des schwach beleuchteten Kellerraumes am Rande von Aleppo saßen. Er schüttelte den Kopf. „Wir mögen Insider sein, aber ihr wisst so gut wie ich, dass nicht einmal wir nah genug an ihn herankommen können, um ihn zu töten. Das kann keiner. Nur seine Familie und der *innere Kreis* dürfen in seiner Nähe sein." Womit er den drei anderen gestandenen Mukhabarat-Agenten nichts Neues sagte.

„Seine sogenannten Auftritte in der Öffentlichkeit sind

alles inszenierte Veranstaltungen, bei denen Regierungsleute tapfer versuchen, wie normale Bürger auszusehen." Er hielt inne; die drei anderen nickten. „Aber es gibt noch andere Möglichkeiten, ihn zu stürzen."

Bisher hatte keiner der Männer im Raum die Brücken zu seinem Job abgebrochen. Denn sie hatten noch eine kleine Hoffnung, als Geheimdienstleute den Tod der Menschen, die ihnen lieb gewesen waren, zu rächen. Ihre Arbeit bot ihnen die nötige Tarnung, und wenn alles nach Plan lief, würde die Schmierenkomödie, in der sie da mitspielten, bald ein Ende haben. So dachten sie. Spätestens dann würde Assad, ja würde ganz Syrien die Namen der Männer kennen, die so treu für das Regime gearbeitet hatten.

Mohammad fuhr fort: „Ich denke seit Hassan Raschids Tod über diese Sache nach. Wir mögen nicht in der Lage sein, aus eigener Kraft Assad zu stürzen, aber wir können es hinkriegen, dass die internationalen Medien westliche Militärs bewegen, Assad zu beseitigen. Was den großen Vorteil für uns vier hätte, dass wir uns nicht dem IS anschließen müssten, um meinen Plan auszuführen. Sobald es überall in den Abendnachrichten kommt, was Assad dem syrischen Volk antut, werden Dutzende Länder Schlange stehen, um ihn loszuwerden. Alles, was wir tun müssen, ist, Beweisvideos über Assads Arsenal an chemischen Waffen zu liefern. Wir wissen, dass er Chlorgas, Sarin und Senfgas eingesetzt hat; wir haben es mit eigenen Augen gesehen! Im Prinzip weiß man das in der ganzen Welt natürlich auch schon, aber wir können *Beweise* liefern, vor denen das Ausland nicht länger die Augen verschließen kann. *Wir* sind der Schlüssel in dieser Sache."

Mohammads Zeigefinger beschrieb mit einem Halbkreis die Gruppe. „Wenn vier Geheimpolizisten, die für den Präsidenten gearbeitet haben, ihr Leben riskieren, um der Welt die

volle Wahrheit über Assads gnadenlosen Einsatz von Chemiewaffen gegen sein eigenes Volk zu sagen, und dazu eindeutige
Beweise liefern, wie kann er dann noch an der Macht bleiben? Die Regierungschefs der maßgebenden Länder der Welt
werden wie *ein* Mann aufstehen und Assad beseitigen, wenn
wir ihnen zeigen, wie viele schmutzige Waffen er hat und wie
ungeniert er sie einsetzt. Wir müssen nur die Arsenale finden. Ich glaube, dass sie etwas südlich von hier sind, vielleicht auch in dem großen Waffenlager westlich von Damaskus. Wir müssten bei der ganzen Sache keine einzige Patrone
abfeuern."

„Natürlich nicht! Die Kugeln würden alle in *unsere* Richtung fliegen!" Harkeem Barzani erhob sich abrupt. „Wir würden den Tag, an dem wir versuchten, diese Videos aufzuneh-
men, nicht überleben. Wie wollen wir auch nur in die Nähe
dieser Waffenlager kommen, geschweige denn sie filmen?
Dein Plan ist ein Traum und sonst nichts! Ist dir nicht klar,
dass jeder zweite frustrierte Regierungsbeamte wahrscheinlich
längst die gleiche Idee hatte? Ich mache da nicht mit, das ist
Wahnsinn!"

„Nein, es ist kein Wahnsinn!"

Die vier Männer drehten sich zu der Stimme hin. Omar
Nadschar trat in den Raum, und Mohammad und die beiden
Männer, die noch saßen, sprangen überrascht auf die Füße.

„Omar! Wir dachten, du wärst tot!" Mohammad starrte
den syrischen Kriegshelden an, der da neben der Kellertür
stand.

„Ja, das dachten alle." Omar Nadschar grinste. „Das ist
die Lieblingserklärung unserer Regierung, wenn der nächste
Offizier Herrn Assads Armee verlassen hat. Inzwischen ist das
ja die reinste Epidemie."

Er trat in den Kreis der vier. „Ich lebe und, Mohammad,

mir gefällt dein Plan. Darum bin ich gekommen. Als ich von Hassans Tod hörte, war mir klar, dass ihr nicht Däumchen drehen würdet. Ich hoffe doch, dass keiner von uns" – er lächelte in Hakeem Barzanis Richtung – „ernsthaft vorhat, weiter blind dem Wahnsinnigen in Damaskus zu folgen."

Barzani verzog das Gesicht und schaute zu Boden. Nadschar fuhr fort: „Der Grund dafür, dass dieser Plan funktionieren könnte, ist, dass wir alle fünf Assad jahrelang treu gedient haben. Uns wird man glauben." Nadschar hob triumphierend die Faust. „Es ist möglich; wir können an das Arsenal herankommen. Ich kenne zwei der Wächter dort und habe den Eindruck, dass sie, wie so viele andere, mehr als bereit sind, die Seiten zu wechseln."

Mohammads Augen wurden groß. „Du weißt, wo die chemischen Waffen versteckt sind?"

Omar lächelte und erwiderte langsam: „Ja-wohl. Und ich weiß auch, wo unser lieber Präsident gerade weitere chemische Waffen produziert – *jetzt in diesem Augenblick,* hier in Syrien."

Mohammads Lippen bildeten das Wort *Wow.* Mehrere Sekunden lang starrte er an Omars Schulter vorbei die Betonwand an. Seine drei Freunde standen stumm da, mit offenen Mündern.

Nachdem sie ihre nächsten Schritte besprochen und einander absolute Diskretion geschworen hatten, verließen die fünf Männer einer nach dem anderen für die nächste Stunde den Kellerraum.

„Manara, morgen fahre ich auf eine geheime Mission."

Mohammads dreiundzwanzigjährige Frau sah zu ihrem Mann hin. Der Teller mit Rührei, Tomaten und Favabohnen, den sie in der Hand hielt, schwebte über dem Herd.

„Kann sein, dass ich dabei ums Leben komme." Die dunkelhaarige Frau ließ Mohammads Lieblingsfrühstück auf die Herdplatte fallen.

„Was redest du da, Mohammad? *Du* bei einer geheimen Mission? Du bist doch beim Geheimdienst! Du gehst nicht auf geheime Missionen, du deckst sie auf!" Die erschrockene Frau ignorierte das verschüttete Frühstück, das auf dem Herd weiterbrutzelte, und starrte ihren Mann an.

„Nicht mehr." Mohammad sagte es leise. Er schaute in seine Tasse mit dem türkischen Kaffee. Dann fuhr er, ohne den Blick zu heben, leise, aber fest fort: „Als die Schergen unseres lieben Präsidenten meinen Cousin Hassan so grausam und ohne jeden Grund umgebracht haben, war bei mir die Grenze überschritten. Manara, ich hatte all die Jahre vor zu vielen Dingen die Augen verschlossen. Die grausame, ungerechte Art, wie unser sunnitisches Volk in diesem Land behandelt wird, hat mir das Herz zerrissen. Aber ich glaubte, dass Assad einfach der Einzige war, der dieses zerrissene Land zusammenhalten konnte."

Er sah zu seiner Frau hoch. „Nur deswegen bin ich geblieben und habe weiter für ihn gearbeitet. Wer sollte uns denn sonst führen? Der IS? Die Dschabhat al-Nusra? Ha! Die töten ihre eigenen Leute!" Er hob die Tasse an den Mund und nahm einen Schluck. „Aber seit Hassan tot ist, lasse ich mir mein Gehalt zahlen und warte – auf den richtigen Augenblick, um es Assad zu zeigen und ihn zu stürzen."

Mohammads Augen sprühten Feuer. Er wurde lauter, fast schrie er es: „Ich bin nicht mehr derselbe, Manara! Ich würde mich heute noch dem IS anschließen, wenn ich dadurch den Tod meines Cousins rächen könnte!"

Manara machte einen Schritt zurück, weg vom Herd und ihrem Mann. „Mohammad, nicht so laut! Was, wenn die

Nachbarn das hören ... Wer weiß, vielleicht ist unsere Wohnung sogar verwanzt."

Mohammad grinste höhnisch. „Davon gehe ich fast aus. Das wäre typisch für diesen Wahnsinnigen, dass der selbst uns abhört. Aber denk an meine Worte, Manara. Präsident Assad wird fallen. Er wird für das, was er mit Hassan gemacht hat, bezahlen."

Er stand auf, packte einen Arm seiner Frau und führte sie ins Badezimmer. Er lockerte seinen Griff und strich ihr beruhigend über die Hand. Dann flüsterte er: „Morgen ist es so weit, Manara, und das heißt: Ihr müsst hier weg. Pack eine kleine Tasche für jedes der Kinder. Ihr müsst sehr früh fort; ich habe für morgen früh um vier ein Auto bestellt. Ein paar Stunden später werden du und die Kinder an der jordanischen Grenze sein. Dort erwartet euch ein Freund, der euch rüberbringt. Ihr werdet keine Probleme haben und in Jordanien seid ihr in Sicherheit. Wenn alles gutgeht, rufe ich dich dann morgen Abend an, spätestens zum Abendessen."

„Aber, Mohammad, wer ist dieser ‚Freund'?" In Manaras Angst mischten sich Panikgefühle. „Wie heißt er? Woran erkenne ich ihn?"

„Es ist besser, wenn du keine Namen kennst, falls irgendjemand dir Fragen stellt. Ich habe es so arrangiert, dass ihr Nebenstraßen benutzt und durch so wenige Kontrollpunkte kommt wie möglich. Wenn die Grenzsoldaten dich fragen, wo du hinwillst und warum, sag ihnen, dass du ein Flüchtling bist. Ich werde bis dahin, so Allah will, in Sicherheit sein."

„Ein Flüchtling? Oh, Mohammad, nein!"

Mohammad drückte sachte die Lippen auf die seiner Frau und küsste sie, mehrere Sekunden lang. „Es tut mir leid, Manara, aber ich muss jetzt gehen. Ich fahre in Richtung Damaskus. Ich liebe dich, und wenn mein Plan funktioniert, werden wir bald wieder vereint sein, in Jordanien. Gib den Kindern einen Kuss von mir und sag ihnen, dass ich hoffe, sie bald wiederzusehen." Er blinzelte heftig. „Nein, sag ihnen, dass ihr Papa zu ihnen kommt, sobald er seine Reise beendet hat."

Er führte seine Frau, immer noch ihre Hand haltend, zurück in die Küche. Dort ließ er sie los, ging zur Hintertür und drehte sich kurz um. „Auf Wiedersehen, *Habibti.*"

Keine vierundzwanzig Stunden später gingen im dämmrigen Esszimmer eines leer stehenden Hauses am Rande von Damaskus die fünf Verschwörer ein letztes Mal ihren Plan zum Sturz von Präsident Baschar al-Assad von Syrien durch.

„Die ganze Sache wird eine Viertelstunde dauern, dann haben wir das Video." Omar Nadschar war sich seiner Sache sicher. „Ich habe die Telefonnummern mehrerer BBC-Korrespondenten, die ich anrufen werde, sobald wir da wieder weg sind. Aber als Erstes werden wir das Video ins Internet stellen, für den Fall, dass wir getötet werden, bevor ich anrufen kann. Das Video wird auf Facebook, Twitter und YouTube kommen, und dann wird die BBC seine Echtheit bestätigen. Wenn Baschar al-Assad bei seinem Frühstück sitzt, sind wir schon in Jordanien."

Mohammad gab ein paar Einzelheiten bekannt, die er und Omar in der Nacht besprochen hatten. „Vielleicht fragt ihr euch, wer die Seiten wechseln wird, damit wir an das Giftlager kommen. Nun, ihr habt die Auswahl! Wenn Assad wüsste, wie viele seiner Soldaten bereit sind, gegen ein kleines Bakschisch wegzugucken, säße er schon im nächsten Flugzeug nach Moskau. Und es gibt noch etwas, was ein großes Plus für uns ist."

Mohammad zeigte auf den syrischen Kriegshelden, der

neben ihm saß. „Omars Beliebtheit und guter Ruf. Die beiden Leute, die er anrief, waren genauso überrascht wie wir, als sie hörten, dass er lebt. Seine Freunde sind mehr als bereit zu helfen. Sie standen in seiner Schuld; das tun viele. Wir brauchten ihnen noch nicht einmal was zu zahlen.

Der Torwächter und einer vom unterirdischen Magazin werden mit uns zurückfahren. Ihre Familien haben das Land bereits verlassen."

Der syrische Offizier und der Geheimagent genossen diese letzten Minuten, in denen sie ihren Plan darlegten und jedem der Männer seine Aufgabe zuteilten. Mohammad schaute auf seine Uhr. Es war 3.15 Uhr, etwa drei Stunden vor Sonnenaufgang.

Omar erhob sich langsam, jedem der anderen in die Augen schauend. „Es ist so weit. Meine Herren, es ist Zeit, dass die Welt erfährt, wie es ist, in Syrien zu leben. Diese Waffen sind ohne Zweifel bei dem Giftgasangriff bei Zamalka[9] eingesetzt worden. Und ich glaube, dass Assad zurzeit dabei ist, Nervengas zu bunkern, für das ‚letzte Gefecht', wenn es denn dazu kommt. Bis jetzt sind über fünfhundert Menschen bei Assads Giftgasangriffen umgekommen, und die Welt schaut stumm zu. Doch nach dieser BBC-Dokumentation wird sich das ändern. Bald wird im ganzen Ausland niemand mehr so tun können als ob." Omar brach ab und holte tief Luft. „Also: Los geht's! Und denkt daran und vergesst es ja nicht: *Baschar al-Assad muss sterben!*"

Mohammad nickte feierlich und bedeutete den anderen, ihm zu folgen. Als Letzter ging Omar Nadschar durch die Hintertür nach draußen, wo ein großer Jeep vom Typ GAZ Tigr 4x4 auf sie wartete. Der mattgrüne russische Truppen-

---

[9] Ein Giftgasangriff in der Nähe von Damaskus am 21. August 2013.

transporter sah so aus wie Dutzende ähnlicher Fahrzeuge, denen sie auf ihrem Weg zur syrischen Militäranlage begegnen würden. Niemand würde Verdacht schöpfen, wenn der Jeep in die Anlage fuhr.

Omar drehte sich auf dem Fahrersitz um und zog aus einer Ablage einen kleinen Stapel syrischer Armeeuniformen heraus.

„Eine kleine Gefälligkeit für Omar?" Hakeem faltete lächelnd eine der Uniformen auseinander.

Omar strich sich über die Brust, nickte und erwiderte Hakeems Grinsen. Dann drehte er sich wieder nach vorne und legte den Gang ein. Mit einem lauten Rasseln des Getriebes setzte der Transporter sich in Bewegung.

Keine fünf Minuten später schauten die Männer im Wagen schweigend durch die winzigen Fenster nach draußen, wo die Lichter des direkt westlich der Altstadt gelegenen luxuriösen Palastes der Familie Assad die Dunkelheit erhellten.

„Baschar al-Assad lagert die schmutzigen Bomben so nahe an seinem Palast wie möglich, wegen der Unsicherheit in anderen Gegenden des Landes. Er lässt sie nicht aus den Augen." Omar klang wie ein Reiseführer, der einem Bus voller Touristen die Sehenswürdigkeiten draußen beschreibt. „Es ist natürlich gefährlich, sie so nah am Palast zu haben, aber wer weiß schon, wo die Assads wann sind? Asma und die Kinder sind sehr wahrscheinlich sowieso außer Landes."

Der GAZ kam an der ersten Kontrolle zum Stehen. Ein Wächter erschien an Omars Fenster. „Alles in Ordnung hier. Bis bald, Omar."

Omar beschleunigte langsam und rollte auf das Militärgelände. Knapp zehn Meter entfernt von einem kleinen Gebäude, das – wie Omar den anderen erklärt hatte – als Tarnung für das riesige unterirdische Munitionslager diente, hielt

179

er an. Er zog die Handbremse an, schaltete aber den Motor nicht aus. Bevor er und Mohammad die beiden vorderen Türen öffnen konnten, knallten Schüsse los, und die fünf Männer in dem GAZ hörten das Hämmern von Kugeln auf der Panzerung des Wagens.

„Hinterhalt!", schrie Mohammad. Er tauchte unter das Armaturenbrett. Draußen kam ein Dutzend syrischer Soldaten mit feuernden Waffen aus dem Gebäude herausgerannt. Omar ließ den Motor aufheulen, duckte sich, so tief es ging, und schoss auf drei der Soldaten zu, dass sie das Feuer einstellten und hastig zur Seite sprangen.

Mit quietschenden Reifen wendete Omar den Transporter. Die Windschutzscheibe zerbarst unter einem wahren Kugelhagel. Weitere Salven von den Seiten trommelten auf die Panzerung und zerfetzten die übrigen Fenster. Omar raste mit Vollgas zurück zum Tor, aber schaltete in den Leerlauf, als der Wagen zum Kontrollpunkt kam. Hakeem riss die hintere Tür auf, und der Wächter, der sie hereingelassen hatte, hechtete in den Wagen. Unverletzt, aber vor Angst zitternd legte er sich flach auf den Boden und bedeckte den Kopf mit seinen Armen. Omar trat das Gaspedal durch, sodass Hakeem nach hinten kippte; er fing sich wieder, langte nach der Tür und zog sie wieder zu.

Ein fluchender Omar lenkte den GAZ in rasendem Tempo durch die östlichen Randbezirke von Damaskus. Nach ein paar Minuten rief er aus: „Baschar al-Assad lebt immer noch!" Seine Augen glühten. „Aber eines Tages … eines Tages …" Er schüttelte den Kopf.

Der Fahrtwind, der durch die Reste der Windschutzscheibe kam, toste in den Ohren der jetzt sechs Männer. Man schwieg. Südlich von Damaskus brauste der Wagen mehrere Kilometer die M5 entlang, die in der frühen Morgendämme-

180

rung noch ziemlich leer war, dann bog er nach Osten ab, auf irgendeine Nebenstraße. Omar drosselte das Tempo, damit der fensterlose GAZ mit seinen zersiebt aussehenden Seiten nicht unnötig Aufmerksamkeit auf sich zog, dann drehte er den Kopf, die Augen weiter auf die Straße gerichtet, etwas zur Seite, um zu seinen Passagieren zu sprechen.

„Abseits der Hauptstraße ist es leichter unterzutauchen, aber die Fahrt zur Grenze wird ein bisschen holprig sein. Ich kenne ein paar Nebenstrecken durch die Drusendörfer, wo uns keiner sehen wird. Sobald wir in der Nähe des Grenzübergangs Dar'a sind, verlassen wir den Wagen, trennen uns und gehen einzeln über die Grenze." Er brach ab, seine Stimme wurde müde. „Ich hätte es wissen müssen, dass irgendjemand nicht dichthalten würde."

Drei Monate nach dem gescheiterten Versuch, der Weltöffentlichkeit Assads Chemiewaffen zu zeigen, spähte Mohammad Hadsch durch ein Loch in der Plane, die als Tür der armseligen Wohnung diente, die er und Manara jetzt in Jordanien ihr „Zuhause" nannten. Sein Magen verknotete sich und er verzog höhnisch den Mund, als er den sichtlich nervösen Besucher erkannte, der draußen stand. Rami Mousa. Mohammad spürte, wie der Hass wieder in ihm hochstieg.

Manara schob den Arm an Mohammad vorbei und zog die Plane zur Seite.

Rami versuchte tapfer zu lächeln. „Es hat diese Woche so viele Spenden gegeben, dass ein extra Huhn dabei ist."

Manara schob sich vor ihren Mann, der Rami drohenden Blickes fixierte. Sie warf ihrem sturen Mann einen missbilligenden Blick zu, dann drehte sie sich zu Rami und lächelte ihn an.

„*Schukran*, danke, Rami! Danke für all die Lebensmittel.

Ich hätte nie gedacht, dass man als Flüchtling glatt ein paar Pfund zunehmen kann! Wir sind alle dankbar, nicht, Mohammad?"

Mohammad tat, als habe er seine Frau nicht gehört. Die fuhr unverdrossen fort: „Vielleicht bringen Sie das nächste Mal Ihre Frau mit?"

Rami, der weiter matt lächelte, nickte langsam. „Ja. Das wäre schön."

Später saßen Rami und Sarah wieder am Küchentisch und tranken Eistee, während Rami seinem Herzen Luft machte. Sarah schob einen Teller mit den Lieblingssüßigkeiten ihres Mannes über den Tisch. Der kleine Yohanna, der auf dem Schoß seines Vaters lag, bewegte sich im Schlaf, als Rami zwei Schokoriegel vom Teller nahm und auf den Tisch legte.

„Der Mann muss von Dämonen besessen sein, Sarah! In seinen Augen brennt ein Hass, den ich so noch nirgendwo gesehen habe." Rami riss das Papier vom ersten Riegel ab. „Aber ich werde mir nicht vom Feind Angst machen lassen. Der *Satan* ist mein Feind, nicht Mohammad, und diesmal war mir zwar auch unbehaglich zumute, aber ich spürte die Gegenwart unseres Herrn; er umgab mich von allen Seiten." Er biss in den Schokoriegel und sah nachdenklich seine Frau an. „Der Mann tut mir leid, Sarah ... Betest du bitte mit mir für ihn?"

Sarah nickte. „Na klar."

Rami nahm die Hand seiner Frau. „Jesus, wir beten für Mohammad. Und für Manara, die ihn jeden Tag ertragen muss. Aus irgendeinem Grund hast du ihn in unser Leben gebracht und wir wissen, dass für dich nichts zu schwer ist, Herr. Bitte hilf uns, den beiden zu helfen."

Am nächsten Morgen erschreckte das Klingeln von Ramis Mobiltelefon das Paar und den kleinen Yohanna, der zwischen ihnen schlief. Rami schaute auf die Uhr. Es war 6 Uhr morgens. Er hatte sich kaum gemeldet, als der Mann am anderen Ende der Leitung loslegte.

„Rami! Hier Mohammad Hadsch. Du hast uns gestern Lebensmittel gebracht. Erinnerst du dich an mich?"

„Ja, doch, Mohammad, sicher." Rami zog eine Augenbraue hoch und linste zu seiner Frau hin. Die runzelte die Stirn. Ihre Lippen formten die Frage: „Mohammad?"

„Rami, Manara ist gestern Abend die Treppe runtergefallen und hat sich das Bein gebrochen. Sie hat die ganze Nacht vor Schmerzen geweint. Wir haben kein Geld und ich bin nicht als Flüchtling anerkannt. Ich weiß nicht, was ich machen soll. Rami, du bist der einzige Freund, den ich habe."

Rami rutschte vom Bett und setzte sich halb benommen auf den Boden. Hatte Mohammed wirklich gerade „Freund" zu ihm gesagt?

Sarah nahm den Jungen und setzte sich zu ihrem Mann auf den Fußboden. Dann sprach Rami wieder und es war an ihr, schockiert zu sein. „Ich komme, so schnell ich kann."

Rami schaltete das Handy aus und sah Sarah an. „Ich muss ins Krankenhaus fahren. Mohammad braucht mich."

„Mohammad Hadsch?" Sarah konnte es nicht fassen, wer sie da so früh am Morgen angerufen hatte.

„Ja! Seine Frau hat sich bei einem Sturz verletzt, er braucht meine Hilfe." Er schaute Sarah ungläubig an. „Er hat gesagt, ich bin sein einziger Freund!" Rami lachte. „Wenn er seine Freunde so behandelt, dann möchte ich nicht sein Feind sein." Er zog seine Frau an sich und küsste sie auf die Stirn.

„Die Operation wird 1500 Dollar kosten."

Die Schwester an der Rezeption des Universitätskrankenhauses König-Abdullah-II. in Irbid war eisern. Rami mobilisierte seine besten Argumente, um zu zeigen, dass der Preis überzogen war, doch die Dame war keine fliegende Händlerin, die Souvenirs an Touristen verkaufte. Die Klinik hatte ihre festen Preise, basta.

Rami zahlte wohl oder übel die Rechnung für die Behandlung in der Notaufnahme und schickte ein stummes Gebet zum Himmel für die wesentlich höhere Summe, die er brauchen würde, um Manaras Operation am nächsten Tag zu bezahlen. Dann ging er durch das Foyer und setzte sich neben das bedrückte Paar. Manara liefen stumme Tränen über die Wange; sie hielt den Kopf gesenkt.

„Manara, hab keine Angst." Rami fand, dass es Zeit war, seinen Glauben offener zu zeigen. „Gott ist ja auch noch da. Er wird für euch sorgen. Sarah und ich beten für euch beide. Wir konnten die letzte Nacht kaum schlafen. Schon bevor ihr angerufen habt, mussten wir dauernd an euch und eure Familie denken."

Er sah Mohammad an. „Wir fahren Manara jetzt erst mal zurück in eure Wohnung. Sarah wird einen Eimer Eis und ein paar Schmerztabletten rüberbringen. Aber bevor wir fahren, muss ich jemanden anrufen."

In dem Augenblick, als Rami nach seinem Handy griff, leuchtete das Display auf. Er erkannte die Nummer sofort. Musste die Geheimpolizei ihn ausgerechnet jetzt anrufen?

„Ja, Mr Maschni, was kann ich für Sie tun?"

Salim Maschni hüstelte kurz seinen Raucherschleim ab, dann sagte er: „Rami, halten Sie Abstand von Mohammad Hadsch! Wir haben Grund zu der Annahme, dass er in ein Komplott zur Vorbereitung einer Welle von Terrorangriffen in Jordanien verwickelt ist. Kann sein, dass er in Syrien zur Geheimpolizei gehörte, aber jetzt ist er ein Vollmitglied des IS." Er räusperte sich wieder. „Sie sind zusammen mit ihm im Krankenhaus gesehen worden und wir hätten ein paar Fragen an Sie. Ich komme heute Abend bei Ihnen vorbei, Rami."

Rami, der wusste, dass er sich schlecht weigern konnte, sagte höflich zu, und man beendete das Gespräch. Während Mohammad seine Frau in einem Rollstuhl zum Ausgang schob, wählte Rami eine Telefonnummer in den USA.

Mohammad schob sich mit einiger Mühe auf die Rückbank von Ramis Toyota Baujahr 2001. Rami stellte die Rückenlehne des Beifahrersitzes so flach wie möglich, sodass Manaras Kopf neben Mohammads Knie zu liegen kam. Der beugte sich zu ihr und küsste sie auf die Stirn.

Rami, der neben der offenen Fahrertür stand, beendete seinen Anruf und setzte sich auf den Fahrersitz. Er lächelte seine Mitfahrerin an.

„Manara, du wirst morgen früh operiert, wie geplant. Ich habe gerade mit meiner Freundin Hanna gesprochen. Sie leitet in Amerika eine Arbeit unter muslimischen Frauen. Sie ist eine Frau Gottes mit einem großen Herzen und wird in den nächsten Minuten das Geld für die Operation auf mein Konto überweisen. Die Operation wird euch keinen Cent kosten."

„Wohnt Hanna in Detroit?", fragte Manara leise. „Ich habe gehört, dass dort viele Muslime wohnen. Arbeitet sie dort in einer Moschee?"

Rami sah das Fragezeichen in Manaras Augen. Sie fuhr fort: „Ich kann das einfach nicht glauben. Wie kann sie mir helfen, wenn sie mich doch gar nicht kennt?"

Rami schickte ein Gebet für die richtigen Worte zum Himmel, dann antwortete er: „Nein. Hanna wohnt nicht in Detroit und sie ist auch keine Muslimin. Sie wohnt in Dallas in Texas." Er hielt inne. Er fühlte sich plötzlich fast so nervös wie am Tag zuvor, als er vor der Tür der Hadschs gestanden hatte. „Sie ... Hanna ... folgt Jesus nach."

Manara und Mohammad schienen Mühe zu haben, die Worte zu verstehen. Rami blickte von Manara zu ihrem Mann. Beide schwiegen.

Dann brach Manaras Stimme das Schweigen. „Rami, könntest du sie bitte noch einmal anrufen?"

„Doch, schon, aber warum?"

„Ich möchte, dass du ihr meinen Dank ausrichtest." Manara schaute kurz zu Mohammad hin, dann wieder zu Rami. „Bitte danke meiner neuen amerikanischen Freundin."

Manara schlug die Hände vors Gesicht und begann zu schluchzen, aber nicht wegen der Schmerzen in ihrem gebrochenen Bein.

„Möchten Sie noch eine Tasse Tee, Mr Maschni?"

Der Vertreter der jordanischen Geheimpolizei schaute kurz zu Sarah Mousa hin. Er musste sich zwingen, Ramis schöne Frau im dunkelroten, bodenlangen Gewand, die neben seinem Stuhl im Wohnzimmer der Mousas zu schweben schien, nicht anzustarren.

„Ja, bitte." Maschni räusperte sich. „Und ein paar von diesen Plätzchen würde ich auch noch nehmen." Er hatte offensichtlich nicht so bald vor zu gehen.

Rami ging er nur noch auf die Nerven, wenn er zum x-ten Male die gleiche Frage stellte. Wahrscheinlich spekulierte sein Gast darauf, dass er sich in Widersprüche verstricken würde. Gut, dass es nicht zu Widersprüchen kam, wenn jemand schlicht die Wahrheit sagte und nichts zu verbergen hatte. Rami versuchte, sich seinen Ärger nicht anmerken zu lassen.

„Ich habe wirklich nicht den Eindruck, dass Mohammad Hadsch eine Bedrohung für die jordanische Regierung ist, Mr

186

Maschni. Früher glaubte ich das auch, aber jetzt nicht mehr."
Rami hoffte, dass Salim Maschni ihm diese Erklärung abnehmen würde. Und dass er endlich gehen würde.

„Das werden wir sehen." Ramis Plädoyer für Mohammad Hadsch schien den Agenten der Geheimpolizei kalt zu lassen. Er aß einen zweiten Teller mit Süßigkeiten auf und trank zwei weitere Tassen Tee. Es war fast Mitternacht, als er endlich in sein Auto stieg und davonbrauste.

Zwei Tage nach Ramis abendfüllender Befragung durch Salim Maschni und einen Tag nach Manara Hadschs Operation schob Mohammad den Rollstuhl seiner Frau in eines der Untersuchungszimmer von Dr. Abdul Aziz.

„Es tut mir leid, aber es hat bei der Operation Komplikationen gegeben." Die Stimme des Arztes klang höflich. „Sie ist leider nicht ganz so verlaufen, wie wir gehofft hatten." Er schaute auf den Fußboden. „Es kann sein, dass es nicht besser, sondern noch schlechter geworden ist mit dem Bein Ihrer Frau."

Der Chirurg machte eine Pause, damit das Paar die Nachricht verdauen konnte. Mohammad und Manara musterten ihn mehrere Augenblicke, bevor der Arzt seinen Blick wieder hob und fortfuhr: „Manara, Sie müssen sich noch einmal operieren lassen – diesmal von einem Spezialisten, den wir hier im König-Abdullah-Krankenhaus nicht haben. Aber ich kenne eine Privatklinik, die Ihnen helfen kann. Ich werde veranlassen, dass Sie dort einen Termin bekommen." Der Arzt nickte höflich, drehte sich um und ging zur Tür des Untersuchungszimmers. Das Gespräch war zu Ende.

Als Dr. Aziz zur Tür hinaus war, klingelte Hadschs' Mobiltelefon. Es war Rami.

„Mohammad!" Ramis Stimme klang ganz begeistert. „Ich hab gerade gesehen, dass ihr beide nicht in eurer Wohnung seid. Die Treppe ist übrigens echt tückisch; ich stehe gerade auf ihr und wäre um ein Haar selbst gestürzt.

Gott hat euch wieder auf mein Herz gelegt und mir gesagt, dass ich euch anrufen soll. Also: Macht euch keine Sorgen wegen der nächsten Operation. Gott lässt euch nicht im Stich. Das Geld wird bald unterwegs sein!"

Mohammad presste das Handy an seine Wange, zu perplex, um zu antworten.

„Mohammad?"

„Rami, woher wusstest du, dass Manara noch eine Operation braucht? Hast du mit ihrem Arzt gesprochen?" Mohammad legte die freie Hand auf Manaras Schulter. „Wir wissen das erst seit buchstäblich ein paar Minuten."

Manara sah fragend zu ihrem Mann hoch.

Rami holte Luft, dann wagte er den Sprung ins kalte Wasser. „Nein, ich habe nicht mit dem Arzt gesprochen. Aber gestern Abend, als Sarah und ich für Manara beteten, da … tja, da hat Jesus uns das gesagt. Daher wissen wir das."

Mohammad hörte zu, sprachlos.

„Nehmt kein Taxi. Ich bin schon unterwegs, um euch abzuholen!"

Mohammad Hadsch schaltete sein Handy aus und setzte sich neben dem Untersuchungstisch auf einen Stuhl. Er seufzte tief auf. „Manara, jetzt war ich fünfzehn Jahre lang Geheimpolizist in Syrien, aber dieser Rami … Es ist gerade so, als ob er uns verwanzt hat und auf Schritt und Tritt folgt. Alles, was er sagt und tut, hat ein perfektes Timing. Ich weiß nicht, wie der das hinkriegt."

Das Paar saß ein paar Augenblicke schweigend da. Dann öffnete Mohammad die Tür und schob Manara durch den Warteraum. Als sie den Ausgang erreichten, fuhr draußen gerade Ramis Toyota vor.

Mohammad entfuhr ein überraschter Lacher. „Siehst du, was ich meine, Manara? Da ist er schon!"

Manara konnte schon wieder gehen, als Rami und Sarah eine Gruppe amerikanischer Missionare in Jordanien willkommen hießen. Während sie zu ihrem Begrüßungsfrühstück beisammensaßen, war das Erste, was Rami den Gästen erzählte, die Geschichte von dem bärbeißigen Geheimpolizisten aus Syrien.

„Der beängstigendste Mann, den ich jetzt erlebt habe – und das will in Jordanien etwas heißen! Aber es ist toll, wie der Herr unsere Beziehung umgedreht hat; jetzt sind wir die besten Freunde. Ich habe ihm übrigens gesagt, dass ihr kommt, und er würde euch gerne mal kennenlernen. Manara hinkt noch etwas, aber sie ist schmerzfrei und dürfte bald voll wiederhergestellt sein, dank der zweiten Operation. Mohammad möchte euch gerne persönlich dafür danken, dass ihr die Operationen möglich gemacht habt.

Aber: Das Thema ‚Jesus' sollten wir beim ersten Besuch vielleicht besser noch nicht ansprechen. Ich habe das vor zwei Monaten mal versucht und prompt kam der alte Mohammad wieder zum Vorschein; er hat mich angestarrt wie das erste Mal, als ich ihn sah. Er ist ein tief gläubiger sunnitischer Muslim und er ist einfach noch nicht bereit. Ich bete darum, dass er eines Tages bereit sein wird, aber noch ist es nicht so weit."

Nach dem Frühstück und einem Blitzkurs zum Thema „jordanische Sitten und Gebräuche" stiegen Patrick, Lisa und Rami in Ramis Toyota. Ein paar Minuten später stiegen sie die Betontreppe hinauf, auf der Manara verunglückt war, sorgfältig den Armierungsstäben ausweichend, die aus den Stufen herausragten.

Patrick lachte. „Das muss ja jetzt ein richtiger Rollentausch für dich sein, Rami! Wir besuchen einen Geheimpolizisten in *seiner* Wohnung." Er beschrieb mit seiner Hand einen Halbkreis. „Falls man das hier ‚Wohnung' nennen kann. Eine Bauruine ist das und sonst nichts! Noch nicht mal Fenster und Türen gibt es hier."

Die drei Besucher traten hintereinander auf einen staubigen Treppenabsatz. Patrick und Lisa folgten Rami zu einer schäbigen Plane, die in einer der Türöffnungen hing.

Manara zog die improvisierte Tür beiseite und hieß ihre amerikanischen Gäste willkommen. Drinnen erhob sich Mohammad vom Fußboden, langsam und würdevoll wie ein Beduinenscheich.

Mohammad war der Erste, der sprach. „Ich möchte Ihnen danken für das, was Sie für Manara getan haben." Er machte eine Pause, während Rami für die Gäste übersetzte. „Ihre Großzügigkeit hat uns sehr überrascht und ich danke auch Rami, dass er Sie kontaktiert hat." Er nickte zu ihrem Übersetzer hin. „Ich habe mein ganzes bisheriges Leben in Syrien verbracht und die Amerikaner waren – wie soll ich sagen – nie die besten Freunde unseres Landes."

„Ich weiß, was Sie meinen, Mohammad!", erwiderte Patrick rasch. Rami übersetzte wieder. „Wie wahrscheinlich ist es, dass zwei Amerikaner eine syrische Familie kennenlernen, die mitten im Krieg aus ihrem Land geflohen ist? Aber eigentlich sind *wir* es, die gesegnet worden sind – durch *Sie*. Wir haben für Sie gebetet, und als wir hörten, dass Manara wieder laufen kann, waren wir überglücklich.

Ich kann mir vorstellen, dass das letzte Jahr das schwerste Ihres Lebens war, und es tut mir leid, was Ihre Familie alles durchgemacht hat. Können Sie uns erzählen, wie Sie es geschafft haben, nach Jordanien zu kommen? Mit drei Kindern muss das ja ein echtes Abenteuer gewesen sein."

Mohammad bot den Besuchern Sitzkissen an, und fast eine Stunde lang schilderten er und Manara das Elend des Lebens in Syrien; sie endeten mit Hassan Raschids unglaublich brutalem Tod. Danach spürten alle, dass es Zeit war, das Thema zu wechseln.

„Lisa hat eine Geschichte für Sie." Patrick legte sein Sitzkissen zurecht und sah seine Begleiterin an.

Rami war überrascht. Was würde jetzt kommen? Aber er konnte es sich fast denken. Lisa, ebenfalls überrascht, nahm ihren Mut zusammen und begann die Geschichte, die sie am gleichen Morgen mit dem Team eingeübt hatte. Damals hatte sie noch nicht geahnt, dass sie sie so bald vor Fremden erzählen würde.

„Also, es ist eine wahre Geschichte aus dem Wort Gottes – der Bibel. Eines Tages saßen Jesus und seine Jünger in einem Boot ..."

Und sie erzählte die Geschichte von der Stillung des Sturms. Als sie fertig war, fragte sie die Gastgeber, was ihnen an der Geschichte gefallen hatte.

Mohammad Hadsch dachte nach, dann sagte er, langsam und nachdenklich: „Nun, Jesus merkte, dass die Männer, die da bei ihm waren, dem Sturm hilflos gegenüberstanden. Das erinnert mich an *unsere* Geschichte."

Es folgte ein fünfzehnminütiger Gedankenaustausch zwischen Lisa und dem muslimischen Paar. Dann sagte Patrick: „Lisa hat noch eine andere Geschichte!"

Lisa lachte leise. „Ja, das ist eine zweite wahre Geschichte aus Gottes Wort. An einem anderen Tag war Jesus in einer großen Menschenmenge, als plötzlich eine Frau, die Blutungen hatte, den Saum seines Gewandes berührte ..."

Mohammad und Manara sogen Lisas Worte förmlich ein. Patrick hatte den Eindruck, dass sie drauf und dran waren, aufzuspringen vor Begeisterung. Er sagte: „Mohammad, Sie und Manara mögen diese Geschichten, oder?"

„Und ob, Patrick!" Mohammad griff unter sein Kissen. Als er seine Hand wieder hervorzog, fiel Rami der Unterkiefer herunter.

„Wir lieben diese Geschichten." Mohammad hielt eine grüne Taschenbuchausgabe des Neuen Testamentes hoch. „Weil wir nämlich die letzten Wochen jeden Abend vor dem Schlafengehen in der Bibel lesen."

Er erklärte: „Dieses Buch haben wir in der zweiten Klinik von einer Frau namens Jen bekommen, etwa vor einem Monat. Sie sagte mir, dass dies das wichtigste Buch sei, das je geschrieben worden ist, und so haben wir noch am selben Abend angefangen, es zu lesen."

„Gut, wir haben Ihnen jetzt Gottes Geschichten erzählt, und Sie haben sie auch selbst gelesen. Aber jetzt möchte ich Ihnen *meine* Geschichte erzählen." Patrick lächelte aufgeregt. „Ich hatte vor Jahren die Sache mit der Religion aufgegeben. Ich war ein sehr religiöser Mensch, aber es ging nicht mehr – zu viele Regeln, Gebote und Verbote. Es waren so viele, dass ich es nie schaffte, mir alle zu merken. Dauernd vergaß ich irgendetwas und dann klappte es wieder nicht mit meiner Religion.

Aber dann erkannte ich eines Tages, dass meine jahrelangen Versuche, alle Regeln zu befolgen, mich ja kein Stückchen näher zu Gott gebracht hatten. Mein Herz war leer!"

Mohammad und Manara schauten sich an, sichtlich verblüfft.

„Die Religion war eine Sackgasse für mich. Und so habe ich stattdessen mein Leben Jesus anvertraut und angefangen, ihm nachzufolgen. Und da wurde alles anders und ich konnte endlich leben – wirklich leben."

Mohammad Hadsch lächelte seine Frau an und nahm ihre Hand. Sie erwiderte sein Lächeln, während er voller Freude ausrief: „Das ist das, was wir unser ganzes Leben lang gesucht haben!" Er schloss die Augen und hob sein Gesicht zur Decke hoch. „Es ist Jesus – stimmt's? Er ist es, den wir gesucht haben, ich wusste es doch!" Er öffnete die Augen wieder und sah erst Lisa an, dann Patrick. „Ich habe sogar Träume von ihm gehabt!"

Rami Mousa sprang auf, sah seinen neuen syrischen Freund an und rief laut: „Ja, Mohammad! Es ist Jesus!"

Eine Botschaft von Mohammad

Früher war ich ein Geheimpolizist in Syrien; jetzt bin ich ein heimlicher Christ in Jordanien.

Bevor ich Rami kennenlernte, hatte mein Leben nur ein Thema: Rache. Mein größter Wunsch war es, Baschar al-Assad zu töten. Jahrelang hatte ich treu in der Geheimpolizei gedient und versucht, jeden Aufstand zu ersticken, bevor er losbrach. Ich wusste alles über jeden in meiner geliebten Heimatstadt Tartus. Ich sprengte sogar geheime Versammlungen christlicher Gruppen und das Verhör von Christen gehörte zu meinem Alltag.

Einmal kam ich dazu, als eine Untergrundgemeinde gerade das Abendmahl feierte. Ich hasste die Christen, aber sie taten mir auch leid, weil sie ja eines Tages zur Hölle fahren würden. Auch Rami habe ich bedauert – und gehasst. Aber niemanden hasste ich so sehr wie Assad.

Wie konnte ich die Brutalität unseres Präsidenten so lange übersehen? Als Alawit behandelte er meine Leute – die Sunniten – jahrelang mit Verachtung und unsagbarer Grausamkeit.

Dazu kommt noch das, was sein Vater – Hafez al-Assad – mit den Sunniten gemacht hatte. Mit dem Mord an meinem besten Freund, Hassan, war das Maß voll.

Ich weiß nicht, was aus Omar, Hakeem und den anderen geworden ist nach unserem gescheiterten Plan, Assad zu stürzen. Ich weiß auch nicht, ob der Wächter im Arsenal seine Haut hat retten können. Seit wir über die jordanische Grenze gegangen sind, habe ich keinen von ihnen wiedergesehen.

Heute sehe ich natürlich: Es gehörte zu Gottes Willen für mein Leben, dass ich nach Jordanien kam. Und auch, dass Manara ihren Unfall hatte. Damals merkte ich, dass Rami uns half, weil wir ihm nicht egal waren.

Gott versetzte mir einen Schock nach dem anderen. Dass Christen aus Amerika, die ich noch nie gesehen hatte, nicht nur eine, sondern gleich zwei Operationen bezahlten, war unglaublich. Ich kann mich nicht erinnern, in Syrien auch nur eine einzige gute Geschichte über die Amerikaner gehört zu haben. Amerika, das war in den offiziellen Medien immer „das Reich des Bösen".

Heute ist mein ganzer Hass weg. Jesus hat mir ein neues Herz gegeben. Früher war ich ein stolzer syrischer Geheimpolizist, mit dem man sich besser nicht anlegte. Jetzt bin ich ein einfacher Flüchtling wie Millionen andere. Aber das musste so geschehen, damit Gott mich erreichen konnte. Er hat meinen Groll weggenommen und mir vergeben. Selbst Baschar al-Assad hasse ich nicht mehr, sondern er tut mir leid und ich bete, dass er eines Tages Jesus findet. Ich bete auch für mein Volk und bitte Gott, diesem elenden Krieg ein Ende zu machen. Und dass die chemischen Waffen vernichtet werden, bevor jemand sie wieder einsetzen kann.

Zurzeit gehe ich zu Rami in die Jüngerschule. Ich werde ihm und Sarah nie genug danken können für ihre Liebe und

Fürsorge. Rami ist einer der mutigsten Christen, die ich kenne. Er bleibt hier und hilft den Menschen, obwohl sein Leben in Gefahr ist, weil er sich so offen zu Jesus bekennt. Er ist mehrfach verhört und bedroht worden. Salim Maschni lässt ihn nicht aus den Augen. Er beschattet auch mich. Wie verrückt – heute werde *ich* von der Geheimpolizei observiert!

Manara und ich haben beschlossen, die Regie unseres Lebens ganz in die Hände unseres Erlösers Jesus zu legen. Manche von Ihnen lieben Jesus wahrscheinlich schon viel länger als wir – aber haben Sie bereits diesen wichtigen Schritt getan und alles, was Sie haben, ihm gegeben?

Vor Kurzem bekamen wir wieder Besuch von Patrick. Diesmal brachte er seine Frau Hanna und deren Freundin Ruth mit, dazu wieder Lisa. Diese drei Frauen Gottes hatten uns das Geld für Manaras Operationen geschickt und wir wollten ihnen persönlich danken. Bei dieser Gelegenheit stellte ich Patrick ein paar Fragen:

„Jesus spricht davon, von unserem Besitz abzugeben. Ich glaube, das Wort heißt ‚den Zehnten geben‘. Aber wir sind syrische Flüchtlinge, die in Jordanien kein Geld verdienen dürfen. Können wir dann einen Teil der Kleiderspenden, die wir bekommen haben, an Menschen weitergeben, die sie noch nötiger brauchen? Und wenn wir diese Essenspakete bekommen, können wir dann einen Teil davon an andere bedürftige Flüchtlinge weitergeben? Glauben Sie, dass Jesus das okay findet?"

Ich war erleichtert, als Patrick mir antwortete, dass ich das mit dem Abgeben begriffen hatte und dass Jesus meine Idee gut fand.

Wir wissen nicht, wo wir einmal wohnen werden oder was Gottes Wille für uns ist. Als Flüchtlinge haben wir nur wenige Rechte. Aber das bedrückt mich nicht. Ich möchte dort, wo Jesus mich hier in Jordanien hingestellt hat, treu sein. Ich weiß, dass es meine große Aufgabe ist, die Menschen in Syrien – das Volk meiner Heimat – zu erreichen. Wie ich mich danach sehne, dass auch sie frei werden! Selbst mitten im Krieg und im scheinbar unauslöschlichen Feuer des Hasses können die Menschen in Jesus frei werden.

Wenn Gott uns die Tür dafür öffnet, zurück in unser Land zu gehen, werde ich dort ein gejagter Mann sein. Als ehemaliger Geheimpolizist werde ich auf der schwarzen Liste der gegenwärtigen Geheimpolizei ganz oben stehen! Aber ich möchte so gerne, dass die Menschen in Syrien erkennen: Die Antwort auf ihre großen Lebensfragen ist nicht im Islam zu finden oder in sonst einer Religion. Manara, unsere Kinder und ich haben die Religion mit ihren ganzen Regeln aufgegeben. Religion kann den Durst der Seele nicht stillen. Sie kann auch nicht das leere Herz füllen, das sich nach seinem himmlischen Vater sehnt. Aber jetzt kennen wir sie, die Antwort.

Sie heißt Jesus.

8

Der Jerusalemer Friedensplan

Sami Abbasi linste durch das Geländer eines Balkons im ersten Stock eines leer stehenden Hauses an der Salah-al-Din-Street in Gaza-Stadt. Der Jeep der israelischen Armee kam langsam näher, wie ein schnüffelnder Hund, der eine Gefahr aufspürt.

Es sind Hunde, sinnierte Sami, *und wenn sie Gefahren suchen, dann sollen sie sie kriegen!*

Der dreizehn Jahre alte Palästinenser wog den baseballgroßen Stein in seiner rechten Hand. Er versuchte, die Entfernung zu dem Jeep abzuschätzen. Um sich Mut zu machen, zählte er bis drei, dann schleuderte er den Stein. Ein Volltreffer – die Windschutzscheibe zersplitterte. Sami reckte die Faust zur Siegesgeste, dann schwang er sich über das Geländer, sprang nach unten und begann zu rennen, in Richtung auf den einen Block entfernten Markt. Der Jeep hielt an. Aus der Beifahrertür sprang ein jüdischer Soldat in Kampfuniform und sprintete hinter dem Jungen her.

Krieg mich doch! Sami schoss in das Labyrinth der Marktstände. Er schaute kurz zurück und lachte. Sein Verfolger hatte alle Mühe, sich einen Weg durch das Chaos zu bahnen. Er würde die Jagd bald abbrechen. Nicht nur war es so gut wie unmöglich, jemandem in dem Gewusele des größten *Souk* (Marktes) von Gaza auf den Fersen zu bleiben, es würde auch kein israelischer Soldat sich ganz allein in diese Menschenmenge wagen. Das Risiko, entführt oder von einem palästinensischen Mob umgebracht zu werden, sorgte dafür, dass jeder jüdische Besatzer sich die Sache zwei Mal überlegte. Es sei denn, er war von der besonders tollkühnen – oder unerfahrenen – Sorte.

Ich hasse diese Drecksjuden! Ich kann's nicht erwarten, endlich einen umzulegen. Sami bog keuchend in eine Seitengasse ein und blieb stehen, um zu verschnaufen.

Im Januar 1988 befand sich Sami Abbasi auf dem besten Wege zu einem Leben der Gewalt. Das Gefängnis war ihm so gut wie sicher und ein früher Tod wahrscheinlich, aber das schien ihm ein kleiner Preis zu sein für seinen Einsatz in dem Kampf, den Juden das Land Palästina zu entreißen und die Israelis für immer aus Gaza hinauszuwerfen. Sami träumte davon, mitzumachen bei der großen, endgültigen Lösung dieses Konflikts, die seinen Landsleuten ein für alle Mal den Sieg im Krieg mit Israel verschaffen würde. Sie würden es der Welt zeigen! Bald würde er geboren werden, der palästinensische Staat!

„Sami, warum hast du heute so lange gebraucht, um von der Schule nach Hause zu kommen?" Miriam Abbasi kreuzte die Arme, als ihr Sohn zur Küchentür hereinkam. „Hast du schon wieder Steine auf israelische Soldaten geworfen? Du weißt doch, dass unser Nachbar Nabil fast gestorben ist, als er ein Gummigeschoss zwischen die Augen kriegte! Er ist nicht viel älter als du. Das ist die Sache nicht wert. Mit Steinewerfen lösen wir diesen Konflikt nicht. Leg dich nicht mit den Soldaten an, Sami."

Insgeheim wusste Miriam den Wunsch ihres Sohnes, gegen Israel zu kämpfen, durchaus zu schätzen, aber ihre Angst, dass er dabei umkommen würde, war noch größer. Schon jetzt war er stärker in der Intifada engagiert, als ihr lieb sein konnte. Steine waren gerade schlimm genug, um den Zorn der Israelis herauszufordern, aber sie wusste, dass Sami schon mehr konnte als Steine werfen. Molotowcocktails waren sehr viel gefährlichere Waffen für die „unbewaffneten Kämpfer", und Sami war unter seinen Freunden bereits als ebenso kräftiger wie zielgenauer Cocktailwerfer bekannt. Es war ein Ruf, der ihm früher oder später den Tod bringen würde.

„Keine Angst, *Ami,* die kriegen mich nicht. Unser palästinensisches Volk hat zu viel mitgemacht. Als dieser Militärlaster bei Dschabalia die vierköpfige Familie überrollte, glaubst du, dass das ein Unfall war? Also, ich nicht! Das haben die Juden extra gemacht, dafür gibt's viele Zeugen!

Ami, Mama, wie kann ich meinem Volk *nicht* helfen? Jahrzehntelang haben die Menschen die Israelis als die Opfer gesehen, mit denen man Mitleid haben muss. Aber das wird sich ändern, wenn wir der ganzen Welt zeigen, dass die Palästinenser die wahren Opfer sind. Die Intifada wird es allen zeigen." Er sah seine Mutter an. „Wusstest du schon, dass die Israelis öffentlich gesagt haben, dass sie ‚die Knochen der palästinensischen Jugendlichen brechen' werden?"

Sami verschränkte die Arme über der Brust und setzte sich an den Tisch. Noch war sein Vater nicht zu Hause; ihm klarzumachen, dass sein Sohn seinen Job zu erledigen hatte als einer von Tausenden palästinensischer Steinewerfer, würde schwieriger sein.

Miriam musterte das ernste Gesicht ihres Sohnes, hin- und hergerissen zwischen der Bewunderung für seine Vision und ihrer Angst um sein Leben. „Sami, warum sprühst du nicht einfach Graffiti auf die Barrikaden und machst deinem Zorn so Luft? Das ist nichts Gewalttätiges, und du kannst den Leuten trotzdem zeigen, was du meinst."

Sami kicherte leise. „Ami, ich liebe dich und es ist schön, dass du mich so beschützen willst. Aber Graffiti, das ist was für Mädchen. Ich muss mehr tun für mein Volk. Eines Tages wird der Kampf vorbei sein und die palästinensische Flagge wird über Jerusalem wehen!"

„Aber du bist erst dreizehn, Sami. Wenn du so weitermachst, wirst du nicht lange genug leben, um die Erfüllung deines Traumes zu erleben. Überlass das Kämpfen den älteren Jungen – jedenfalls vorerst. Ich möchte miterleben können, wie du erwachsen wirst und heiratest. Und eine Familie mit Kindern hast." Sie lächelte leicht. „Wie soll ich Oma werden, wenn du tot bist?"

Miriam benutzte die gleiche Strategie wie immer, um die Diskussion für sich zu entscheiden: Sie goss einen großen Eimer Schuldgefühle über den Kopf ihres Sohnes. Sami erhob sich lächelnd vom Küchentisch und nahm Kurs auf sein Zimmer.

Eine Stunde später sträubten sich seine Nackenhaare, als von ein paar Häuserblocks entfernt das unverkennbare Rumpeln von Panzerketten auf dem Straßenpflaster zu hören war. Sami stand hastig auf und stieg durch das Fenster in das weicher werdende Licht des späten Nachmittags. An der Ecke standen schon fünf seiner Freunde, die dieselbe Leidenschaft antrieb wie ihn. Gemeinsam sausten sie über die Straße zu der Baptistenkirche, ihrem Lieblingsversteck in der Nähe des palästinensischen Parlaments. Sie duckten sich unter ein riesiges Porträt von Jassir Arafat und huschten die das Kirchengelände umgebende Mauer entlang.

Das Panzergeräusch entfernte sich und die Jungen kletterten über die Kirchenmauer. Drinnen, wenige Meter links von ihnen, war der Pastor gerade dabei, das schwere Eisentor aufzuschließen. Er hatte sie gesehen. Schon kam er auf sie zu, die Schlüssel wieder in der Tasche. Es war Mittwochabend; bald waren hier nur noch Stehplätze frei, wenn die Bibelstunde und der Jugendklub anfingen.

„Wie wär's, Jungs, wollt ihr gleich hierbleiben? Heute Abend gibt's Pizza." Der Pastor lächelte einladend. „In ein paar Minuten wird sie geliefert."

Sami war platt, dass Pastor Habib sie willkommen hieß, anstatt sie auszuschimpfen für ihr unbefugtes Betreten des Kirchengeländes.

„Ich … bin griechisch-orthodox." Sami suchte nach den richtigen Worten. „Und ich, äh, weiß nicht, ob meine Eltern das richtig finden würden." In Wirklichkeit konnte Sami es nicht erwarten, in diese Kirche zu gehen und selbst herauszufinden, was die hier machten. Seine Schulfreunde hatten geschwärmt von den Spielen und dem Essen in dem Jugendklub am Mittwochabend. Und von den Mädchen, die man da traf.

„Vielleicht das nächste Mal, Herr Pastor." Sami nickte eine Spur zu energisch. „Ich frage mal meine Eltern, was die denken … Und danke, dass Sie nicht böse sind, dass wir gerade über Ihre Mauer gesprungen sind." Er zeigte in Richtung Straße. „Es waren Panzer unterwegs, da haben wir uns versteckt. Wir sind keine Einbrecher oder so, keine Angst."

Wie er da ihre Unschuld betonte! Das musste den Pastor ja geradezu vom Gegenteil überzeugen. Es schauderte ihn innerlich.

„Das seid ihr bestimmt nicht, Sami." Pastor Habib streckte ihm die Hand entgegen. „Ich vertraue dir."

Sami hob reflexmäßig ebenfalls die Hand und schlug in die des Pastors ein. Aber halt – was hatte der da gerade gesagt? „Äh, woher kennen Sie meinen Namen? Haben wir uns schon mal gesehen?"

„Ich habe dich hier im Viertel gesehen und da habe ich einen Freund von dir gefragt, wie du heißt."

„Und warum haben Sie das gemacht, Pastor Habib?" Wer wusste, ob dieser „Mann Gottes" etwas gegen sie plante …

Der Pastor lächelte. „Ich kenne eben gerne die Namen der Leute, für die ich bete. – Und jetzt wünsche ich euch einen guten Abend, Jungs. Vielleicht sehen wir uns ja doch mal."

Eine Woche nach seiner ersten Begegnung mit Pastor Habib war Sami Abbasi am Mittwochabend einer der Ersten im Jugendklub. Es gab wieder Pizza – super! Es gab jeden Mittwochabend Pizza in der Gaza Baptist Church, wie Sami in den folgenden Wochen herausfinden sollte.

Aber da war nicht nur das mehr als reichliche Pizzabüffet, da war auch die Bibelstunde. Und die Fragen, die sie in Sami hochkommen ließ.

Jesus sagt also, dass wir unsere Feinde lieben sollen? Aber das geht doch nicht! Wenn in Gaza jemand die Juden lieben würde und das käme heraus, er wäre sofort tot! Und überhaupt: Wie soll man die Juden lieben können nach all dem, was sie uns Palästinensern angetan haben?

Und wo sind die ganzen anderen arabischen Nationen, die versprochen hatten, uns zu helfen? Keiner rührt auch nur einen Finger für uns! Die sollen wir lieben?

Im letzten halben Jahr lagen insgesamt über 160 Palästinenser tot auf den Straßen von Gaza und dem Westjordanland, alles dank der Juden. Was gibt's da zu lieben?

Die Wochen vergingen und mit ihnen die Leidenschaft in Samis Intifada-Träumen. Es gingen weiter junge Leute auf die Straße, aber Samis Freunde verloren ihren Molotowcocktail-Star.

George und Miriam Abbasi, erleichtert darüber, dass ihr Sohn sich nicht mehr so in Gefahr begab, unterstützten seine Besuche bei der Baptistenjugend – solange er sonntags weiter brav mit in den griechisch-orthodoxen Gottesdienst ging. Samis plötzliche Bibelbegeisterung war ihnen ein Rätsel, aber wenn das hieß, dass er keine Steine mehr auf israelische Soldaten warf, sollte es ihnen recht sein. Ihr Priester war da skeptischer. Er fand es skandalös, dass immer mehr Teenager ihrer Kirche untreu wurden, und erklärte, dass die Erwachsenentaufe mit Untertauchen, die diese Baptisten praktizierten, eine gefährliche Irrlehre war. Eines Sonntags eröffnete er seiner Gemeinde sogar, dass er sich mit PLO-Funktionären in Verbindung gesetzt habe und dass diese die Gaza Baptist Church demnächst einmal genauer unter die Lupe nehmen würden.

Ein Jahr nach Beginn der Intifada (und einen Monat vor Samis vierzehntem Geburtstag) explodierte der Gazastreifen. Ein israelisches Kommando hatte im April 1988 PLO-Führer Khalil al-Wazir getötet, während dieser sich in Tunis aufhielt. Al-Wazir war als Abu Dschihad („Vater des Kampfes") bekannt gewesen, und sein Tod löste massive Demonstrationen im Gazastreifen und im Westjordanland aus. Und es blieb nicht nur bei Demonstrationen, sondern es kam auch zu Racheakten und Vergeltung durch Palästinenser.

Palästinensische Jugendliche schlossen sich zu Hunderten einheimischen Organisationen wie den revolutionären „Roten Adlern" oder den „Schwarzen Panthern" an, die Jagd auf tatsächliche oder vermeintliche Verräter und Kollaborateure machten. Wurde solch ein „Verräter" entdeckt (oder manchmal auch nur als solcher verdächtigt), wurde er in aller Öffentlichkeit brutal hingerichtet. Männer, die von einem rasenden Mob mit dem Kopf nach unten aufgehängt wurden, waren bald ein alltäglicher Anblick selbst für die Kinder. Im Namen dieses „Freiheitskampfes" wurde so manche alte Familienrechnung beglichen. Zeigte sich dann später zu aller „Überraschung", dass der Betreffende ja gar nicht mit Israel kollaboriert hatte und mithin unschuldig gewesen war, war es zu spät.

Während dieses Aufstands im Gazastreifen, der heute als die „Erste Intifada" bekannt ist, machte Sami Abbasi seinen

Frieden mit Gott. An die Stelle des Wunsches, Juden zu töten, trat der Wunsch, wie Jesus zu leben. Aber lesen wir, was er selbst dazu schreibt:

„Die Intifada brachte Muslime und Christen zusammen. Bisher hatten wir nebeneinanderher gelebt. Der Konflikt gab uns einen gemeinsamen Feind: die Juden. Wir waren vereint im Hass auf Israel. Aber wenn ich ehrlich war, dann hasste ich auch die Muslime! Ich machte nicht nur die Juden, sondern auch sie dafür verantwortlich, dass wir wie in einem Gefängnis lebten.

Doch dann las ich die Bergpredigt und meine Perspektive veränderte sich völlig. Ich wusste auf einmal: Du musst einen anderen Weg finden als den des Hasses und der Gewalt. Ich erkannte: Wenn ich Jesus nachfolgen wollte, dann musste ich sein Jünger werden, ohne Wenn und Aber. Ich konnte mir nicht hier und da ein paar Rosinen herauspicken. Jesus nachfolgen, das war alles oder nichts – und ich entschied mich für ‚alles‘.

Als ich zu Jesus kam und mich für das Kreuz entschied, legte ich meinen Hass ab und beschloss, von da an meine Feinde zu lieben. Das Leben in Gaza gibt einem viele Gründe dafür, ein Hasser zu werden, aber mit vierzehn Jahren gab ich diese Gründe alle auf. Und obwohl ich weiterhin in Gaza wohnte, gehörte ich jetzt zu einem viel größeren Projekt als dem Aufbau eines palästinensischen Staates. Ich war jetzt Bürger eines ‚Staates‘, in dem alle Menschen willkommen sind: dem Reich Gottes.“

Fast fünfzehn Jahre später, im Januar 2002, bereitete Sami Abbasi sich für einen Besuch in Jassir Arafats Moschee in Gaza-Stadt vor. Erst seit Kurzem das Zentrum des israelisch-palästinensischen Konflikts, war die Moschee Samis neues

Ziel geworden – aber nicht für den Kampf mit Steinen oder Raketen, sondern für eine Invasion der Liebe und Versöhnung.

Samirs junger Frau war das neue Missionsunternehmen nicht geheuer. Er versuchte, sie zu beruhigen: „Wir dürfen keine Angst haben, Adelle. Jesus hat uns dazu berufen, Ersthelfer in dieser Krise zu sein. Die Palästinenser sind durch die Zerstörung von Präsident Arafats Haus, seinem Amtssitz in Ramallah, schwer getroffen worden. Die Israelis hatten angedroht, es dem Erdboden gleichzumachen, wenn die Raketenangriffe gegen Israel nicht aufhörten. Und jetzt, wo sie die Drohung wahr gemacht haben, geht es unseren palästinensischen Freunden und Nachbarn schlechter als je."

„Aber, Sami, was wollen wir in der Moschee – in *seiner* Moschee? Was, wenn die Israelis wieder zuschlagen? Wir haben die ganze letzte Nacht die Drohnen gehört und wir wissen doch, dass dann gewöhnlich am nächsten Tag die Israelis das nächste Ziel bombardieren." Sie nahm den Arm ihres Mannes. „Wer garantiert dir, dass das nicht genau da passiert, wo du gerade stehst?"

„Ich verstehe, dass du dir Sorgen machst, *Habibti,* aber du musst zugeben, dass es um eine Moschee herum in Gaza noch am sichersten ist. Die Israelis zerstören nie religiöse Gebäude. Selbst während der Intifada haben sie keine einzige Moschee bombardiert. Arafats Moschee hat keine Schäden davongetragen." Er hielt inne, um nachzudenken. „Wusstest du schon, dass sie eine Nachbildung des Felsendoms in Jerusalem ist?

In den Nachrichten habe ich gesehen, dass sich dort islamische Studenten und Imame aufhalten, weil sie sich da sicher fühlen. Die Menschen in dem Viertel um die Moschee herum gehören zu den Ärmsten der Armen in Gaza, und jetzt noch diese Schande, dass das Haus ihres Präsidenten nur noch ein

Trümmerhaufen ist! Jesus hat den Armen eine frohe Botschaft gepredigt und ich möchte diesen Menschen sagen, dass wir mit ihnen mitfühlen. Ich möchte die Liebe von Jesus in dieses Chaos hineintragen.

Und dann hat Pastor Habib ja gerade seine beiden Gäste aus Amerika da. Die möchten gerne Muslime kennenlernen. Für die bin ich der ideale ‚Fremdenführer'. Die Leute in der Moschee werden Augen machen, aber es wird eine gute Gelegenheit für Gespräche sein. Die Muslime glauben ja, dass alle Amerikaner sie hassen – du weißt schon, wegen der Anschläge vom 11. September und der Fernsehbilder von den jubelnden Menschenmassen in Gaza."

Sami schlang die Arme um die Taille seiner Frau, zog sie an sich und legte seine Wange auf ihren Kopf. „Ich bin zum Abendessen wieder da, Schatz, garantiert. Jesus wird mich beschützen. Ich *muss* ja dann hier sein, um Kebab zu grillen."

„Ich kenne eine Abkürzung, damit wir nicht durch die Innenstadt müssen."

Walid, der am Steuer des Toyota-Taxis saß, grinste seine Fahrgäste an. Der fehlende Schneidezahn war wohl entweder einer kleinen Straßenschlägerei während der Intifada zum Opfer gefallen oder einem Missgeschick im berüchtigten Straßenverkehr von Gaza-Stadt, bei dem mehr als die Kotflügel verbogen worden waren.

„Die nächste Straße rechts und dann gleich wieder links. Spart uns mindestens eine Viertelstunde."

Sami, sein Kollege Ali und die beiden Amerikaner flogen gegeneinander, als Walid den Van schwungvoll in die Nebenstraße lenkte. Als alle wieder aufrecht saßen, starrten die fünf Männer im Van ungläubig die Szene an, die sich ihnen bot. Mehrere Hundert skandierende palästinensische Männer drängten sich in der Straße, die Gesichter nur halb sichtbar unter den schwarzen *Kafiyahs*. Die Luft dröhnte von Trommelschlägen, an der Spitze des Mobs brannten Strohpuppen, die George Bush und Ariel Sharon darstellen sollten. Die Demonstranten erhielten lautstarke Unterstützung durch Zuschauer auf den umliegenden Hausdächern und in den Fenstern der oberen Etagen.

„Upps!" Walid versuchte, witzig auszusehen. „Ich glaube, wir nehmen doch den längeren Weg."

Er schaute halb verlegen in den Rückspiegel, dann legte er den Rückwärtsgang ein und drehte sich halb auf seinem Sitz um, um durch die Heckscheibe sehen zu können. Sami hob die Arme, wie um ein Publikum zu begrüßen: „Willkommen in Gaza!"

Alle mussten lachen, was die Stimmung im Auto hob. Als sie eine Viertelstunde später vor der Moschee anhielten, konnten sie es nicht erwarten, den Gläubigen, die gerade aus dem Freitagsgebet in der Moschee mit der goldenen Kuppel strömten – die meisten mit hängenden Köpfen –, ein Stückchen Freude zu bringen.

Als die vier aus dem Van stiegen, musste Sami erneut das peinliche Gefühl herunterschlucken, das die Kleidung der beiden naiven Amerikaner ihm verschaffte; ihre Shorts waren fehl am Platze unter all den *Dischdaschas, Kafiyahs* und *Niqabs*. Er zahlte Walid den Fahrpreis, dann drehte er sich zu den missmutig die Straße entlanglaufenden Palästinensern hin und versuchte, ersten Augenkontakt herzustellen.

Nach wenigen Minuten hatte die stille Freude, die er ausstrahlte, die Stimmung der meisten Menschen, mit denen die vier Männer ins Gespräch kamen, aufgehellt. Die Amerikaner benutzte er als nützliche Statisten; sie durften zusammen mit den neuen Freunden, die sie hier gefunden hatten, für Fotos vor der Moschee posieren. Ein besonders anhänglicher Mann legte für „sein" Foto sogar seinen Arm um die Taille des Amerikaners aus Colorado.

Das spontane Stelldichein auf den Stufen der Moschee machte für mehrere Dutzend Freitagsgebetsbesucher den Tag ein Stückchen heller – bis ein halbes Dutzend Koran schwingende Imame mit langen Bärten und wehenden weißen Gewändern aus dem Haupteingang des Gebäudes stürmten und den vier Ungläubigen nach knapper Begrüßung mit kaum verhüllten Drohungen erklärten, was ihnen passieren würde, wenn sie nicht sofort die heilige Stätte räumten.

Sami bemerkte, wie einer der Männer aus der Moschee ihn zu mustern schien und anfing, etwas auf einen kleinen Notizblock zu schreiben. Als er fertig war, wandte er seine Aufmerksamkeit Ali zu. Es war deutlich, dass Sami und Ali Palästinenser waren – und dass sie nicht zur Moschee gekommen waren, um ihr Mitgefühl wegen der Zerstörung des Hauses von Präsident Arafat im Westjordanland auszudrücken.

Mohammad Khan schob den Block zurück in sein Gewand und holte ein Mobiltelefon hervor. Er arbeitete für die islamische Widerstandsbewegung, die bald in der ganzen Welt unter dem Namen „Hamas" bekannt sein würde, und sein Anruf war der Auftakt zu einer genauen Überprüfung von Sami und seinen Freunden.

Vier Jahre später begann Samis Arbeit, die er trotz aller Bespitzelung, Einschüchterungsversuche und kaum sichtbarer Ergebnisse unverdrossen weitergeführt hatte, Früchte zu tragen. Man schrieb den Oktober 2006. Durch seine Gemeinde, die jetzt eine Untergrundgemeinde war, hatte er zwei Exmuslime, die Jesus nachfolgten, betreuen und schulen können. Sami versuchte wieder einmal, seiner Frau zu erklären, was da gerade in Gaza geschah und was es für die Stadt bedeuten würde. So Gott es wollte.

„Adelle, die Muslime hier sind offener für Christus, als ich das je erlebt habe. Wusstest du schon, was sie mir seit Neuestem erzählen? Sie haben Träume von Jesus! Warum erzählen sie mir das?

Ich glaube, das ist einfach die Gnade Gottes. Unser himmlischer Vater weiß, dass mein Herz einst voller Verachtung für die Anhänger des Islam war, aber jetzt hat er mir *sein* Herz gegeben für diese verzweifelten, irregeleiteten Menschen. Die Muslime – die Menschen – sind nicht das Problem. Der *Islam* ist das Problem und seine Anhänger sind die Opfer dieser Religion."

Samis Finger zeigte auf seine Frau. „Heute treffen wir beide uns mit diesen drei Paaren, die mich um seelsorgerlichen Rat gebeten haben. Ich habe uns einen sicheren Treffpunkt organisiert. So, wie die auf mich zugekommen sind, habe ich den Verdacht, dass sie *alle* Träume von Jesus gehabt haben! Das hoffe ich zumindest."

Adelle, die auf der Bettkante saß, schaute müde zu Sami hoch. Ihre einjährige Tochter hatte sie die halbe Nacht auf Trab gehalten, und die paar Minuten Schlaf, die sie noch hatte ergattern können, hatten nicht gereicht, um sie zu erfrischen. „Sami, ich bin so müde und Mirna ist immer noch quengelig. Ich glaube, das mit dem Besuch schaffe ich nicht."

„Adelle, wir gehen da nur auf eine Tasse Tee hin. Eine Tasse, nicht mehr, ich verspreche es dir."

Die junge Frau seufzte. „Also gut. Ich frage deine Eltern, ob sie Mirna nehmen können."

Eine Viertelstunde später stiegen Sami und Adelle in ein Taxi, das sie zu einem unscheinbaren Wohnhaus in der Nähe des Zentrums von Gaza-Stadt brachte. Nachdem er die Haustür aufgeschlossen hatte, erklärte Sami Adelle, dass dies hier ein „sicheres Haus" war, das die Gemeinde seit Kurzem für kleine geheime Treffen, aber nicht für größere Gruppen nutzen konnte. Er ließ die Vorhänge zu. Die beiden gingen in die Küche, um den Tee zu kochen.

Eine Stunde später trafen die drei anderen Paare ein. Nach den üblichen höflichen Begrüßungsworten schwiegen alle, bis sie in dem schwach erleuchteten Wohnzimmer beim Tee zusammensaßen.

Ismail Rantisi nickte Adelle zu, die ihm seinen Tee eingoss, dann räusperte er sich und sah Sami fest an. „Wir möchten Jesus nachfolgen." Er schaute kurz Adelle an, dann wieder ihren Mann. „Deswegen wollten wir uns mit euch treffen.

Eines Abends zappte ich durch die Fernsehprogramme und kam zu einer Sendung mit Vater Zakaria aus Ägypten.[10] Wie er den Imamen antwortete, die ihn anriefen, das war echt stark. Er hatte Antworten auf alles – Antworten auf Fragen über meine Religion, die mich mein ganzes Leben schon umgetrieben hatten. Der Gedanke, dass ich womöglich die ganze Zeit falschgelegen hatte und der Islam *nicht* der richtige Weg zu Gott war, haute mich fast um. Ich dachte: *Was, wenn Jesus der Weg ist?* Danach konnte ich die ganze Nacht nicht schlafen, weil diese Frage mir einfach keine Ruhe ließ.

In der nächsten Nacht war es nicht besser. Ich betete schließlich: ,Jesus, wenn du der Weg in den Himmel bist, dann zeige es mir.'

Kaum hatte ich das Gebet gesprochen, schlief ich ein. Den Rest der Nacht schlief ich wie in Abrahams Schoß. Noch wusste ich nicht, was Fatima mir am nächsten Morgen sagen

---

[10] Beliebter ägyptischer Priester, der sich in seiner Fernsehsendung kritisch mit dem Islam auseinandersetzt und zum Glauben an Jesus einlädt.

würde." Er zeigte auf seine Frau. „Als wir frühstückten, spürte ich, dass sie irgendetwas hatte. Schließlich holte sie Luft und sagte: ‚Letzte Nacht ist Jesus in einem Traum zu mir gekommen.'

Ich wusste nicht, was ich denken sollte. Ich fragte sie, ob er ihr etwas gesagt hatte. Da fing sie an zu strahlen, legte die Hand auf ihr Herz und sagte: ‚Ja, Ismail, er hat mir etwas gesagt. Etwas, das ich nie vergessen werde.'

Ich dachte: ‚Mannomann!' Das Herz klopfte mir bis zum Hals. Jetzt musste ich natürlich alles wissen und Fatima erzählte es mir:

‚Jesus sagte mir, dass er der Weg in den Himmel ist und dass ich dir das sagen soll, Ismail. Er hat auch gesagt, dass er uns liebt. Jesus *liebt* uns! Er kennt uns mit Namen. Das ist einfach fantastisch! So glücklich und geliebt habe ich mich in meinem ganzen Leben noch nicht gefühlt.'"

Ismail musterte kurz die Gesichter der anderen, dann hob er die Hände in Samis Richtung. „Tja, Sami, hier sind wir, Bewohner des Flüchtlingslagers Dschabalia, wo die erste Intifada begann. Der Aufstand fing in Dschabalia an, der einzigen Heimat, die wir kennen. Wir haben ihn überstanden, wenn auch nur knapp.

Aber jetzt haben Fatima und ich wohl so etwas wie eine religiöse Intifada erlebt, einen Aufstand des Herzens. Und wir haben gemerkt, dass wir nicht die Einzigen sind. Unsere Freunde hier haben ähnliche Begegnungen mit Jesus gehabt." Er schüttelte den Kopf. „Kannst du das glauben? Das Leben in Dschabalia ist hart. Die Kämpfe mit Israel scheinen kein Ende zu nehmen. Es sieht jedenfalls nicht danach aus, dass sich das so bald ändern wird. Aber was uns am meisten verbittert, ist, dass unsere arabischen Brüder in den anderen Ländern uns nicht helfen. Wo sind die Saudis mit all ihrem

Reichtum? Wo sind die Jordanier? Warum wollte Ägypten den Gazastreifen nicht zurückhaben, als die Israelis das nach dem Sieg im Sechs-Tage-Krieg angeboten haben? Warum hilft Syrien uns nicht?

Die Antwort ist: Weil wir denen egal sind. Wir sind *allen* egal – außer Jesus. Er kennt sogar unsere Namen." Ismail schaute erneut die anderen Paare an, dann wieder Sami. „Wir möchten beten und ihm unser Leben anvertrauen. *Jetzt.* "

Sami schluckte den Kloß in seiner Kehle herunter, nahm Adelles Hand, rutschte vom Sofa und kniete sich auf den Boden. Die anderen taten es ihm nach. Dann führten er und Adelle die drei Paare durch ein Übergabegebet an Jesus. Nachdem alle gebetet hatten, sprach Sami ein abschließendes Segensgebet für die kleine Versammlung. Bevor er „Amen" sagen konnte, explodierte das vordere Fenster in einem Glasregen.

„Runter!" Ismail warf seinen Arm um Fatima und riss sie auf den Fußboden, bis sie flach auf den Fliesen lag. In die Wand über dem Sofa, auf dem Sami und Adelle vor dem Gebet gesessen hatten, schlugen Kugeln ein.

Sami lag in seiner Ecke, von Glasscherben eingerahmt, und rezitierte Bibelverse. „Dazu ist erschienen der Sohn Gottes, dass er die Werke des Teufels zerstöre … Wer den Sohn hat, der hat das Leben. Wer aber den Sohn Gottes nicht hat, der hat auch das Leben nicht."

Noch zwei weitere Feuerstöße, dann schien der Angreifer genug zu haben. Stille. Die Frauen weinten leise, als die vier schockierten Paare sich hochrappelten und in die Arme fielen. In feierlichem Schweigen gingen sie durch die Küche zur Hintertür. Ein paar geflüsterte Abschiedsworte, dann huschten sie, jeweils zu zweit, über den winzigen Hinterhof des Mehrfamilienhauses, kletterten über eine von Stacheldraht gekrönte Mauer und rannten in verschiedene Richtungen fort.

Als sie wieder zu Hause waren, ließen Sami und Adelle sich auf ihr Wohnzimmersofa sinken. Samis Augen wanderten zur Zimmerdecke hoch. „*Willkommen im Leib Christi*. Das war alles, was ich denken konnte in diesem Kugelhagel, Adelle. Die Feinde Christi sind überall in Gaza." Er sah seine Frau an. „Wie fühlst du dich, mein Schatz? Es tut mir so leid, dass ich dich in diese Sache reingezogen habe."

Adelle lehnte schweigend den Kopf an Samis Schulter. Mehrere Minuten saßen sie so da, dann zog Sami sein Handy aus der Tasche und tippte eine Nummer ein. „Ismail, geht es dir, Fatima und den vier anderen gut? Ist euch jemand gefolgt?"

Die Stimme am anderen Ende der Leitung klang merkwürdig aufgeräumt. „Wenn man Jesus sein Leben übergibt, dann ist richtig was los, oder? Kaum sind wir mit Beten fertig, versucht schon der Erste, uns umzulegen. Was meinst du, wer das war, Sami? Und woher wusste er, wo wir uns treffen würden?"

„Ich sehe, du hast verstanden, Ismail. So viel zum Thema ‚sicheres Haus'. Aber wir müssen einander helfen, jetzt erst recht. Lasst uns in zwei Tagen wieder zusammenkommen; bis dahin werde ich einen neuen Treffpunkt wissen. Und vergesst nicht: Euer Leben ist jetzt in den Händen von Jesus. Er wird euch beschützen und bewahren. Und Vorsicht vor der Hamas in Dschabalia!"

„Mit der Hamas in Dschabalia kenne ich mich aus, Sami. Da ist mein Bruder Mitglied."

Zwölf Monate später kontrollierte die Hamas die Regierung von Gaza. Sami kam es vor, als hätten sich die Pforten der Hölle geöffnet. Auf den Straßen tobten noch Feuergefechte zwischen dem Islamischen Dschihad und der Palästinensischen Autonomiebehörde. Aber nicht nur viele Gebäude in Gaza brannten, sondern auch Samis Herz und Arbeit, die inzwischen durch Ali, Rami, Ismail und mehrere andere entschiedene Jünger von Jesus Verstärkung bekommen hatte. Täglich konnten sie die Gegenwart des Heiligen Geistes erleben. Eines Morgens beim Frühstück erzählte Sami Adelle das neueste Beispiel.

„Ich hatte in der Nacht einen Traum und ich glaube, er kam vom Herrn. Er zeigte mir eine furchtbare Schlacht, die in Gaza tobte, und unsere Wohnung lag mitten im Kreuzfeuer. Aber uns passierte nichts, weil Engel ihre Flügel über uns gebreitet hatten."

Am nächsten Tag fielen Scharen von Kämpfern der Hamas und der Palästinensischen Autonomiebehörde in das Viertel der Abbasis ein; von allen Seiten wurde geschossen. Ein Hamasführer, der nur ein paar Häuser weiter wohnte, war von der Autonomiebehörde zum Ziel der Woche erkoren worden.

Das Feuergefecht dauerte sechsunddreißig Stunden. Sami und Adelle wagten nicht, in ihrer Wohnung herumzulaufen oder auch nur aufrecht zu stehen. Die Kugeln kamen in Wellen, wie die Böen eines sommerlichen Hagelsturms; dazwischen Explosionen, die das ganze Haus erbeben ließen. Sami und Adelle mussten auf Knien robben, um ins Bad, in die Küche oder ins Schlafzimmer zu gelangen. Adelle stopfte Watte in die Ohren der kleinen Mirna und sang ihr Lieder vor, um die Schüsse zu übertönen. Gaza war im Belagerungszustand, aber aus der Wohnung der Abbasis kamen die Klänge von „Amazing Grace", während die Engel über der Familie wachten.

Drei Monate nach diesem Feuergefecht lud eine muslimische Familie aus dem Viertel Sami für den Abend zu einem Besuch ein. Er hatte es sich gerade im Wohnzimmer der Hadschars gemütlich gemacht, als ein Sohn des Hauses, der irgendwelche Besorgungen gemacht hatte, zurückkam. Der Teenager schlurfte, ohne von Eltern und Gast Notiz zu nehmen, durchs Wohnzimmer und verschwand in seinem Zimmer. Einige Minuten später nahm das Gespräch die Wendung, auf die Sami spekuliert hatte, und er erwähnte das Wort „Jesus". In der nächsten Sekunde kam der Junge unter wilden Flüchen und einen Hammer in der hoch erhobenen Hand schwenkend aus seinem Zimmer gerannt und wollte sich auf Sami stürzen.

Sami sprang vom Sofa hoch und rief: „Im Namen Jesu, stopp!"

Der Junge blieb wie angewurzelt stehen und starrte Sami an.

„Ahmad?" Seine Mutter versuchte, ihn anzusprechen.

Der Teenager sah sie abwesenden Blickes an, dann wieder Sami. „Können Sie mir helfen?"

Die Eltern erklärten, dass Ahmad schon, seit er ein kleiner Junge war, diese Anfälle bekam; warum, wusste niemand. Sami versicherte ihnen: Was immer auch die Ursache war – ob dämonisch oder psychologisch –, Jesus konnte helfen. Er las Stellen aus dem Neuen Testament vor und der Junge wurde ruhig. Am Ende des Abends bat die Familie Sami, erneut zu kommen, und ein paar Tage später beschlossen Ahmad und seine Eltern, Jesus nachzufolgen.

An dem Abend, nachdem die Familie Hadschar sich Christus anvertraut hatte, unterhielt Sami sich mit Adelle über die Situation der Christen in Gaza.

„Rami Ayyad hat mir erzählt, dass er mehrere Muslime kennt, die mittlerweile den Mut haben, ins Haus der Bibelgesellschaft von Gaza zu gehen und um ein Neues Testament zu bitten."

Nur ein paar Wochen nach seiner Bekehrung hatte Rami Ayyad, einer der ersten neuen Gläubigen aus Samis Arbeit im Gazastreifen, eine Stelle bei der Palästinensischen Bibelgesellschaft in Gaza angetreten. Sein Herz brannte für die Bibel, und wie konnte er seine Tage besser verbringen als damit, jedem eine Bibel zu geben, der eine haben wollte?

Sami schüttelte den Kopf. „Dies sind unvergessliche Tage, Adelle. Wir stehen an der Schwelle zu großen Dingen."

Es waren so große Dinge, dass zahlreiche Mächtige in Gaza entschlossen waren, sie mit allen Mitteln zu verhindern.

Rami Ayyad ließ die Haustür des Büros der Bibelgesellschaft leise hinter sich ins Schloss fallen. Sein Dienst war für heute vorbei. Eine leichte Oktoberbrise strich ihm durch das Haar. Er schaute die Straße entlang, und da sah er es wieder, das bekannte Auto. Selbst im Dämmerlicht erkannte er den Wagen – und die beiden Männer in ihm – sofort wieder. Seit zwei Wochen schon beschatteten sie ihn. Er schaute wieder hin und zum ersten Mal fiel ihm auf, dass der Wagen ja gar kein Nummernschild hatte. Er spürte, wie seine Nackenhaare sich sträubten. Er dachte an Pauline, die gerade mit ihrem dritten Kind schwanger war und sicher schon auf ihn wartete. Er zog sein Handy aus der Hosentasche. Beim dritten Klingeln nahm sie ab.

„Pauline …" Rami schielte zu dem Auto hin. „Wenn ich nicht bald komme … sehen wir uns vielleicht eine Weile nicht mehr."

Es waren die letzten Worte, die Pauline Ayyad von ihrem Mann hörte. Seine Entführung endete mit seinem Märtyrertod.

Als er von Ramis Tod erfuhr, ging Sami ins Leichenschauhaus, um den Leichnam seines Freundes zu identifizieren. Er konnte es nicht fassen, dass sein Bruder in Christus tot war. Sami erzählte:

„Ich war dabei gewesen, als Rami sein Leben Christus übergab. Er war ein sanfter, stiller Mann, dessen Lächeln jeden Raum heller machte. Er ist jetzt tot, aber sein Leben wird noch viele Jahre weitersprechen. Er hatte uns gesagt, dass wir mit Verfolgung zu rechnen hätten, und sogar, dass der Herr ihm gezeigt habe, dass einer von uns sterben würde.

Ramis Leiche wurde mit dem Gesicht nach unten auf der Straße gefunden, ein paar Tage nach seinem letzten Dienst in der Bibelgesellschaft. Die Leute, die ihn fanden, berichteten, wie sie die Leiche umdrehten – und sahen, wie sie lächelte. Ich weiß, was dieses Lächeln bedeutete. Rami war bei Jesus – Rami Ayyad, der erste palästinensische Märtyrer für Christus, unser Stephanus."

Die Hamas leugnete jede Beteiligung an dem Mord, aber niemand glaubte ihr. Im Jahre 2007, als Rami starb, hatte die Hamas mit viel Trara angekündigt, gegen jegliche religiösen Aktivitäten, die sich nicht im Rahmen der Ideologie des fundamentalistischen Islam bewegten, unerbittlich vorzugehen. Mohammad Khan hatte fleißig belastendes Material gegen Sami, Ali und andere zusammengetragen, die Jesus an Muslime weitergaben. Und um die Atmosphäre der Angst im Gazastreifen noch anzuheizen, bezichtigte Abu Saqer, ein hochrangiger Muslim, öffentlich die Christen in Gaza des Versuchs, „mit Geldern von amerikanischen Evangelikalen Muslime bekehren zu wollen" – ein „Verbrechen", das, so Saqer weiter, nicht „ungestraft" bleiben würde.

Lassen wir Sami weitererzählen:

„Ich habe mein ganzes Leben unter Muslimen verbracht. Ich war die Drohungen gewöhnt, aber unter der Hamas nahm die Verfolgung eine neue Qualität an. Manche unserer neuen Jünger mussten endlose Verhöre über sich ergehen lassen. Aber wir erlebten auch ein Wunder nach dem anderen im Gazastreifen!

Nehmen wir nur Dschalil, der keine Furcht kannte, wenn es darum ging, anderen Muslimen Jesus zu bringen. Er war erst seit ein paar Monaten Christ, als man ihn verhaftete und ins Gefängnis steckte. Wir wussten, was ihm bevorstand, und bestürmten den Herrn, ihm Kraft zu geben. Mehrere andere junge Christen waren unter den Verhören und Schlägen zerbrochen, ein paar waren sogar zum Islam zurückgekehrt. So etwas geschieht aus Angst, um die aufgebrachte Verwandtschaft zu besänftigen oder um den Arbeitsplatz nicht zu verlieren. Aber für Dschalil gab es kein Zurück.

In der zweiten Nacht im Gefängnis hatte Dschalil einen Traum, in welchem Gott einen Engel schickte, um ihn aus der Zelle herauszuholen. Dschalil erinnerte sich an die Szene in Apostelgeschichte 12, wo ein Engel Petrus aus dem Kerker befreite, und fasste neuen Mut für die Verhöre (und wahrscheinlich Schläge) des nächsten Tages.

Nun, es gab kein Verhör. Am nächsten Morgen ging ein Wärter vor Dschalils Zelle nervös auf und ab. Mehrere Male blieb er vor der Tür stehen, als überlegte er, was er machen sollte. Schließlich schaute er durch das Fenster in der Tür Dschalil an und lächelte. Dann nahm er ohne ein Wort seinen Schlüssel, öffnete die Tür und wies Dschalil mit einer Geste an zu gehen.

Noch am gleichen Tag berichtete Dschalil vier muslimischen Freunden von seiner wunderbaren Befreiung. Es war so überdeutlich, dass hier Gott eingegriffen hatte, dass Dschalil schon bald alle vier zu Christus führen konnte.

Mohammad Khan und seine Kollegen bei der Hamas verstärkten ihre Observierung noch. Sie gaben sich – wohl um uns einzuschüchtern – gar keine Mühe, unerkannt zu bleiben. Es war so offensichtlich, dass ich auf der schwarzen Liste der Hamas stand, dass andere führende Christen mir dringend nahelegten, den Gazastreifen zu verlassen, bis die Situation sich wieder beruhigt hatte.

Schweren Herzens erklärte ich mich schließlich einverstanden, und so überschritt ich in der Woche vor Weihnachten 2008 zusammen mit Adelle, der kleinen Mirna und neun anderen Familien den Grenzübergang Erez am Nordende des Gazastreifens. Unser Ziel war Bethlehem. Ich weinte, als ich die vielen lieben Freunde verließ, und Adelle und ich machten uns Sorgen um all die Christen, die früher Muslime gewesen waren und deren weitere Betreuung mir jetzt nur noch über das Telefon möglich war.

Aber unsere Arbeit unter den Muslimen ging weiter. Das Westjordanland ist nicht so überfüllt wie der Gazastreifen, und es gibt dort viele muslimische Dörfer, die noch nicht mit dem Evangelium erreicht worden sind. Doch darüber hinaus öffnete unser neues Leben im Westjordanland uns noch eine ganz neue, unerwartete Tür. Zum ersten Mal in meinem Leben begegnete ich Juden – richtigen Juden, in Fleisch und Blut! Bisher hatten die engsten Kontakte darin bestanden, dass ich Steine auf die Jeeps ihrer Soldaten geworfen hatte. Ich war Mitte dreißig, als ich „meinen" ersten Juden kennenlernte.

Als ich anfing, Jesus nachzufolgen, hatte ich meinen Judenhass bewusst abgelegt. Aber ich muss zugeben, dass ich oft versucht war, wieder in ihn zurückzufallen; es war ein ständiger Kampf. Dafür sorgten allein schon die Nachrichten, die man durch die Medien in Gaza vorgesetzt bekam. Im Gazastreifen hört man grundsätzlich nichts auch nur entfernt Positives über den jüdischen Staat, und es war schwierig, das Gift nicht unbesehen zu schlucken. Doch jedes Mal, wenn der alte Hass sein Haupt wieder erheben wollte, brachte ich ihn vor Gott. Jesus hat uns nicht zu einem Leben des Hasses berufen.

Im Westjordanland lernte ich also Aaron kennen, den Sohn eines orthodoxen Rabbis in Jerusalem. Mit seinen langen Schläfenlocken, dem schwarzen Hut und den Gebetsquasten, die unter seinem knielangen schwarzen Mantel hervorsahen, hätte er eine Werbebroschüre für das orthodoxe Judentum schmücken können. Er hatte sogar mit irgendwelchen Regierungsstellen zu tun, bei denen es um die Belange der orthodoxen Juden in Israel ging.

Das Ansehen seiner Familie in Jerusalem garantierte Aaron eine akademische Bilderbuchkarriere. Er würde sein Leben dem Gebet und Studium der Thora widmen. Er würde alle rabbinischen Schulen der Thoradeutung kennenlernen und das Judentum in allen seinen Aspekten studieren. Aber Aaron fühlte sich bei all dem innerlich leer und tot. Er sehnte sich nach einer lebendigen Gottesbeziehung und hatte all die Traditionen und Pflichten gründlich satt. Und dann – führte Gott uns beide zusammen.

Das erste Wunder war, dass ich überhaupt nach Jerusalem durfte. Ein Bewohner des Gazastreifens hat eigentlich dort zu bleiben. Aber Adelle und ich erhielten wegen der Christenverfolgungen durch die Hamas eine Sondergenehmigung der israelischen Regierung.

Und so saß ich, ein Palästinenser aus Gaza, friedlich unter lauter Juden im Aroma Coffee Shop in Jerusalem und trank meinen Kaffee. Ich kam mir vor wie in einem Film. Und dann bemerkte Aaron, wie ich die Bibel las, und fragte mich, ob er sich zu mir setzen durfte.

Ich muss ihn wohl angestarrt haben, als ob er von einem

anderen Stern kam. Bald merkte ich, dass er nach jeder Frage, die er mir stellte, verstohlen-nervös um sich schaute. Der Mann schien wirklich Angst zu haben. Aber er fing an, mir Fragen über Jesus zu stellen.

„Sami", sagte er schließlich, „ich hätte noch viele Fragen an Sie. Aber wir können das nicht hier in der Öffentlichkeit machen. Das ist zu gefährlich; hier kennt mich jeder. Die Leute gucken schon ganz komisch, weil ich mich mit Ihnen unterhalte. Könnten Sie mir Ihre Telefonnummer geben, damit wir für heute Nachmittag einen Treffpunkt ausmachen können? Ich muss Sie sprechen, es ist absolut dringend!" Er schrieb sich meine Nummer auf und schien kurz vor einer Panikattacke zu stehen, als er ging.

Dieses Treffen mit Aaron war, wie ich später Adelle erzählte, wie eine Begegnung mit einem modernen Nikodemus. Mein Herz blutete für diesen Mann. Er war so fromm – und hatte eine solche Angst, was andere Juden über ihn denken mochten, wenn sie ihn im Gespräch mit mir erwischten. Aber was dann geschah, als wir uns am Spätnachmittag an dem sicheren Ort trafen, den Aaron ausgesucht hatte – dem *Jerusalem Forest* –, hätte ich mir im Traum nicht vorstellen können.

„Sami!" Aarons Augen fanden den Mann aus Gaza, der am Anfang des Rundwanderwegs stand und wartete. Er ging zügig an mehreren geparkten Autos vorbei zu ihm. „Danke, dass Sie extra für mich hierhergekommen sind."

Er schaute kurz erst über seine linke, dann die rechte Schulter, dann winkte er mit der Hand zu dem Weg hin. „Gehen wir los. Dies hier ist der einzige Ort, der mir eingefallen ist, wo uns keiner sieht. Im Aroma sah ich, dass Sie in der Bibel lasen, und zwar im Neuen Testament. Es war klar, dass Sie ein Araber waren. Und dann merkte ich noch etwas."

221

Aaron legte die Hand auf Samis rechten Arm. Die beiden blieben stehen, gerade weit genug entfernt vom Parkplatz, dass niemand sie von dort aus sehen konnte.

Aaron begann zu lächeln. „Ich merkte es, als ich Ihr Gesicht sah."

Sami wartete ab. Was würde jetzt kommen?

Aaron fuhr fort: „Dieser Friede auf Ihrem Gesicht, das war nicht zu übersehen. Und wie Sie zum Himmel hochschauten, während Sie über das Gelesene nachdachten. Da wusste ich, dass Sie ein Christ sein mussten."

Er packte Sami unvermittelt an den Schultern und sah ihn fest an. „Sami, Sie sind der erste Bruder in Christus, dem ich begegne! Auch ich folge Jesus nach."

Und der Jude schlang die Arme um Sami und hob ihn hoch.

Sami, der nicht wusste, wie ihm geschah, starrte ihn an. Dann begriff er allmählich und erwiderte die Umarmung. „Ich ... ich habe gedacht, Sie wollten halt mehr über Jesus erfahren. Ich hätte nie gedacht, dass Sie schon Christ sind! Wow!"

Als sie zu einer Picknickbank kamen, setzten sie sich hin.

„Ich hatte schon eine ganze Weile vorgehabt, das Neue Testament zu lesen, aber irgendwie kriegte ich nie die Kurve." Aaron schüttelte den Kopf. „Es ging mir auf den Nerv, dass die Juden so über Jesus herzogen, aber eigentlich überhaupt nichts über ihn wussten. Wenn sie einen Judenchristen trafen, sprachen sie nicht mit ihm, sondern brüllten ihn an. Ich mochte die Christen – oder die messianischen Juden – auch nicht sonderlich, aber die jüdischen Argumente gegen den christlichen Glauben kamen mir wie Schnee von vorgestern vor.

Schließlich beschloss ich, mir ein Neues Testament zu besorgen, damit ich diesen messianischen Verrückten, die sich in der Altstadt herumtreiben, die richtigen Antworten geben konnte. Ich hielt sie für arme Irre. Jeder wusste doch, dass die Jünger von Jesus seinen Leichnam gestohlen hatten. Die ganze Sache mit der Auferstehung war ein einziger Schwindel. Dachte ich.

Aber noch bevor ich mir ein Neues Testament kaufen konnte, passierte mir etwas. Vor etwa einem halben Jahr ging ich gerade durch das Jaffator in der Altstadt, als mir ein Mann, den ich nicht kannte, ein Traktat in die Hand drückte. Ich sah sofort, dass es etwas Religiöses war, und überflog die zwölf Bibelverse auf der Titelseite. Ich sagte dem Mann: ‚Entschuldigen Sie, es ist mir nicht erlaubt, im Neuen Testament zu lesen. Das hier ist eindeutig etwas über Jesus, da habe ich kein Interesse. Geben Sie das einem anderen.‘ Und ich versuchte, ihm das Traktat zurückzugeben.

Und da erlebte ich die Überraschung meines Lebens. Der Mann sah mich an – er war richtig freundlich – und sagte: ‚Mein Freund, das ist nicht aus dem Neuen Testament.‘ Und er blätterte um und da stand, schwarz auf weiß, die Quelle des Zitats auf der Titelseite: der Prophet Jesaja, Kapitel 53!

Ich war sprachlos. Ich fühlte mich, als ob soeben das Jaffator über mir eingestürzt wäre. Ich wusste nicht, was ich sagen sollte. Der Fremde hat bestimmt gemerkt, wie perplex ich war. Ich musste denken: *Wie habe ich das mein ganzes Leben lang übersehen können? Das steht in unserer Bibel!*

Der Mann war ungeheuer freundlich und liebenswürdig. Er merkte, wie seine Information mich schier umwarf, aber er sagte nur: ‚Vielleicht möchten Sie jetzt doch weiterlesen? Sie haben da gerade das Neue Testament erwähnt – hier haben Sie eins! Meine Telefonnummer steht auf der Rückseite. Sie können mich jederzeit anrufen, wenn Sie Fragen haben, und Sie werden bestimmt viele haben.‘

An diesem Tag begann meine innere Reise. Ich verschlang das Neue Testament förmlich. Ich versteckte es in meinem Kleiderschrank, in einem Schuh. Meine Frau bekam nichts mit. Sie dachte einfach, dass ich bis spät in die Nacht die Thora studierte, und freute sich, dass ihr Mann ein so eifriger Bibelleser war. Ein paar Mal erwähnte sie das sogar beim Frühstück. Sie hatte keinen Schimmer, dass ich *die andere* Bibel las!

Nach mehreren Monaten war ich bereit, Jeschua, dem Messias der Juden, nachzufolgen. Eines Nachts, als ich allein im Wohnzimmer saß – die anderen schliefen alle –, beschloss ich, ihm mein Leben anzuvertrauen. Ich musste daran denken, was für eine Freude es gewesen war, das Neue Testament kennenzulernen; ich hatte es jetzt zweimal durchgelesen.

Ich las die Worte des Paulus: ‚Wenn du mit deinem Munde bekennst, dass Jesus der Herr ist, und mit deinem Herzen glaubst, dass Gott ihn von den Toten auferweckt hat, wirst du gerettet werden.‘

Als ich gerade den Mund aufmachte, um zu sagen: ‚Jesus, ich bin bereit‘, kam plötzlich mein Vater durch die Haustür und wollte wissen, was ich da las.

Ich sagte ihm die Wahrheit. Er fing an, zu schreien und zu toben. Wohl zwei Stunden ging das so. Da merkte ich, dass der Weg, den ich vor mir hatte, nicht leicht sein würde, aber das konnte mich nicht stoppen.

Mit seinem Schreien weckte mein Vater das ganze Haus auf. Jetzt wollte auch meine Frau wissen, was los war. Und meine Schwiegermutter und sogar ein Nachbar.

Endlich beruhigten sie sich und ließen mich in Ruhe. Ich blieb bei meiner Entscheidung. Als ich endlich ins Bett ging, betete ich und bat den Messias, mir meine Sünden zu vergeben.

Tja, das ist meine Geschichte, Sami. Es ist mir ein großes Vorrecht, Sie kennenzulernen, Bruder. Wer sagt, dass die Juden und die Palästinenser nicht miteinander können?"

Durch die Offenheit seines neuen Freundes ermutigt, erzählte Sami ihm seine eigene Geschichte. Er sagte ganz offen, wie er einst die Juden gehasst und sich gewünscht hatte, so viele wie möglich zu töten. Er bat Aaron um Vergebung dafür, worauf Aaron ihn um Vergebung bat für seinen früheren Hass auf alles, was Arabisch war. Sie verbrachten den ganzen Rest des Nachmittags dort im Wald, lasen gemeinsam in der Bibel und tauschten sich über Aarons lange Fragenliste aus.

Als sie zurück zu ihren Autos gingen, hatte Aaron eine Bitte. „Sami, ich brauche Fürbitte und ich brauche Ermutigung. Es ist für mich unglaublich schwierig, unter orthodoxen Juden zu leben, und ich weiß nicht, was die Zukunft bringen wird. Könnten Sie mein Lehrer und Mentor werden, wie Paulus für Timotheus?"

Zu Hause berichtete Sami Adelle beim Abendessen über sein erstaunliches Treffen mit Aaron. „Adelle, Aaron möchte, dass er bei mir in die Jüngerschule gehen kann, aber – ich muss erst einmal zu mir kommen, ich kann das alles noch gar nicht richtig fassen. Ich fühle mich Aaron genauso verbunden wie den Christen in Gaza, die früher Muslime waren – obwohl er *Jude* ist! Das ist solch ein Geschenk von unserem Herrn!" Sami warf den Kopf zurück und studierte mehrere Augenblicke die Decke, bevor er fortfuhr.

„Adelle, hältst du es für möglich, dass Jesus uns deswegen aus dem Gazastreifen herausgeholt hat, damit wir *den Juden* von Jesus erzählen können?"

Genau das ist tatsächlich die Aufgabe, die unser Herr uns gegeben hat. Wir missionieren jetzt nicht nur unter den Muslimen, sondern auch unter den Juden Israels.

Als ich noch in Gaza wohnte, sah ich jeden Tag den Zaun zwischen dem Gazastreifen und Israel; für mich war er ein Symbol des Hasses. Aber ich hatte meine eigenen inneren Zäune.

Der erste Zaun in meinem Herzen, den Gott selbst niederriss, war der zwischen den Muslimen und mir. Wie ich sie verachtete! Aber dann führte Gott Muslime wie Ismail und die drei Ehepaare zu mir und ich begann, sie mit den Augen von Jesus zu sehen. Jetzt erfahre ich, wie auch im Westjordanland Muslime sich für Jesus interessieren. Sie sind die Religion und die Politik gründlich leid – und sind wir sie nicht alle leid?

Die zweite Barriere war natürlich die zwischen den Juden und mir. Obwohl ich als jemand, der Jesus nachfolgte, mich dazu verpflichtet hatte, niemanden zu hassen, hatte ich immer noch eine Abneigung gegen die Juden und gegen alles, was mit dem Staat Israel zu tun hatte. Wenn ich im Fernsehen einen Film über die Juden sah, tat mir das Herz für die Palästinenser weh. Der jetzt schon seit 1948 andauernde Konflikt ist ein nicht endender Albtraum für die Palästinenser. Beide Seiten können legitime Forderungen anmelden und die Probleme scheinen unlösbar. Aber als ich dann Aaron kennenlernte, sah ich auch ihn mit den Augen von Jesus. Auch er hatte die Religion und die Politik so satt. Und er war kein gewöhnlicher Jude, sondern mein Bruder in Christus.

Aber es gab in mir noch einen dritten Zaun, und den erkannte ich erst, als der Heilige Geist mich mit der Nase darauf stieß. Es war der Zaun zwischen der Hoffnung und mir. Ich hatte die Hoffnung verloren, dass der Konflikt zwischen Palästinensern und Israelis je gelöst werden könnte. Und dann führte Gott mich in den Jerusalem Forest, um mit Aaron zu sprechen, und ich sah die Antwort. Dass wir beide Jesus liebten, *das* riss ja alle Zäune nieder! Darf ich Sie etwas fragen: Haben Sie die Hoffnung verloren? Wenn ja, dann leben Sie nicht das Leben, das Jesus für Sie hat. *Er* ist unsere Hoffnung!

Es war mir eine Ehre, Aarons geistlicher Mentor zu sein. Ein Palästinenser aus Gaza, der einem Juden aus Jerusalem zeigt, wie man Jesus nachfolgt – eigentlich unfassbar, oder?

Aaron trifft sich täglich mit einer Gruppe von Arabern und Juden, die ebenfalls Jesus lieben. Man kann sich kaum vorstellen, dass es in Jerusalem solche Treffen gibt, aber die Botschaft der Versöhnung, die Jesus bringt, breitet sich langsam, aber sicher aus. Es ist die einzige Möglichkeit, Juden und Palästinenser zusammenzubringen.

Jedes Mal, wenn wir zusammenkommen, bitten neue Judenchristen die Palästinenser in der Gruppe um Vergebung für den Hass, den sie früher auf sie hatten. Und Palästinenser tun dasselbe mit ihren jüdischen Brüdern und Schwestern.

Da ich jetzt so viel mit Juden zu tun habe, habe ich angefangen, Hebräisch zu lernen. Ein Palästinenser, der Juden die Liebe Christi in der Sprache ihrer Geschichte und Religion bringt: Das ist nicht zu überbieten. Aber bitte beten Sie für mich, denn Hebräisch ist nicht einfach.

Eines Tages begegnete ich in Jerusalem einem orthodoxen Juden. Ich erzählte ihm, dass ich aus Gaza komme. Ich sagte ihm, dass es ein Segen war, ihn kennenlernen zu dürfen, und das warf ihn schier um. Darauf erklärte ich ihm, dass Jesus, der Messias der Juden, mir meinen Hass auf die Juden weggenommen und mir stattdessen Liebe für sie geschenkt hatte. Er schien mir nicht zu glauben, und so gab ich ihm meine Telefonnummer und fragte ihn, ob wir uns einmal treffen könnten, denn ich wollte sein Freund werden.

Noch am gleichen Abend rief er mich tatsächlich an. Er hatte seinen Verwandten von mir erzählt und sie glaubten ihm nicht. Ob ich Zeit hätte, bei ihm vorbeizukommen, jetzt sofort? Ich sei zum Abendessen eingeladen. Und so fuhr ich zu Moshe und seiner Familie, und bevor ich es richtig merkte, nahm ich mit ihnen das Sabbatmahl ein! Während des Essens erzählte ich der ganzen Familie von Jesus. Ich sagte ihnen, dass Jeschua unsere wahre Sabbatruhe ist. Da ich *ihr* Gast war, konnten sie nicht einfach gehen. Sie konnten mich auch nicht hinauswerfen, aber ich glaube, das wollten sie sowieso nicht.

Adelle und ich spüren täglich, wie Gottes Hand über uns ist. Er hat unser Leben gewaltig verändert, seit wir Gaza verlassen haben. Vielleicht hat Gott auch Sie in eine neue Aufgabe gerufen. Wir weinen vor Freude, wenn wir sehen, wie Juden und Araber gemeinsam am Reich Gottes bauen, wie sie wie ein Herz und eine Seele zusammen beten und Gottesdienst feiern. Jesus hat Juden und Araber in den Dienst seines Reiches gerufen. Dies ist etwas, was aus der Tiefe des Herzens Gottes kommt; es ist der wahre Jerusalemer Friedensplan.

Früher stießen die Juden mich ab. Jetzt zieht es mich zu ihnen hin. Gott hat mir, einem einfachen Palästinenser, den Auftrag gegeben, zu den verlorenen Schafen des Volkes Israel zu gehen. Was für eine Ehre! Beten Sie für meine Familie, beten Sie für mich und beten Sie für den Frieden Jerusalems!

Schalom! Salaam!

Nachwort: Und wir?

In meinem letzten Buch, *Im Angesicht des Todes,* ging es um Menschen, die bereit waren, für ihren Glauben an Christus zu sterben, was viele von ihnen dann auch taten. Das vor Ihnen liegende Buch, *Im Sturm der Verfolgung,* zeigt uns Jesusnachfolger, die bereit sind, für ihren Glauben an Christus zu sterben, aber die nach wie vor am Leben sind.

Wie Schadrach, Meschach und Abed-Nego im Feuerofen müssten die Menschen, die Sie in diesem Buch kennengelernt haben, eigentlich längst tot sein. Mit menschlicher Logik ist nicht zu erklären, warum sie noch leben. Nebukadnezars Feuerofen ist längst Geschichte. Heute benutzen der IS und andere Terrorgruppen Schwerter und Kreuze, um ihre Opfer zu foltern und zu töten. Niemand bekommt den glühenden Hass der heutigen Islamisten mehr zu spüren als die Christen – vor allem wenn sie ehemalige Muslime sind, die ihr Leben Jesus anvertraut haben, wie einige Menschen in diesem Buch.

Wie gelingt es diesen Heiligen, dem islamischen Terror und der Verfolgung standzuhalten? Wie können sie in so einem Klima überleben, ja im Glauben wachsen?

Ich habe immer wieder beobachtet, dass diese Menschen instinktiv drei „geistliche Übungen" befolgen. Statt „Übungen" könnte man auch „Taktiken" sagen (und diese Christen befinden sich ja in einem Kampf). Die erste Taktik lernte ich während meines Dienstes in Jordanien kennen.

Geistliche Taktik Nr. 1:
Suchen Sie sich aus, auf welche Stimmen
Sie hören wollen

Die Kirche in der altehrwürdigen Stadt Jerasch oder Gerasa war bis auf den letzten Platz besetzt. Der Pastor trat ans Mikrofon – und im nächsten Augenblick, wie auf ein geheimes Kommando, dröhnte aus den Lautsprechern der nahen Moschee der Gebetsruf des Muezzin.

Im Gespräch mit Pastor Maher erfuhr ich später, dass dies kein Zufall war, sondern Methode. „Das ist jedes Mal so, wenn wir zum Gottesdienst zusammenkommen", erklärte er mir. „Der Muezzin steigt auf das Minarett und betet oder macht Abkündigungen und dreht dabei die Lautstärke voll auf, um uns zu übertönen. Er hört erst auf, wenn unser Gottesdienst zu Ende ist." Pastor Maher schienen diese Störungen des Gottesdienstes, die seine Gemeinde jetzt seit Jahren erlebte, nicht weiter zu erschüttern.

Aber wie konnte man bei diesem Gedröhne und Geplärre predigen, beten, die Bibel auslegen oder auch nur einen vernünftigen Gedanken fassen? Als ich den Mund zum Fürbittengebet öffnete, wollten die Worte sich verheddern. Und ich stellte sie, die naheliegende Frage: „Warum sucht ihr euch nicht einfach einen anderen Versammlungsraum?"

„Das ist nicht nötig. Wir haben gelernt, damit umzugehen, und wir bleiben dort, wo Gott uns hingestellt hat." Und dann verriet Maher mir die Technik, die sie benutzten, um die Beschallung durch die Moschee auszublenden.

„Wir können selbst darüber entscheiden, worauf wir hören. Wir mussten das erst einüben und hatten jede Menge Gelegenheit dazu, aber heute achten wir einfach nur noch auf das, was wir hören wollen, und nicht mehr auf die Störungen. Wir

nehmen das wahr, was Gott uns sagen will, und nicht den Lärm, der das übertönen will."

Das ist eine gute Zusammenfassung der Kernbotschaft dieses Buches. *Im Sturm der Verfolgung* möchte Ihnen als jemandem, der Jesus nachfolgen will, Mut machen, in schweren Zeiten unverdrossen ein Leben im Glauben zu führen.

Erkenntnis Nr. 1: Sie können selbst entscheiden, auf welche Stimmen Sie heute hören wollen. Die Heiligen, die Sie in diesem Buch kennengelernt haben, könnten keine fünf Minuten existieren in Ländern wie Syrien, dem Irak oder dem Gazastreifen, wenn sie ihre Wahrnehmung auf die aktuellen Nachrichten und Geschehnisse in ihrer unmittelbaren Umwelt konzentrieren würden. Ihre Stabilität kommt aus dem Wort Gottes, aus dem radikalen Gehorsam gegenüber Jesus und aus der völligen Abhängigkeit von der Führung des Heiligen Geistes. All die Störgeräusche um sie herum blenden sie entschlossen aus.

Wer in schweren Zeiten den Glauben an Jesus leben will, muss das permanente Störfeuer, das diesen Glauben zermürben will, konsequent ausblenden. Es wird nur dann gut um unsere Seele stehen, wenn wir unser inneres Gleichgewicht in die Hände dessen legen, dem wir unser Herz gegeben haben. Wir müssen sozusagen innere Kopfhörer mit aktiver Geräuschunterdrückung aufsetzen, um die Umgebungsgeräusche, die wir nicht hören wollen, zu dämpfen. Was für uns zu zählen hat, ist allein *Gottes* Beurteilung und Perspektive der Zeiten, in denen wir leben.

Geistliche Taktik Nr. 2:
Gebrauchen Sie den Filter des Glaubens

Gebrauchen Sie als Schutz den Filter des Glaubens!

Meine Frau JoAnn las mir kürzlich eine Kurzandacht der christlichen Sängerin Christine Wyrtzen vor, die uns zu unserer zweiten Erkenntnis führt:

„Unser Pastor ist diesen Sommer mehrere Psalmen mit uns durchgegangen. In jedem ging es um einen anderen Aspekt von Sorgen. Heute sagte er uns: ,Der Glaube ist ein Filter.' Ich war sofort ganz Ohr, denn Glauben ist ja das Gegenteil davon, sich Sorgen zu machen. Der Glaube erinnert mich in allem, was auf mich einstürmt, daran, dass Gott die Regie hat – auch wenn es so aussieht, als ob das Chaos herrscht. Dass Gott über mir wacht, wenn es so aussieht, als ob er sich nicht mehr für mich interessiert. Dass Gott aktiv ist, wenn nichts darauf hinzudeuten scheint. Dass Gott allwissend ist und ich nicht. Dass Gott der Herr ist, auch wenn wir Überraschungen erleben. Dass Gott heilt, wenn das Leben voll von sinnlosem Schmerz zu sein scheint. Dass Gott der große Beschützer ist, wenn seine Kinder bedroht sind. Dass Gott gerecht ist, auch wenn das Böse vorübergehend zu triumphieren scheint. Dass Gott den Tank meines Glaubens neu füllt, wenn ich ihn leer gefahren habe, und dass Gott ein Vater ist, der niemals müde, abgelenkt oder desinteressiert ist. „Auf meinen lieben Gott trau ich in Angst und Not." (Aus: ChristineWyrtzen.com, devotional for July 4, 2016)

Erkenntnis Nr. 2: Der Glaube ist Ihr Schutzfilter gegen die Schadstoffe der Welt. Diese wollen Ihrer Seele den Frieden nehmen, den Jesus all denen verheißen hat, die ihn lieben. Haben Sie diesen Schutzfilter? Oder sorgen Sie sich halb zu Tode? Die Luft-

filter in der Klimaanlage eines Autos müssen regelmäßig gewechselt werden, weil sie sich mit Dreck zusetzen. Vielleicht ist bei Ihnen ein seelischer „Filterwechsel" überfällig? Wenn Sie das nächste Mal in den Nachrichten oder in Ihrem Alltag etwas hören, das Ihnen Angst macht, denken Sie daran: „Dass ich mir Sorgen mache, ist meine alte Art zu reagieren. Aber Gott liebt uns und sitzt nach wie vor auf dem Thron. Er hat nicht abgedankt als Schöpfer und Erhalter des Universums." Wenn die nächsten Schlagzeilen oder die nächste Prüfung einen Adrenalinstoß durch Ihre Seele jagen, der in Ihnen mehrere Stunden Ängste und Grübeln auslöst, dann erinnern Sie sich daran: *Gott ist der Herr auch über diese Situation.* Als Menschen, die an Christus glauben, sind wir Sieger und nicht Opfer!

Eigentlich ganz einfach, oder? Es geht darum, alles durch die Brille des Glaubens zu betrachten und nicht durch die Brille des Sorgens und Grübelns. Es geht um ein neues Denken. Paulus bringt es so auf den Punkt:

„Seid ihr nun mit Christus auferweckt, so sucht, was droben ist, wo Christus ist, sitzend zur Rechten Gottes. Trachtet nach dem, was droben ist, nicht nach dem, was auf Erden ist. Denn ihr seid gestorben, und euer Leben ist verborgen mit Christus in Gott. Wenn aber Christus, euer Leben, offenbar wird, dann werdet ihr auch offenbar werden mit ihm in Herrlichkeit" (Kolosser 3,1-4).

Geistliche Taktik Nr. 3:
Gehen Sie ins Gebet

Das Internet bietet uns heute eine Fülle von Möglichkeiten, mit Menschen zu kommunizieren, die wir noch nie persönlich getroffen haben. Gottes Leute gehen seit Jahrhunderten auf die Knie oder falten die Hände und beten zu Gott, ihrem Schöpfer, Herrn und Erlöser. Es ist die wichtigste Form der Kommunikation, die es gibt.

Anne Graham Lotz, eine der Töchter von Billy Graham, hat ein Buch mit dem Titel *The Daniel Prayer* geschrieben. Es ist ein leidenschaftlicher Ruf an alle, die heute angesichts der moralischen, politischen und religiösen Selbstauflösung der USA fassungslos dastehen. Es hat auch mich wachgerüttelt. Es ist ein erfrischendes und kluges Buch. Anne Graham Lotz zieht mit großem Scharfblick die Verbindungslinie zwischen dem heutigen Amerika und dem damaligen Königreich Juda und seinem Untergang und der Babylonischen Gefangenschaft. Sie schreibt unter anderem:

„In den verzweifelten Situationen, die Daniel erlebte, brauchte er nicht lange, um die Macht Gottes im Gebet zu entdecken. Weil Gott alles war, was er hatte. Wieder und wieder warf er sich mit solch einem felsenfesten Glauben auf Gott, dass dieser für ihn handelte – mit Macht, höchstpersönlich, dramatisch und mehrfach" (Anne Graham Lotz, *The Daniel Prayer*, Zondervan, Grand Rapids 2015, S. 16).

Erkenntnis Nr. 3: Beten versetzt auch heute noch Berge! Packen wir's an. Es wird Sie vielleicht schockieren, aber in den letzten Jahren habe ich über das Beten mehr von ehemaligen Muslimen gelernt, die erst seit Kurzem Christus nachfolgen, als von den meisten gestandenen christlichen Veteranen. Unsere ehemals muslimischen Geschwister kennen sich mit Feinden aus; ihre eigenen Verwandten trachten ihnen nach dem Leben! Wenn sie beten, tun sie dies mit allem, was sie haben. Und wir? Es ist Zeit, dass wir Gott im Gebet bestürmen.

Möchten Sie mehr tun, nachdem Sie dieses Buch gelesen haben?

Hier finden Sie Möglichkeiten, wie Sie den Brüdern und Schwestern, die Christus im Feuerofen des heutigen Nahen Ostens treu dienen, helfen können:

1. **Beten Sie für sie.** 8thirty8 in Facebook bietet täglich top-aktuelle SOS-Gebetsanliegen direkt „von der Front". Sie können, wenn Sie wollen, tägliche Updates erhalten und im Gebet mit Mitchristen verbunden sein, die im Gefängnis sind, verfolgt werden oder sonstwie in Gefahr sind. (www.facebook.com/8thirty8/)
2. Tägliche Gebetsanliegen und Informationen von verfolgten Christen auf Deutsch finden Sie unter: www.opendoors.de oder www.facebook.com/opendoorsDE.
3. Nähere Informationen am Schluss dieses Buches.

Es war mir eine Ehre, *Im Sturm der Verfolgung* zu schreiben. Meine Frau JoAnn und ich haben viel gelernt im Gespräch mit den Christen, die in dem Feuerofen leben, zu dem der ganze Nahe Osten sich mittlerweile entwickelt hat. Sie leben jeden Tag ganz für Christus, denn sie wissen nicht, ob sie morgen noch da sein werden.

Doch vergessen wir dabei auch dies nicht: Wir alle stehen im Sturm, wir alle erleben einen Feuerofen, auch wenn wir im Westen (noch) nicht wegen unseres Glaubens getötet werden. Noch nie war die Verfolgung von Christen so intensiv und so weit verbreitet wie heute. Sie ist zu einem Flächenbrand geworden und es wäre töricht zu glauben, dass dieses Feuer nicht auch uns erreichen kann.

Lernen wir von dieser neuen Christengeneration im Nahen Osten, deren Glaube an Christus so unerschütterlich ist. Sie stehen fest. Egal wie stark der Ofen angeheizt wird, sie weigern sich, ihrer Angst nachzugeben und wegzulaufen. Und die Hitze steigt täglich.

Wir leben in beängstigenden Zeiten, aber gleichzeitig erleben wir, wie Gottes Plan für diese Welt sich zu erfüllen beginnt. Die Zukunft versinkt nicht im Chaos, sondern sie nimmt Gestalt an.

Wenn Sie Ihr Leben Jesus Christus anvertraut haben, sind Sie nicht allein. Sie waren nie allein. Was das Leben auch bringt, Sie können ihm entgegentreten, ohne von der Angst gelähmt zu werden. Viele der neuen Freunde, denen Sie in diesem Buch begegnet sind, waren früher Muslime. Jetzt, wo sie Jesus lieben, sind sie täglich in Gefahr. Sie sind noch nicht lange Christen und schon bereit, für Jesus zu sterben.

Was uns zur nächsten Frage führt: Bin ich bereit, für Jesus zu *leben*? Wenn Sie in der heutigen Welt ohne Wenn und Aber für Christus leben wollen, werden Sie Widerstand und Gegenwind erleben wie nie zuvor. Und wie könnte es auch anders sein, wenn doch, wie der Apostel Johannes uns sagt, die ganze Welt vom Bösen beherrscht wird (vgl. 1. Johannes 5,19)?

Aber fassen Sie Mut, stehen Sie fest, laufen Sie nicht weg! Denn direkt neben Ihnen steht Jesus. Mitten im Feuerofen, mitten im Sturm.

Tom Doyle

Danke!

Ich möchte den folgenden Personen und Gruppen danken:

JoAnn Doyle, meiner großen Liebe, die mit solch einer Hingabe die Liebe von Jesus zu den Frauen im Nahen Osten bringt.

Dem jungen Doyle-Clan. Shanna, Tommy, John-Mark, Lindsay, Josh und Sarah: Ich bin so stolz auf euch und es ist mir eine Ehre, euer Vater zu sein. Nicht zu vergessen die Eingeheirateten: Nora, Matt und Travis – JoAnn und ich sind so dankbar, dass ihr mit zur Familie gehört.

Meinen Enkelkindern: Emma, Ethan, Emmet und dem kleinen Bennett. Ihr seid unsere Augäpfel, die uns so viel Freude machen.

Zurück zu Josh Doyle: Danke, dass du mich mit Azzam, dem somalischen Piraten, bekannt gemacht hast. Seine Geschichte in *Im Angesicht des Todes* riss die Leser von der ersten Seite an mit und hat viele motiviert, mutiger zu leben.

Joel Rosenberg: Danke für deine Freundschaft und dafür, dass du mir während eines Dinners in Jerusalem den englischen Titel für dieses Buch *(Standing in the Fire)* geliefert hast.

David Shepherd und Greg Webster: Ich danke Gott für die Zusammenarbeit mit euch und für eure Freundschaft.

Danke an das MECA-Team, e3 National Leaders und e3 Partners. Es ist eine Freude, zusammen mit euch allen Jesus an vorderster Front zu dienen.

Und nicht zuletzt ein Danke an das 8thirty8 Gebetsteam. Eure Echtzeit-Fürbitte für unsere Brüder und Schwestern in Gefängnis, Verfolgung und Gefahr bewegt Gottes Arm und bringt Christen aus aller Welt zusammen.

Der Dienst von Open Doors

Mehr als 380 Millionen Christen sind heute einem hohen bis extremen Maß an Verfolgung und Diskriminierung ausgesetzt, weil sie sich zu Jesus Christus bekennen. Einigen wird verboten, Gottesdienste zu besuchen oder sich zum Gebet zu versammeln. Andere werden wegen ihres Glaubens inhaftiert, gefoltert oder sogar ermordet. Open Doors setzt sich als überkonfessionelles christliches Hilfswerk seit 1955 für verfolgte Christen ein.

Wie es begann

Kurz nach seiner ersten Reise hinter den Eisernen Vorhang im Jahr 1955 begann Anne van der Bijl („Bruder Andrew"), auf die Bitte verfolgter Christen hin Bibeln hinter den Eisernen Vorhang zu schmuggeln. Über seine abenteuerlichen Reisen von Polen bis China berichtet der als „Der Schmuggler Gottes" bekannt gewordene Holländer in seiner gleichnamigen Autobiografie. Heute steht Open Doors verfolgten Christen in mehr als 70 Ländern zur Seite.

Schwerpunktbereiche unseres Dienstes

- Verteilung von Bibeln und christlichem Schulungsmaterial
- Biblisch fundierte Schulungen wie theologische Ausbildungskurse, Seminare zum Umgang mit Verfolgung und Schulungen für Traumabegleitung
- Hilfe zur Selbsthilfe und Nothilfe für mittellose Christen in der Verfolgung
- Öffentlichkeitsarbeit in der freien Welt mit dem Ziel, Menschen zu mobilisieren, verfolgte Christen im Gebet und anderweitig zu unterstützen

So können Sie helfen

Bitte beten Sie für Ihre verfolgten Glaubensgeschwister – das ist das Erste, worum verfolgte Christen bitten. Gerne schicken wir Ihnen hierfür unser kostenloses Monatsmagazin mit persönlichen Berichten, Hintergrundinformationen und Gebetskalender zu: www.opendoors.de/magazin. Auf unserer Website finden Sie unter www.opendoors.de/mediathek zudem monatlich neue Video- und Audiobeiträge über verfolgte Christen. Gern können Sie auch einen unserer Referenten zu einem Vortrag in Ihre Gemeinde oder Gruppe einladen: www.opendoors.de/referenten.

Wie Sie verfolgte Christen mit einer Spende unterstützen können, erfahren Sie unter:
www.opendoors.de/spenden

Open Doors Deutschland
Postfach 11 42
65761 Kelkheim
T +49 (0)6195 6767-0
I www.opendoors.de
info@opendoors.de
Volksbank Mittelhessen
IBAN DE28 5139 0000 0000 7171 77
BIC VBMHDE5F
Facebook: Open Doors Deutschland
Instagram: @opendoorsde

Open Doors Schweiz
Lyssachstrasse 136
CH-3400 Burgdorf
T +41 (0) 34 552 07 77
I www.opendoors.ch
schweiz@opendoors.ch
IBAN CH59 0900 0000 3400 4791 0
BIC POFICHBE
Facebook: Open Doors Schweiz
Instagram: @opendoorsschweiz

Weitere Bücher von Tom Doyle

Träume und Visionen
Wie Muslime heute Jesus erfahren –
23 wahre Geschichten

240 Seiten, Taschenbuch
ISBN 978-3-7655-4210-7
Auch als Hörbuch erhältlich

Fast unbemerkt vollzieht sich in der islamischen Welt eine unvergleichliche Bewegung: Muslime werden Christen, weil Jesus ihnen in Träumen und Visionen als Retter erscheint.

Im Angesicht des Todes
Der Mut verfolgter Christen
im Nahen Osten

224 Seiten, Taschenbuch
ISBN 978-3-7655-4272-5
Auch als Hörbuch erhältlich

Azzam verwendet für den Bibelschmuggel nach Somalia eine „sichere" Methode: Er legt sich in einen Sarg, unter den Leichnam. Kein Muslim wird es wagen, dort nachzuschauen … Acht packende Berichte über verfolgte Christen, denen Jesus die Angst nimmt, deren Glaube und Hoffnung sie auch durch größte Gefahren trägt.